MESH – Die Evolution der Zusammenarbeit

Christoph Zulehner

MESH – Die Evolution der Zusammenarbeit

Warum vernetzte Kompetenz mehr
ist als bloße Kooperation

 Springer

Christoph Zulehner
Selbständiger Unternehmer und Strategieberater
Pram, Österreich

ISBN 978-3-658-37817-2   ISBN 978-3-658-37818-9 (eBook)
https://doi.org/10.1007/978-3-658-37818-9

Die Deutsche Nationalbibliothek verzeichnet diese Publikation in der Deutschen Nationalbibliografie;
detaillierte bibliografische Daten sind im Internet über http://dnb.d-nb.de abrufbar.

Titelbild: alphaspirit – stock.adobe.com

Illustrationen: © Christoph Zulehner 2022, Österreich Textarchitektur und Storytelling sind in der Zeit
von 2019 bis 2022 dem Meanigful Interspace von Dorothee Köhler, Jörg Achim Zoll und Christoph
Zulehner entsprungen

Planung/Lektorat : Irene Buttkus
Springer ist ein Imprint der eingetragenen Gesellschaft Springer Fachmedien Wiesbaden GmbH und ist
ein Teil von Springer Nature.
Die Anschrift der Gesellschaft ist: Abraham-Lincoln-Str. 46, 65189 Wiesbaden, Germany

Für die Spezialisierten

Vorwort

Wir leben in einer Wissensgesellschaft, die ihr Know-how exponentiell vermehrt. Die Politik ruft: Bildung, Bildung, Bildung! Doch vermehrt sich damit auch das breite Wissen des Individuums? Tatsächlich ist das genaue Gegenteil der Fall! Wer in der Arbeitswelt relevant bleiben will, muss sich in bisher nicht gekanntem Ausmaß spezialisieren. Größere Zusammenhänge überblicken nur noch wenige.

Doch kann die Gesellschaft der Zukunft aus spezialisierten Fach„idioten" bestehen, die auf ihrer eigenen Wissensscholle durch ein Meer aus Ignoranz driften? Natürlich nicht. An die Stelle des Allrounders tritt ein Netzwerk aus kooperierenden Spezialisten, das ich als MESH bezeichne. Nur noch geteiltes Wissen wird leistungsfähig sein, während Einzelwissen zur Ohnmacht verkommt.

MESH ist weit mehr als klassische Arbeitsteilung. MESH lässt ein neues, kollektives Bewusstsein entstehen, durch das wir als Arbeitsgesellschaft über uns hinauswachsen können. Erste Beispiele dafür sind Medical Boards im Gesundheitswesen. Aber auch das globale journalistische Recherche-Kollektiv, das die skandalösen „Panama Papers" aufgearbeitet und veröffentlicht hat, kann bereits als MESH identifiziert werden.

Je öfter und bewusster wir unsere Gehirne ko-kreativ zusammenschließen, desto mehr Möglichkeiten haben wir, gemeinsam Neues zu erschaffen. In einem „Meaningful Interspace" entstehen die Ideen, an deren Umsetzung wir anschließend arbeiten. Das ist ein wesentlicher Teil der zukünftigen Arbeitswelt. Damit dies im globalen Maßstab gelingt, müssen wir uns auch mit sprachlichen und kulturellen Hürden auseinandersetzen.

Ein Teil des MESH wird die Künstliche Intelligenz sein. Hier gilt es für die nächsten Jahre, Risiken realistisch zu betrachten und Chancen sinnvoll zu nutzen.

Mit diesem Buch versuche ich, die Entwicklung zu skizzieren, die sehr wahrscheinlich auf uns zukommen, und den damit verbundenen Fragen auf den Grund zu gehen. Erwarten Sie keine schnellen und einfachen Antworten. Sofern Sie intellektuelle Offenheit und Freude an der Reflexion mitbringen, wird dieses Buch für Sie zu einer Reise von der Vergangenheit in die Zukunft der menschlichen Zusammenarbeit. Denn mein Anliegen ist, einen Weg zu beschreiben, der eine mögliche Antwort auf diese Fragen sein kann.

Dabei werde ich Eintrittswahrscheinlichkeiten nicht bloß behaupten und auch keine Stegreifkonzepte präsentieren. Vielmehr werden die großen kulturmaterialistischen Zusammenhänge dargestellt. Die Entwicklung zur Vernetzung im MESH wird nicht allein sozialwissenschaftlich beleuchtet, sondern mit Erkenntnissen aus der Evolutionstheorie und den Naturwissenschaften belegt.

Das Buch ist ebenso kritisch wie aufgeklärt-optimistisch und liefert Ihnen eine Vielzahl von Denkanstößen. Zugleich macht es Ihnen hoffentlich Mut, Chancen zu nutzen und unsere Zukunft gemeinsam zu gestalten.

Pram, Österreich   Christoph Zulehner
März 2022

Inhaltsverzeichnis

Über den Autor

Christoph Zulehner Dr. ist promovierter Wirt-
schafts- und Sozialwissenschaftler und Diplom-
Kaufmann. Als Organisations-und Strategieberater ist er im deutschsprachigen europäischen
Raum tätig.

Seit vielen Jahren begleitet er Gesundheits-
unternehmen, darunter insbesondere große Kliniken, bei ihrer strategischen Ausrichtung sowie
der Optimierung ihres Prozessmanagements.
Bei Neubauten oder Erweiterungen von Kliniken ist er gefragter Experte für Betriebsorga-
nisation.

Christoph Zulehner ist Gastprofessor für
Strategisches Management und Personal-Management an der Donau-Universität Krems und
gerichtlich beeideter Sachverständiger für Management im Gesundheits-, Rehabilitations- und
Sozialbereich.

Der Autor dreier Fachbücher und bisher
zweier Sachbücher versteht es, seine Themen
in erhellenden und unterhaltsamen Keynotes

pointiert und stets mit einer guten Prise Humor auf den Punkt zu bringen. Auf diese Weise gewann er im April 2017 den österreichischen „Speaker Slam", einen öffentlichen Wettstreit der beliebtesten Redner.

Website: https://www.christophzulehner.com

1

Was bedeutet MESH?

Nur noch geteiltes Wissen ist Macht.
Einzelwissen ist Ohnmacht

Wir leben in einer Wissensgesellschaft, in der sich das Know-how exponentiell vermehrt. Um in Zukunft noch am Wirtschaftsgeschehen teilnehmen zu können, bleibt dem Individuum keine andere Wahl, als sich immer weiter zu spezialisieren. Die Fähigkeit des Einzelnen, eine beliebige Aufgabe zu überblicken und im Alleingang zu meistern, geht dabei verloren. An die Stelle des Allrounders tritt deshalb ein Netzwerk aus kooperierenden Spezialisten, das ich MESH nenne. MESH ist weit mehr als klassische Arbeitsteilung. MESH lässt ein neues, kollektives Bewusstsein entstehen, durch das wir als Arbeitsgesellschaft über uns hinauswachsen.

© Der/die Autor(en), exklusiv lizenziert an Springer Fachmedien Wiesbaden GmbH, ein Teil von Springer Nature 2022
C. Zulehner, *MESH – Die Evolution der Zusammenarbeit*,
https://doi.org/10.1007/978-3-658-37818-9_1

Der Teenager Imo Lindemann bekommt wenige Tage vor der lang ersehnten Klassenfahrt Bauchschmerzen. Hausarzt Dr. Marker schickt den Jungen vorsichtshalber zur Untersuchung in die Schwarzwaldklinik. Er will eine Blinddarmentzündung nicht ausschließen. Kurz darauf untersuchen Chefarzt Professor Brinkmann und sein Sohn Udo, der ebenfalls als Arzt in der Schwarzwaldklinik arbeitet, den Patienten. Brinkmanns Diagnose fällt eindeutig aus: Dieser Jugendliche ist kerngesund! Ihm fehlt überhaupt nichts. Professor Brinkmann entlässt den Schüler. Danach macht er sich höchst vergnügt auf den Weg zu seiner standesamtlichen Trauung. Er heiratet nämlich Oberschwester Christa, eine weitere leitende Angestellte der Schwarzwaldklinik. Dann plötzlich, ausgerechnet am Abend vor der kirchlichen Hochzeit, der Schock: Professor Brinkmann erhält einen Anruf von seinem Kollegen Professor Runge, dem Chefarzt eines Krankenhauses in der Umgebung. Der Patient Imo Lindemann wurde dort gerade notoperiert. Blinddarmdurchbruch! Es bestand akute Lebensgefahr! Ob es stimme, dass Professor Brinkmann ihn als gesund entlassen hatte?

Dieses Szenario war der Einstieg in Folge 12 der Fernsehserie „Die Schwarzwaldklinik". Sie hieß „Die falsche Diagnose" und wurde am 21. Dezember 1985 erstmals ausgestrahlt. Darin erlebte Professor Brinkmann ausgerechnet an seinem Hochzeitstag eine der schwärzesten Stunden seiner Karriere. Eine Fehldiagnose – wie konnte ihm das nur passieren? Ihm, Professor Brinkmann, jenem Arzt, dem die Patienten blind vertrauen – und das nicht allein bei ihrem Darm. Sondern auch bei Unfallverletzungen, Schusswunden, Schwangerschafts-Komplikationen, Leberzirrhosen oder bösartigen Tumoren, um nur einige wenige Fälle aus anderen Folgen der Serie zu erwähnen. Der habilitierte Mediziner war am Boden zerstört. Ein Professor Brinkmann weiß alles und kann alles. Er versteht jedes Symptom richtig zu deuten und ist jenen Kollegen, die noch keine Chefärzte sind, stets eine Nasenlänge voraus. Fehldiagnose durch den Chef? Eine solche Panne ist im Gesundheitswesen der 1980er-Jahre nicht vorgesehen. Was konnte Professor Brinkmanns Traumhochzeit zwischen Barockkirchlein und Zirbelholzstube jetzt bloß noch retten?

Selbstverständlich sorgte Drehbuchautor Herbert Lichtenfeld im richtigen Augenblick für die überraschende Wende. Wie sollte es auch anders sein in der Fernsehunterhaltung der Achtzigerjahre? Professor Brinkmanns Sohn Udo sieht auf der Straße zufällig den Jugendlichen, den er und sein Vater in der Schwarzwaldklinik untersucht hatten. Kurz darauf stellt sich heraus, dass es Imos bester Freund ist. Aus Angst, die Klassenfahrt zu verpassen, bei der auch seine erste Liebe mit dabei sein würde, hatte Imo den Kameraden an seiner statt zur Untersuchung in die Schwarzwaldklink geschickt. Professor Brinkmanns Diagnose war also doch korrekt! Schließlich hatte Imos bestem Freund zu keinem Zeitpunkt etwas gefehlt. Mit einem opulenten Blumenbouquet erscheint Imos Vater reumütig auf Professor Brinkmanns Hochzeitsfeier, um sich im Namen seines Sohns zu entschuldigen. Mit gönnerhaftem Humor nimmt der Mediziner das florale Symbol seiner vollständigen Rehabilitierung in Empfang. Wer will einem Teenager denn böse sein, wenn dieser einmal eine Dummheit begeht? Ein Professor Brinkmann jedenfalls nicht. Doch nun *in medias res!* Die anstehende Hochzeitsnacht mit Schwester Christa ruft nach dem Experten für jedes Organ des menschlichen Körpers.

So ist die Welt der Schwarzwaldklinik dann auch wieder in Ordnung: Die Männer sind Ärzte und die Frauen sind Schwestern. Der Sohn des Chefarztes ist automatisch auch ein ganz toller Arzt. Und die Tochter des Chefarztes heiratet hoffentlich einmal einen anderen Chefarzt. Halt, Moment! Professor Brinkmann hat überhaupt keine Tochter. Sei's drum, hier entscheidet ohnehin die männliche Linie. Immerhin wird Professor Brinkmanns Sohn Udo – der sein offenes Golf Cabrio schon einmal mit einem athletischen Sprung entert, statt die Fahrertür zu benutzen – eines Tages die adrette Anästhesistin Katarina heiraten. Und Oberschwester Christa studiert längst nebenbei Medizin. Sie wird im weiteren Verlauf der Serie zu Frau Dr. med. Christa Brinkmann mutieren. Vielleicht ist das am Ende ja doch ein Vorzeichen gesellschaftlichen Wandels gewesen?

1.1 Professor Brinkmanns Welt: Ein einziger Experte für alles

„Die Schwarzwaldklinik", produziert ab 1984 von der Polyphon Film- und Fernseh GmbH im Auftrag des ZDF und des ORF, war nicht nur eine der erfolgreichsten europäischen Serien aller Zeiten. Sondern sie war auch ein Spiegel des Gesundheitswesens im ausgehenden 20. Jahrhundert.

Bei allen Klischees, die der Drehbuchautor bediente: Die dargestellte Arbeitsorganisation entsprach im Großen und Ganzen derjenigen nahezu sämtlicher allgemeiner Krankenhäuser im deutschsprachigen Raum. Da ich mein ganzes Berufsleben im Gesundheitswesen zugebracht habe, kann ich mich an diese Zeiten noch lebhaft erinnern. Das Organigramm in einer typischen Klinik der Achtzigerjahre war eine hierarchisch durchstrukturierte Pyramide, an deren Spitze der Chefarzt – oder Primarius, wie dies in Österreich noch immer heißt – stand. Ein typischer Chefarzt war selten unter 50, lebte mit seiner Familie in einer Villa in bester Lage und fuhr einen Wagen, der sich von der Masse der Gefährte auf dem Klinikparkplatz deutlich abhob. Zu seinen Hobbys zählten neben dem obligatorischen Tennis auch Reisen mit der Familie zu Kongressen an attraktiven Destinationen sowie Fotosafaris in Afrika. Die Kosten für solche Exkursionen wurden nicht selten von der Pharmaindustrie getragen.

Am allerwichtigsten jedoch: An seinem Arbeitsplatz war der Chefarzt ein Allrounder, der alles wusste und alles konnte. Das galt insbesondere, wenn ein Patient in den Genuss der begehrten Chefarztbehandlung kam. Die privaten Krankenversicherungen verkauften diese ihren Kunden gern als Zusatzmodul. Nur so erlangte man den Status des „Sonderklasse"-Patienten. Sich der medizinischen Fachsprache bedienend, wurden diese Patienten seitens der Ärzte auch als „Secunda" bezeichnet, sofern es sich um die Sonderklasse im Doppelzimmer handelte. Der Einzelzimmerpatient war die „Prima". Über Normalsterbliche wurde bemitleidenswert von der „Tertia" gesprochen. Bei der Chefarztbehandlung kümmerte sich der Primärarzt von der Diagnostik über die Therapie-Entscheidung und die OP bis hin zur Nachsorge um alles, und zwar höchstpersönlich.

Zwar konnte der narkotisierte Patient letztlich nie überprüfen, wer bei ihm tatsächlich das Skalpell ansetzte. Doch immerhin gab es anschließend die Chefarztvisite als tägliches Hochamt der damaligen Gesundheitsliturgie. Die „Tertia" kam mit ein wenig Glück einmal wöchentlich in den Genuss einer chefärztlichen Weihrauch-Prozession. Die meist wenigen Worte, die der Chefarzt hier vor der versammelten Assistenzärzteschaft zum Patienten sprach, wurden von diesem sorgfältig memoriert und später für die Besucher am Krankenbett ehrfurchtsvoll zitiert. War der Chefarzt nicht allein Doktor – eine bloße Selbstverständlichkeit –, sondern sogar Professor, so stieg die Ehrfurcht der Patienten ins schier Unermessliche. Dabei war es unerheblich, in welchem Umfang „der Herr Professor", wie die Patienten meist sagten, wenn sie über einen habilitierten Chefarzt sprachen, an einer Universität tatsächlich forschte und lehrte. Der Titel heiligte die Kittel. Professor *honoris causa* zu sein, war insofern immer noch besser als lediglich Doktor.

Interessanterweise begaben sich Patienten damals nur in seltenen Fällen zur Behandlung in eine Klinik, die als spezialisiert auf ihre jeweilige Erkrankung galt. Meist stand das Überleben dann schon auf Messers Schneide. Als letztes Mittel wurde etwa ein Herzpatient auch schon einmal ins Herzzentrum von Houston in den USA geflogen. Der Regelfall sah aber so aus, dass man als Patient ins nächstgelegene Krankenhaus am Wohnort ging und dann hoffte, wenn schon nicht vom Chefarzt persönlich, so doch wenigstens von einem erfahrenen Oberarzt behandelt zu werden. Bloß um Himmels willen nicht von einer Frau! Die Ärztewelt war noch weitgehend eine Männerwelt und die Welt der Chefärzte war es nahezu ausschließlich. In dieser Männerdomäne zählte das Ego eines Mediziners manchmal mehr als die bestmögliche Therapie für den Patienten. Von der Möglichkeit, den Rat eines Kollegen einzuholen – das sogenannte Consilium – machten Chefärzte ungern Gebrauch. Wenn sie es taten, dann ausschließlich bei einem hierarchisch Gleichgestellten. Anschließend entschied der Chefarzt allein, ob er die Meinung des Kollegen akzeptierte oder verwarf. Normalerweise war es in Professor Brinkmanns Welt auch nicht nötig, andere um Rat zu fragen. Teams aus Spezialisten, wie wir sie heute in der Medizin kennen, wären schon allein daran gescheitert, dass Spezialisierung als Schwäche galt und sich daher niemand so recht spezialisieren wollte. Ein Handchirurg hätte damals schnell den Ruf gehabt, dass seine Fähigkeiten für mehr als die Hände eben nicht ausreichten. Vom Proktologen wollen wir an dieser Stelle gar nicht erst schreiben. Aus heutiger Sicht kann man sich das kaum noch vorstellen.

Die extreme Ausrichtung auf die Person des Chefarztes prägte schließlich die gesamte Organisationskultur und die Art und Weise, wie Angestellte in einem Krankenhaus zusammenarbeiteten. Der Vergleich mit dem Russland unter Vladimir Putin erscheint hier nicht ganz abwegig: Aller Augen waren auf die oberste Spitze gerichtet. Dort wurden sämtliche wichtigen Entscheidungen getroffen und dann kaskadenartig nach unten durchgereicht. Dienstanweisungen und Anordnungen spielten eine zentrale Rolle. In Zweifelsfällen war stets der Chefarzt zu fragen. Wobei hier nicht unter den Tisch fallen soll, dass die Chefärzte der damaligen Zeit tatsächlich über sehr viel umfangreicheres und breiteres Fachwissen verfügten als ihre heutigen Nachfolger. Meist war ein Chefarzt das sprichwörtliche wandelnde Lexikon, in diesem Fall ein medizinisches. Bei allen Klischees übertreibt das Drehbuch der zitierten Folge der „Schwarzwaldklinik" deshalb in einem Punkt keineswegs: Etwas nicht zu wissen oder gar eine Fehldiagnose zu stellen, kam für einen Chefarzt der alten Schule einer persönlichen Katastrophe gleich.

Topmanager im weißen Kittel und zehnköpfige Tumor-Boards

Heute hat unser Gesundheitswesen die Welt der „Schwarzwaldklinik" weit hinter sich gelassen. Mehr noch: Es ist im Hinblick auf die Arbeitsorganisation zum Vorreiter geworden. Für viele andere Wirtschaftszweige taugt es als Blaupause dafür, wie die Zukunft der Zusammenarbeit aussehen könnte. Das Wissen wächst fast überall exponentiell. Immer mehr Branchen sind heute mehr oder weniger wissensbasiert. Doch kaum irgendwo sonst ist das Wissen während der vergangenen Jahrzehnte rasanter gewachsen als in der Medizin. Das Ausmaß der Spezialisierung und Subspezialisierung hat im Gesundheitswesen bereits Dimensionen angenommen, die anderen Branchen erst noch bevorstehen. Dies zeigt sich exemplarisch bei den sogenannten Medical Boards. An die Stelle der einsamen Entscheidungen eines Professor Brinkmann über die Behandlung eines Patienten treten heute immer öfter die Beschlüsse von Expertengremien aus hoch spezialisierten Medizinern.

Sehr verbreitet sind solche Kollektive aus Spezialisten bereits in der Onkologie. Bei Krebs müssen insbesondere schwere Verläufe immer wieder neu eingeschätzt werden, um die bestmöglichen therapeutischen Maßnahmen zu ergreifen. Doch allein schon die diagnostischen Maßnahmen für Krebspatienten haben sich vervielfacht und reichen bis auf das Feld der Molekularbiologie. Heute würde kein Arzt, der eine

Verdachtsdiagnose gestellt hat, auch gleich die Therapie festlegen. Vielmehr stellt er als behandelnder Arzt dem Tumor-Board seinen Patienten vor. In diesem Gremium sitzen dann vielleicht Chirurgen, Onkologen, Cancer-Nurses, Stoma-Experten, Anästhesiologen, Pathologen, Molekularbiologen, Radiologen, Radio-Onkologen, Psycho-Onkologen und Nuklearmediziner. Möglicherweise wird die Runde der Ärzte noch durch Diplom-Psychologen, Sozialpädagogen und weitere Pflegeexperten bis hin zum Experten für Spiritual Care ergänzt. Ich habe hier der Übersicht halber allein die männlichen Formen verwendet, doch selbstverständlich sprechen wir hier längst nicht mehr von der alten Männerwelt. In der Medizin zählt endlich allein die Expertise.

Die Männer und Frauen in einem Tumor-Board betrachten einen Fall nun aus den unterschiedlichsten fachlichen Perspektiven. Sie tauschen ihre Sichtweisen auf Augenhöhe aus. Es gibt hier keinen Chefarzt mehr als sakrosankte Autorität, die in jedem Fall das letzte Wort hätte, egal, was bei den Beratungen herauskommt. Das Board selbst ist die Autorität. Damit das funktioniert, stellen alle zunächst sicher, dass sie in ihrem jeweiligen Spezialgebiet über das aktuellste Wissen verfügen sowie die neuesten Behandlungsmethoden kennen und praktizieren. Während der Beratung hören sie einander aufmerksam zu – weil sie wissen, dass nur noch die Summe ihrer Einzelperspektiven ein ganzheitliches Bild ergeben kann. Niemand im Raum ist allein in der Lage, den Fall vollständig zu überblicken. Alle sind auf die Beiträge der jeweils anderen angewiesen. Dies sorgt bei den Beteiligten typischerweise für eine gewisse Demut, zu der Chefärzte der alten Schule sich nur schwer durchringen konnten. Alle wissen, dass sie von den übrigen Anwesenden nur lernen können. Denn Lernen beginnt stets mit dem Eingeständnis, nicht alles zu wissen. Die Lernchance haben wir bei jenen, die anderer Meinung sind als wir.

Doch nicht allein die Vorgehensweise bei der Bestimmung einer Therapie hat sich in den Kliniken stark verändert. Auch die therapeutischen Ansätze sind nicht mehr dieselben wie in Professor Brinkmanns Welt. War es früher das Bestreben, die jeweils optimale Therapie für eine bestimmte Krankheit zu kennen und anzuwenden, so steht heute der individuelle Patient und die bestmögliche Behandlung für ihn im

Fokus. Nicht eine Therapie nach Schema F. Das kommt beinahe einer kopernikanischen Wende gleich. Der Patient als einmaliges, komplexes Individuum – und nicht mehr der Kosmos der Medizin – bildet jetzt den Mittelpunkt aller Überlegungen. Die Schulmedizin hat nun etwas erkannt, was die Alternativmedizin schon vor Jahrzehnten postuliert hat: dass nämlich dieselbe Therapie derselben Krankheit bei einem Patienten Erfolg haben kann und bei dem anderen versagt. Im Rahmen einer sogenannten Targeted Therapy werden deshalb individuelle, nicht zuletzt auch psychische und soziale Faktoren mitberücksichtigt. Damit dies gelingen kann, muss nun noch mehr hoch spezifisches Expertenwissen in die Betrachtung einfließen.

Ist in dieser Welt fast schon kollektiv denkender und agierender Spezialisten überhaupt noch Platz für Chefärzte? Durchaus. Bloß hat sich ihre Rolle seit Professor Brinkmanns Zeiten vollkommen verändert. Der Chefarzt ist heute ein Topmanager im weißen Kittel. Er sorgt dafür, dass viele hoch spezialisierte medizinische Fachkräfte in einem Krankenhaus effektiv zusammenarbeiten – und nicht zuletzt auch den immer umfangreicheren Vorgaben der Compliance entsprechen. Der typische Chefarzt ist heute meist jünger als zu Brinkmanns Zeiten. Er definiert sich weniger über Statussymbole als über sein Talent im Umgang mit Menschen sowie seine Management-Fähigkeiten. Oft ist er ursprünglich Experte auf einem medizinischen Spezialgebiet, hat sich dann aber in Betriebsführung fortgebildet. Immer öfter hat er sogar ein Zweitstudium in Betriebswirtschaft absolviert. Längst haben auch die Business Schools den „MBA für Klinikärzte" in ihrem Programm. Seine ursprünglichen Spezialkenntnisse als Mediziner braucht der Chefarzt heute bestenfalls noch in einem kleinen Expertenfeld, in dem er noch persönlich medizinisch aktiv ist. Wer seiner Krankenversicherung immer noch Geld für die Chefarztbehandlung zahlt, kann dieses Modul getrost kündigen. Chefärzte sind heute eher wie Schuldirektoren, die zwar von Haus aus Lehrer sind, aber kaum noch unterrichten. Stattdessen managen sie die organisatorischen Abläufe. Ironischerweise unterlaufen einem Chefarzt inzwischen tatsächlich keinerlei Fehldiagnosen. Weil er nämlich für die Diagnostik mehrheitlich überhaupt nicht mehr zuständig ist.

Das Bartoli-Prinzip oder: Ich singe, den Rest machen andere

Ein Augusttag, irgendwann zu Beginn der 2020er-Jahre. Opernsängerin Cecilia Bartoli hat einen Auftritt im Festspielhaus von Luzern. Auf dem Programm stehen Arien von Händel, Purcell und Donizetti. Begleitet wird sie von der Academy of Ancient Music unter der Leitung von Christopher Hogwood. Der Abend ist selbstverständlich seit Langem ausverkauft. Doch was passiert hinter den Kulissen? Wie sieht ein solcher Tag im Leben eines Opernstars aus? Eines ist sicher: Cecilia Bartoli wird vor dem Konzert weder am Eingang stehen und die Karten abreißen noch wird sie nach der letzten Zugabe beim Saubermachen helfen. Sie hat dieses Konzert genau wie ihre Tournee nicht persönlich organisiert. Mit den Verhandlungen über ihre Gage hatte sie ebenfalls nichts zu tun. Die Sängerin wird wahrscheinlich am Abend vor dem Konzert in der Empfangshalle des nächstgelegenen Flughafens abgeholt und dann zu einer Limousine begleitet, die sie ins Hotel bringt. Assistenten kümmern sich um ihr Gepäck. Im Hotel geht die Bartoli direkt auf ihr Zimmer. Um den Check-in und die Bezahlung der Rechnung kümmern sich ihre Helfer. Diese haben das Hotel auch im Voraus informiert, was die Sängerin auf ihrem Zimmer vorfindet und was sie essen und trinken möchte.

Am nächsten Morgen schläft Cecilia Bartoli möglicherweise lange, weil das der Stimme guttut. Jedenfalls hat sie überhaupt keinen Grund, früh aufzustehen. Irgendwann gegen Mittag oder am frühen Nachmittag holt die Limousine sie wieder ab und fährt sie zur Probe ins Festspielhaus. Wenn sie nach dem Einsingen die Bühne betritt, sind Orchester und Dirigent längst da. Ein eingespieltes Team wartet auf die Mezzosopranistin. Die Beleuchtung stimmt und das Raumklima passt, denn um alles das haben sich Mitarbeiter des Hauses gekümmert. Während Cecilia Bartoli jetzt probt, erhält ihr Management laufend E-Mails und Anrufe mit weiteren Angeboten für Auftritte sowie Anfragen für Interviews. All das wird dort bearbeitet, gefiltert und vorsortiert, ohne dass es die Sängerin überhaupt mitbekommt. Nach der Probe und einer Pause geht es in die Garderobe. Auch hier kümmern sich andere um alles: Das passende Abendkleid liegt bereit, die Haare werden gestylt, der Visagist macht seinen Job. Cecilia Bartoli muss auf all dies keinen Gedanken verschwenden, sondern kann sich ganz sammeln und auf das Programm des Abends konzentrieren. Nach dem Konzert und dem Umziehen in der Garderobe wird Cecilia Bartoli dann zurück ins Hotel gefahren. Dort steht der Rotwein zum Entspannen selbstverständlich schon bereit.

Der Alltag eines Weltstars wie Cecilia Bartoli wirkt auf die meisten arbeitenden Menschen zunächst wie etwas völlig Abgehobenes. Solche VIPs scheinen sich in einer eigenen Welt zu bewegen. Doch in Zukunft werden wir wahrscheinlich alle ein wenig Bartoli sein. Denn das Bartoli-Prinzip – ich singe, den Rest machen andere – ist in der Wirtschaft bereits jetzt allgegenwärtig und wird auf immer mehr Bereiche der Arbeitswelt übergreifen: Ich programmiere, die Computer bauen andere. Ich berate das Unternehmen, die Umsetzung machen andere. Ich stelle die Diagnose, über die Therapie entscheiden andere. Das Besondere am Alltag der Cecilia Bartoli ist nicht der Luxus – auch wenn das oberflächlich betrachtet so aussehen mag. Sondern es ist die extreme Spezialisierung, sowohl bei ihr selbst als auch bei den vielen anderen, die mit ihr künstlerisch zusammenarbeiten oder alles für sie organisieren. Cecilia Bartoli kann sich ganz auf das konzentrieren, was sie am besten kann: klassischer Gesang auf einem Niveau, das nur wenige Sängerinnen auf der Welt erreichen. Dass sie nebenbei noch andere Interessen verfolgen kann, wie zum Beispiel als künstlerische Leiterin der Salzburger Pfingstfestspiele zu fungieren, steht dazu nicht im Widerspruch. Im Gegenteil: Müsste sie sich um die Organisation ihrer Tourneen, ihre Flugtickets und Hotelbuchungen, ihre Garderobe und ihre Frisur selbst kümmern, hätte sie für so etwas überhaupt nicht den nötigen Freiraum.

Eine hochgradige Spezialisierung und Subspezialisierung, wie sie in der Welt der Cecilia Bartoli in prägnanter Form zu beobachten ist, bedeutet noch lange nicht MESH. Aber die Entwicklung der Arbeitswelt in Richtung des Bartoli-Prinzips ist eine zentrale Voraussetzung dafür und als solche erst einmal wichtig zu verstehen. Wir treiben die klassische Arbeitsteilung immer mehr ins Extrem. So weit, bis sie irgendwann an ihre Grenzen stößt. Das ist bei der Opernsängerin wie bei den meisten Künstlern noch nicht der Fall. Aber es lässt sich bei den Medizinern, die gemeinsam in einem Medical Board sitzen, bereits gut beobachten. Alle Angehörigen dieses Expertengremiums haben sich in einem ersten Schritt in Richtung des Bartoli-Prinzips entwickelt: Aus dem Chirurgen als All-rounder – der auch die Diagnosen stellt, die Nachsorge übernimmt und sich vielleicht nebenbei noch um Abrechnungen kümmert und mit Vertretern der Pharmabranche verhandelt – wurden der Thorax-Chirurg, der Bauch-Chirurg oder der Hand-Chirurg. Sie betreten den OP wie Cecilia Bartoli die Bühne, schneiden, nähen und gehen wieder. Den Rest machen andere. So wie andere auch alle nötigen Abläufe organisieren. Doch was passiert nun unausweichlich mit immer weiterer Spezialisierung und Subspezialisierung? Wie liegen die oben erwähnten Grenzen dieser Form von Arbeitsteilung? Ganz einfach: Die einzelnen Spezialisten verlieren den Überblick! Damit ein neues, ganzheitliches Bild entstehen kann, müssen sie sich mit anderen Spezialisten zusammenschließen und gemeinsam mit ihnen beraten.

Up to date in einem immer kleineren Ausschnitt des Wissens

Die Anzahl wissenschaftlicher Veröffentlichungen nimmt zurzeit jährlich um rund 8 Prozent zu. Allein zwischen 2015 und 2019 stieg die Zahl der weltweit publizierten Fachartikel von etwa 2 Millionen auf knapp 2,7 Millionen. Mithin dauert es inzwischen weniger als zehn Jahre, bis sich die Anzahl der wissenschaftlichen Publikationen verdoppelt hat. 1665 waren es erst 119 Veröffentlichungen. In jenem Jahr wurden die beiden ersten wissenschaftlichen Zeitschriften gegründet: das „Journal des sçavans" des Herausgebers Denis de Sallo in Paris sowie die „Transactions" der Londoner Royal Society. Heute gibt es weltweit rund 30.000 wissenschaftliche Fachzeitschriften. Doch was geschieht mit dieser gigantischen Menge an wissenschaftlichen Publikationen? Bedeutet diese Explosion des Wissens, dass einzelne Wissenschaftler tatsächlich immer mehr wissen? Das wollte ein Team um den jungen Bioinformatiker Pietro della Briotta Parolo von der Aalto Universität Helsinki in einer Studie herausfinden. Das Ergebnis fasste das Nachrichtenmagazin „Der Spiegel" im Jahr 2015 sinngemäß so zusammen: Es gibt zwar immer mehr wissenschaftliche Publikationen, doch sie verschwinden auch viel schneller wieder von der Bildfläche als früher. Im ersten Jahr nach seinem Erscheinen wird ein Fachartikel noch oft zitiert. Nach zwei, drei Jahren schon praktisch gar nicht mehr. Der Abfall der Zitierkurve wird sogar immer steiler. Das konnte die Studie nachweisen.

Einerseits produzieren und publizieren Wissenschaftler also immer mehr Wissen. Andererseits ist das Wissen immer schneller veraltet und gerät dann sofort in Vergessenheit. Die Wissenschaftler wissen also mitnichten immer mehr. Sondern sie haben immer größere Schwierigkeiten, mit der Wissensexplosion mitzuhalten! „Technologien entwickeln sich immer schneller", sagte Bioinformatiker Briotta Parolo gegenüber dem „Spiegel". Gleichzeitig könne kein Wissenschaftler von Jahr zu Jahr mehr Veröffentlichungen im Auge behalten: „Es gibt eine Grenze für die Informationsmenge, die wir verarbeiten können." Genau wie jeder andere Computer sind auch unsere Gehirne irgendwann am Ende ihrer Leistungsfähigkeit angekommen. Was können Wissenschaftler also tun, um dem Dilemma zu entkommen? Zunächst einmal sich immer weiter spezialisieren. Pietro della Briotta Parolo ist vielleicht sogar selbst das beste Beispiel. Wer mittleren Alters ist, darf sich gern einmal fragen, ob er in jüngeren Jahren schon einmal etwas von einem „Bioinformatiker" gehört hat. Vermutlich nicht. Die Spezialisierung wird aber auch für die Bioinformatiker noch weiter gehen.

Wissenschaftler können heute in einem immer kleineren Ausschnitt der Wissenschaft up to date bleiben. Generalisten gibt es praktisch keine mehr. Es wird immer schwieriger, einen Überblick über einzelne Wissensgebiete zu geben. Das einstmals renommierteste Lexikon der Welt, die 1768 in Schottland gegründete und seit dem 20. Jahrhundert in Chicago publizierte Encyclopædia Britannica, hat dieses Unterfangen schon mehr oder weniger aufgegeben. Nachdem Generationen von US-Amerikanern an ihrer Haustür das 30-bändige Werk erstanden – wohl nicht selten in der Absicht, es noch ihren Kindern und Enkeln zu vermachen –, gab der Verlag im Jahr 2012 bekannt, dass er keine Neuauflagen mehr herausgeben werde. Dies sei schlicht nicht möglich. Denn sobald der riesige Stab von Fachredakteuren eine neue Ausgabe des Lexikons fertig bearbeitet habe, sei das darin enthaltene Wissen bereits wieder veraltet. Als digitale Ausgabe soll die Britannica nun online fortlaufend aktualisiert werden. Hier konkurriert deren Redaktion jedoch mit den Legionen ehrenamtlicher Redakteure der Wikipedia. Lange galt es als ausgemachte Sache, dass die Wikipedia den Konkurrenzkampf mit der Britannica wegen ihres überlegenen Crowd-Prinzips nur gewinnen kann. Doch auch die Wikipedia kämpft jetzt mit Problemen: Immer weniger Menschen nehmen sich unentgeltlich die Zeit, das Online-Lexikon aktuell zu halten. Dabei veraltet das Wissen dort natürlich kein bisschen langsamer als anderswo.

Zeit ist eben ein nicht zu unterschätzender Faktor. Wir wollen weniger arbeiten als früher. Nicht selten dürfen wir auch gar nicht mehr so viele Stunden pro Woche im Job verbringen. Während Professor Brinkmann manchmal 100 Stunden in der Woche arbeitete und rund um die Uhr erreichbar war, erlaubt die Arbeitszeit-Richtlinie der Europäischen Union heute nur noch maximal 48 Stunden Arbeit im Durchschnitt. Inklusive Überstunden wohlgemerkt. Außerdem sind eine tägliche Mindestruhezeit von elf Stunden am Stück sowie eine wöchentliche Mindestruhezeit von 24 Stunden ohne Unterbrechung einzuhalten.

Regeln und Verbote sind das eine. Das andere ist eine Wohlstandswelt, in der immer mehr Menschen nur noch in Teilzeit arbeiten möchten. Doch wer sich nur 30 Wochenstunden Zeit für einen Job nimmt, dem bleibt für ein gutes Einkommen kaum etwas anderes übrig, als einer hochspezialisierten Tätigkeit nachzugehen – denn nur solche Tätigkeiten werden vorerst so gut entlohnt, dass man auch mit weniger Arbeit genügend Geld verdient. Andererseits ist weniger Wochenarbeitszeit bei vollem Lohnausgleich ein Phänomen, das uns schon hundert Jahre begleitet. Die Reduktion der Arbeitszeit des Individuums ist damit so etwas wie der Brandbeschleuniger der Spezialisierung.

Wo Einzelne immer weniger wissen, ist Vernetzung der Schlüssel

Je mehr unsere industrielle Arbeitsgesellschaft zu einer Wissensgesellschaft wird, desto mehr Wirtschaftszweige sind von fortschreitender Spezialisierung betroffen und in desto mehr Jobs wird es zunehmend schwieriger, beim aktuellen Fachwissen den Überblick zu behalten. Bisher war in diesem Buch viel von Ärzten und Wissenschaftlern die Rede, weil sich die Entwicklung hier besonders prägnant zeigt. Doch waren Sie in jüngerer Zeit einmal in einem Leuchtengeschäft? Wer hier einige Jahre ausgesetzt

hat, etwa weil das Eigenheim mit Leuchten gut bestückt war und kein
weiterer Bedarf bestand, dürfte das Angebot kaum noch wiedererkennen.
Es gibt heute fast nur noch LED-Leuchten, die sehr wenig Strom verbrauchen. Bei diesen handelt es sich nicht selten um leuchtende Skulptu-
ren in den ausgefallensten Formen. Sie haben mit den Kronleuchtern in
den Wohnzimmern unserer Eltern und Großeltern nichts mehr gemein.
Per Fernbedienung sind sie nicht nur dimmbar, sondern ändern auch
Wärme oder Farbe des Lichts. Je nachdem, ob man arbeiten, lesen oder
bei schummriger Beleuchtung ein Glas Wein trinken möchte.

„Viele unserer Kunden machen sich keine Vorstellung davon, was es
inzwischen alles gibt", sagt ein kleiner Fachhändler irgendwo in Österreich. Tatsächlich ist der Kunde heute mit dem Wechsel des Leuchtmittels
in einer älteren Stehlampe schon restlos überfordert. Seit die EU die gute
alte Glühbirne verboten hat, kommen alle paar Monate neue Leuchtmittel auf den Markt. Jede neue Generation gilt als besser, heller, an-
genehmer für das Auge und noch effizienter. Doch kein Laie weiß mehr,
was er fürs Wohnzimmer nachkaufen soll. Selbst der Kundenberater im
Baumarkt liegt nicht selten falsch, denn er ist noch für vieles andere außer
Leuchtmittel zuständig. Letztlich kann nur noch der ausgewiesene Spezialist richtig beraten. Dieses Beispiel lässt erahnen, dass Technologien
sich nicht nur hier und da, sondern überall immer schneller entwickeln.
Über kurz oder lang sind fast alle von der Wissensexplosion und dem
Zwang zur weiteren Spezialisierung betroffen: Berater und Dienstleister,
Versicherungsvertreter, Fabrikarbeiter, Handwerker. Die Industrie der
Zukunft wird wissensbasiert sein. Doch wie soll das funktionieren, wenn
keiner mehr mitkommt und wir alle den Überblick verlieren?

Hier kommt MESH ins Spiel: Hoch spezialisierte Individuen schließen
sich zu einem Wissensnetzwerk zusammen. Sie schalten ihre zunehmend
überforderten Gehirne ähnlich zusammen, wie man einst Computer zu
einem Netzwerk verband, als der einzelne PC an seine Grenzen kam. Am
Ende war das vernetzte Client-Server-Computing sogar viel leistungs-
fähiger als all die Riesenrechner, die je in den Kellern der Universitäten
und Unternehmen standen. Durch eine neue Form der Vernetzung können wir uns immer weiter spezialisieren – und behalten doch gemeinsam
den Überblick. Die Ergebnisse unserer gemeinschaftlichen Arbeit können
sich mit nur geringerem Aufwand für den Einzelnen enorm verbessern.

30 oder auch nur 20 Wochenstunden sind gar kein Problem, wenn ich hoch spezialisiert und mit passenden anderen Spezialisten vernetzt bin. Das Medical Board in der Medizin macht es vor: Es ist ein MESH in Reinkultur. Was in der Medizin bereits in Teilen Realität ist, bedeutet eine kaum zu überschätzende Chance für viele weitere Wirtschaftszweige. Diese Form der Vernetzung lässt ein neues, kollektives Bewusstsein entstehen, durch das wir als Arbeitsgesellschaft über uns hinauswachsen. Wissen ist zunehmend Ohnmacht, doch geteiltes Wissen bedeutet enorme Macht.

Die Zeit der Allrounder geht damit ebenso zu Ende wie die Zeit der großen Egos, die sich über ihr Herrschaftswissen definiert haben. Wenn wir in der Lage sind, altes Denken und den grassierenden Egoismus zu überwinden, wenn wir Wissen jederzeit teilen, um mit anderen gemeinsam Neues zu erschaffen, dann werden auch der Stress und der Druck zurückgehen, über die heute so viele klagen. Das erlaubt es uns, in einem intersubjektiven Raum mit Leichtigkeit und Freude gemeinsam neue Welten zu erschaffen. Wie genau das funktioniert, an welche Voraussetzungen es gekoppelt ist und wie der größere evolutionäre Kontext aussieht, darum geht es in den weiteren Kapiteln dieses Buchs.

Viele werden die neuen Möglichkeiten begeistert nutzen – andere vielleicht durch die Notwendigkeit weiterer Spezialisierung erst einmal unter Druck geraten. Hierzu noch eine kleine Anekdote: Während Professor Brinkmann stets Allrounder blieb, erlebte sein Darsteller Klausjürgen Wussow nach dem Ende der Dreharbeiten zur „Schwarzwaldklinik" eine ganz und gar unfreiwillige Form der Spezialisierung: Der Schauspieler war nämlich fortan auf Arztrollen festgelegt und erhielt keine anderen Angebote mehr. Weil die Öffentlichkeit Wussow nur noch mit Professor Brinkmann identifizierte, warf ihn das Wiener Burgtheater bereits ein Jahr nach dem Start der Erfolgsserie aus seinem Ensemble. Auch so kann der Zwang zu Spezialisierung und Subspezialisierung aussehen.

2

Der Meaningful Interspace

Wie ein verbindendes geistiges Band, das uns überall gemeinsam Neues erschaffen lässt

In der alten Industriegesellschaft war Arbeitsteilung ein Weg, möglichst effizient anfassbare Güter herzustellen. Diese Fixierung auf das tangible Gut machte die Zusammenarbeit weitgehend ortsgebunden. In der Wissensgesellschaft bringen wir nun nicht mehr nur arbeitsteilig vorgegebene Produkte hervor, sondern produzieren mit Menschen überall auf der Welt gemeinsam immaterielle Güter. Je stärker unser verbindendes geistiges Band dabei ist, desto mehr Möglichkeiten haben wir, Neues zu erschaffen. In einem Meaningful Interspace entstehen gemeinsam jene Ideen, an deren Umsetzung wir dann miteinander arbeiten.

Tiere zu töten taugte in der Geschichte der menschlichen Zivilisation immer wieder als Massenattraktion. Wer denkt hier nicht als Erstes an das berüchtigte Kolosseum im alten Rom? In diesem wohl blutigsten Zirkus

© Der/die Autor(en), exklusiv lizenziert an Springer Fachmedien Wiesbaden GmbH, ein Teil von Springer Nature 2022
C. Zulehner, *MESH – Die Evolution der Zusammenarbeit*,
https://doi.org/10.1007/978-3-658-37818-9_2

aller Zeiten wurden Löwen, Tiger und Leoparden, Elefanten, Bären und Nashörner unter den Entzückensschreien zehntausender Zuschauer in mehr oder weniger ausgedehnten Schaukämpfen erlegt. Einmal sollen Bogenschützen 100 Löwen auf einen Schlag niedergemetzelt haben. Welch ein Spaß! Im Vergleich dazu nimmt sich der Todesstoß, den der Torero einem Rindvieh als Höhepunkt seiner Darbietung in der Stierkampfarena versetzt, geradezu kultiviert aus. Nur wenig bekannt ist, dass um 1900 auch die Schlachthöfe von Chicago eine Attraktion und ein wahrer Zuschauermagnet waren, vergleichbar mit Disneyland oder Sea Life im heutigen Amerika. Fairerweise muss man konzedieren, dass nicht Blutdurst, sondern Faszination für technischen Fortschritt die Menschen in Scharen an den öffentlichen Führungen durch die sogenannten Union Stock Yards teilnehmen ließ. Seit 1865 wurden in diesen Großschlachthöfen mit industriellen Methoden annähernd 10 Millionen Tiere pro Jahr zerlegt. Bis zu 25.000 Arbeiter sorgten für mehr als 80 Prozent der US-amerikanischen Fleischproduktion.

An einem Sonntag des Jahres 1908 zählte auch ein gewisser William Klann aus Detroit zu den Besuchern der Schlachthöfe. Durch das bis zum heutigen Tag erhaltene Eingangstor betrat Klann so etwas wie eine Stadt in der Stadt, erstreckte sich das Schlachthofgelände doch über ein 190 Hektar großes Gelände. Hier gab es insgesamt 80 Kilometer Straßen und über 200 Kilometer Schienen. Täglich wurden rund 1,9 Millionen Liter Wasser aus dem Chicago River hergepumpt. Die Gatter, in denen die Tiere unter freiem Himmel ihrem Schicksal entgegensahen, schienen bis zum Horizont zu reichen. Der Ausbau der Eisenbahn und vor allem die neue Möglichkeit, Waren in gekühlten Waggons zu transportieren, hatten diese enorme Konzentration der Fleischproduktion an einem Ort möglich gemacht. Die eigentliche Sensation waren indes nicht all diese Superlative. Sondern es waren Technik, Logistik und Organisation. Die Schlachthöfe waren so beschaffen, dass die getöteten Tiere an elektrisch betriebenen Bändern aufgehängt und an den Arbeitern vorbeigezogen wurden.

So erledigte jeder Arbeiter immer nur einen, stets gleichen Schritt bei der Zerlegung. Die Handgriffe sind einfach und faktisch jeder Ungelernte kann eingesetzt werden. Täglich kommt es deshalb in den Union Stock Yards von Chicago auch zu dramatischen Unfällen. Die geringste Unaufmerksamkeit kann dem Arbeiter einen Teil seiner Hand kosten. Dem

Schriftsteller Upton Sinclair ist es zu verdanken, dass diese Missstände aufgezeigt werden und die staatliche Kontrolle verstärkt wird. In seinem Dokumentationsroman „Der Dschungel" beschreibt er die grenzenlose Ausbeutung der Arbeiter in den Schlachtfabriken auf eindrucksvolle Weise.

William Klann brachte dieser Dschungel trotzdem auf eine Idee: Könnte man nicht auf diese Art und Weise auch Automobile effizient und in großen Stückzahlen produzieren? Bald nach seinem Ausflug zu den Union Stock Yards sprach er darüber mit seinem Vorgesetzten Peter Martin. Dieser war designierter Produktionschef der Ford Motor Company, bei der auch Klann seit Längerem arbeitete.

Der Ingenieur Peter Martin war zunächst skeptisch, befürwortete aber einen Testlauf. Kurz darauf wurden Räder, Kotflügel, Motorhauben und Windschutzscheiben wie Rinderhälften an Seilen baumelnd durch die Produktionshallen der Ford Motor Company gezogen. Wann Henry Ford persönlich sein Plazet zu der neuen Produktionsmethode gab, ist in den Archiven des Unternehmens – im Gegensatz zu dem Vorschlag von William Klann – nicht dokumentiert. Doch nach dem erfolgreichen Ende der Versuchsphase dürfte der Unternehmer und Erfinder schnell das Potenzial dieser hochgradig arbeitsteiligen Produktionsmethode erkannt haben. Das Fließband war geboren und sollte zum Inbegriff der Industrieproduktion des 20. Jahrhunderts werden. Dessen englischer Name ist übrigens eine feine Ironie dieser Geschichte, denn in den Schlachthöfen von Chicago hieß das Band zur Tierzerlegung *disassembly line*, woraufhin die Verantwortlichen bei Ford ihr Fließband *assembly line* tauften. Von der Dekonstruktion zur Konstruktion mit denselben Mitteln.

Arbeitsteilung hatte es auch vor den Schlachthöfen der „Windy City" und den Produktionshallen der Ford Motor Company schon gegeben. Sie ist so alt wie unsere Zivilisation. Schließlich packte kein Pharao beim Bau der Pyramiden persönlich mit an. Die Mönche des christlichen Mittelalters ließen es sich bei Speis' und Trank gut gehen, während sich andere dafür krumm machten. Doch erst die Zerlegung des Produktionsprozesses in viele kleine Einzelschritte, die jeweils nur von einem Menschen ausgeführt werden, ermöglichte die industrielle Massenproduktion der Moderne. Licht- und Schattenseiten der fortgeschrittenen Arbeitsteilung des 20. Jahrhunderts sind hinlänglich bekannt: einerseits Arbeit und Konsum für viele. So kostete Fords T-Modell im Jahr 1908 noch 850 US-Dollar, was 2020 rund 24.000 US-Dollar entspricht. Nach der Einführung des Fließbands kostete das gleiche Auto nur noch 300 US-Dollar, also knapp 65 Prozent weniger. Auch viele andere einstige Luxusgüter wurden für die Massen erschwinglich. Andererseits herrschten bald Zustände, wie sie Charlie Chaplin in seinem Film „Modern Times" treffend karikierte: Monotonie am Arbeitsplatz, öde Fabrikgelände und Arbeitersiedlungen, physische und psychische Gesundheitsschäden, allgemeiner Stumpfsinn satt Kreativität und Schaffensfreude.

2.1 Wenn das tangible Produkt nicht länger alles zusammenhält

Was bringt Menschen überhaupt dazu, in großen Gruppen von hunderten oder gar tausenden Individuen an einem Strang zu ziehen und effektiv auf Ziele hinzuarbeiten? Obwohl kein Einzelner alle anderen Individuen persönlich kennen und somit nicht wissen kann, ob diese vertrauenswürdig sind? Derlei Fragen, die das scheinbar Selbstverständliche berühren, klingen im ersten Moment vielleicht trivial, sind es aber nicht. Es geht hier um nicht weniger als die Grundlage unserer menschlichen Zivilisation. Historiker, Anthropologen und Neurowissenschaftler sind sich heute weitgehend einig, dass Menschen einen geistigen Kitt brauchen – ein sinnstiftendes Narrativ –, sobald die Gruppen, in denen sie zusammenarbeiten, so groß werden, dass nicht mehr jeder jeden kennt. Würde Charlie, der Tramp, aus dem Film „Modern Times" täglich zehn Stunden am Fließband den immer gleichen Handgriff ausführen, wenn er darin keinen Sinn sähe? Vermutlich nicht. Vielmehr sagt sich Charlie, auch wenn er es nicht explizit ausspricht: Wir stellen hier in der Fabrik gemeinsam ein physisches Produkt her, das Menschen nützlich finden und deshalb auf einem Markt kaufen. Von dem Geld, das die Kunden für das Produkt bezahlen, erhalte ich letztlich meinen Lohn. Ich kann mir davon selbst Produkte kaufen, die meinen Lebensunterhalt sichern.

Das ist die eigentliche Essenz der alten Industriegesellschaft: Die Herstellung eines tangiblen Produkts ist der geistige Kitt, der Menschen in auch sehr großen Gruppen arbeitsteilig und hoch effektiv zusammenarbeiten lässt. Das Ziel, ein fassbares Gut zu produzieren und dann mit Gewinn zu verkaufen, stiftet jenen Sinn, der Menschen sich sogar mit unschönen Arbeitsbedingungen abfinden lässt. Daraus ergibt sich eine entscheidende Konsequenz: Das, was ich brauche, um Zusammenarbeit im großen Stil zu organisieren, ist hier stets ortsgebunden. Sicherlich können Rohmaterialien und Vorprodukte von überall herkommen. Die industrielle Produktion kann auf unterschiedliche Standorte verteilt sein. Ich kann am Ende sogar mein Lager auf die Straße verlegen und Dinge *just in time* von A nach B transportieren. Doch letzten Endes befindet sich alles, womit ich produziere und was ich verkaufe, an einem bestimmten Ort. Das bedeutet, dass die Menschen, die mit diesen materiellen Gütern arbeiten, sich auch stets an bestimmten Orten befinden müssen.

Genau aus diesem Grund kommt es einer Revolution gleich, wenn der wichtigste Produktionsfaktor auf einmal das Wissen ist. Wissen ist weder ein tangibles Gut noch ist es ortsgebunden. Wenn ich arbeitsteilig mit vielen Mitwirkenden ein immaterielles Gut – ein reines Wissensprodukt – herstellen will, zum Beispiel eine Software für einen Roboter, dann ist keiner der an diesem Produktionsprozess Beteiligten an einen bestimmten Ort gebunden. In der Theorie galt dies immer schon. Bloß waren große Gruppen von Menschen früher nicht in der Lage, ihr Wissen über große Distanzen untereinander auszutauschen. Und wenn doch, dann nicht innerhalb eines Zeitrahmens, der eine Zusammenarbeit sinnvoll machte. Wo jede neue Idee erst in Briefform gebracht, x-mal abgeschrieben und dann per Postkutsche an alle Adressaten verteilt werden musste, war effektive Zusammenarbeit in großen Gruppen über die Distanz kaum möglich. Deshalb mussten die Mitwirkenden am Produktionsprozess auf einem riesigen Fabrikgelände konzentriert oder in einen Büroklotz eingepfercht werden. Heute ist nicht nur das Wissen der zunehmend wichtigste Produktionsfaktor. Sondern auch der globale Informationsaustausch in Echtzeit ist selbstverständlich. Nur deshalb können auf dem Planeten verstreute virtuelle Teams gemeinsam immaterielle Güter produzieren.

Eines der prägnantesten Beispiele dafür ist das sogenannte Crowdsourcing, seltener auch Crowdworking genannt. Diesen Begriff prägte der US-amerikanische Journalist Jeff Howe im Jahr 2006 in einem Artikel für das Magazin „Wired" mit dem Titel „The Rise of Crowdsourcing". Worin bestand dieser Aufstieg? Mit der zunehmenden Bedeutung des

Internets für die Produktion immaterieller Güter lagerten Unternehmen immer mehr Arbeitsschritte an eine weitgehend anonyme Masse von Internetnutzern – die Crowd – aus. Auf freiwilliger Basis und zunächst meist unentgeltlich, später zunehmend gegen Bezahlung, bringt sich die Crowd als eine Art virtuelle Belegschaft in den Produktionsprozess ein. Jedes einzelne Mitglied dieses „Schwarms" kann sich so mit seinen besonderen Kenntnissen und Fähigkeiten in fremde Produktionsprozesse einklinken, ohne sich langfristig an einen Arbeitgeber binden zu müssen.

Wo sich das Individuum räumlich befindet, spielt hier keine Rolle. Der mit aufgeklapptem Laptop an einem Strand in der Karibik sitzende Crowdworker wurde zum Klischee. Für die Unternehmen liegen die Vorteile des Crowdsourcing auf der Hand: Ihnen stehen dadurch viel mehr Mitarbeiter zur Verfügung. Und die Kosten sinken – denn sie müssen nur für die abgelieferte Leistung eines Individuums bezahlen. Sozialabgaben, Lohnfortzahlung im Krankheitsfall, bezahlte Urlaube oder Babypausen: Alles das fällt weg. „Crowdwork" wird nach wie vor auch unentgeltlich geleistet. Ein Beispiel ist die kollaborative Plattform „WikiPlag", auf der Wissenschaftler in ihrer Freizeit Plagiatsskandale aufdecken. Eine ähnliche, spontan gegründete Seite namens „GuttenPlag" hatte nicht unerheblichen Anteil an dem unfreiwilligen Outplacement des konservativen Politikers und deutschen Verteidigungsministers Karl-Theodor Maria Nikolaus Johann Jacob etc. etc. Freiherr von und zu Guttenberg im Jahr 2011.

2.2 Der neue geistige Kitt einer produktiven Wissensgesellschaft

Angenommen, ein virtuelles Team aus fünf Autoren, die in vier verschiedenen Städten an ihren Computern sitzen, schreibt gemeinsam das Skript für ein Promotion-Video. Gelten dabei nicht letztlich dieselben Regeln wie bei der Produktion eines tangiblen Guts in der Industriegesellschaft? Außer, dass die Beteiligten nicht an bestimmte Orte gebunden sind? Ist nicht das fertige Video hier das Gegenstück zu einem am Fließband fertig zusammensetzten Auto, an dem viele Hände mitwirken? Nein, und zwar aus mehreren Gründen. Einmal folgt die Herstellung des materiellen Massenprodukts einer fertigen Blaupause. Anders als bei einem Kunsthandwerker, der jedes einzelne Objekt individuell gestalten kann, sind Abweichungen im industriellen Herstellungsprozess nicht erwünscht. Im Gegenteil: Das Ziel beispielsweise eines Six-Sigma-Prozesses in der modernen Fertigung sind 99,9999981 Prozent abweichungsfreie Übereinstimmung aller produzierten Stücke. Bei der Produktion eines Promotion-Videos hingegen gibt es vielleicht eine erste Idee, die sich dann jedoch erst während der gemeinsamen Arbeit konkretisiert. In der Autoproduktion sind die Arbeiter zwar arbeitsteilig an der Herstellung, aber nicht an der Erschaffung der Blaupause des Produkts beteiligt. Henry Ford soll einmal gesagt haben: „Warum kommt dauernd ein Gehirn mit, wenn ich nur um ein paar Hände gebeten habe?" Das Ziel des Produktionsprozesses wird hier stets „von oben" vorgegeben.

Ganz anders bei der gemeinsamen Produktion eines Videos: Das Produkt konkretisiert sich erst während seiner Herstellung, und zwar unter gleichberechtigter Mitwirkung aller Beteiligten. Auch einem Auto, einer Waschmaschine, einem Ikea-Regal oder einem beliebigen anderen Massenprodukt liegt in gewisser Weise eine Idee zugrunde. Sie ist in Konstruktionsplänen oder dergleichen festgehalten. Doch die einzelnen Arbeiter in der Produktion kennen weder die Idee im Detail noch müssen sie diese kennen. Sie brauchen lediglich den kleinen Arbeitsschritt zu kennen und zu beherrschen, für den sie im Produktionsprozess zuständig sind und den sie immer wieder aufs Neue ausführen. Frederick Winslow Taylor (1856–1915), der geistige Vater des nach ihm benannten „tayloristischen" Produktionssystems, forderte sogar ausdrücklich, dass der einzelne Arbeiter so wenig wie möglich wissen solle! Die von ihm gemeinsam mit Frank Bunker Gilbreth entwickelte Unternehmensphilosophie des „Scientific Managements" führte letztlich zu einer deutlichen Verbesserung der Wettbewerbsfähigkeit und zum Durchbruch der Massenproduktion. So machte die industrielle Revolution Güter erstmals auch für Ärmere erschwinglich. Breite Bekanntheit erlangte Frank Bunker Gilbreth aber nicht nur durch seine Arbeit rund um den Produktionsprozess. Seine beiden Kinder Ernestine und Frank Bunker Jr. verfassten Bücher, die auf humorvolle Weise beschreiben wie seine Unternehmensphilosophie auch im Familienleben Platz griff. Das wohl bekannteste „Im Dutzend billiger" wurde aufgrund seines großen Erfolges auch verfilmt.

Der heutige Wissensarbeiter weiß sehr viel über einen bestimmten Ausschnitt und bringt sich ja gerade mit diesem *Wissen* in den Erschaffungsprozess eines Guts ein. Damit das funktionieren kann, braucht Produktion in der Wissensgesellschaft ein Surrogat für das tangible Gut, das früher einmal das bindende Objekt des Produktionsprozesses war. Es braucht auch hier ein sinnstiftendes Element. Dies kann aber nicht einfach ein intangibles Gut sein – eben weil die konkrete Form dieses Guts zu Beginn des Produktionsprozesses noch gar nicht feststeht. In einem tatsächlich ko-kompetenten und ko-kreativen Prozess, in dem alle Beteiligten auf Augenhöhe zusammenarbeiten, wird keine Blaupause bloß kopiert, die von einem oder wenigen anderen vorgegeben wurde. Sondern in einer gemeinsamen geistigen Anstrengung entsteht etwas komplett Neues. Das intangible Gut entsteht nicht im Gehirn eines Einzelnen, sondern gewissermaßen in dem *Raum* zwischen den Gehirnen aller Beteiligten. An die Stelle des tangiblen Guts als bindendem Band für die Zusammenarbeit tritt daher exakt dieser intersubjektive Möglichkeitsraum. In diesem gemeinsamen Bedeutungsfeld erfahren miteinander kooperierende Menschen Sinn und erschaffen gemeinschaftlich Neues.

Diesen sinnstiftenden Möglichkeitsraum bezeichne ich als Meaningful Interspace. Damit lehne ich mich bewusst an den Begriff des *shared **manifold** intersubjective space* an. Der Neurowissenschaftler Vittorio Gallese hat ihn geprägt; dessen Kollege Joachim Bauer ihn in seinem Buch „Prinzip Menschlichkeit" aufgegriffen und als *shared **meaningful** intersubjective space* bezeichnet. Gemeint ist hier ein Raum für geteilte Gedanken und Erfahrungen, der den beiden Neurowissenschaftlern zufolge in unseren Gehirnen evolutiv bereits angelegt, also gewissermaßen vorgebahnt ist. „Die Spezies Mensch hat die Tendenz", schreibt Joachim Bauer, „sich immer wieder auf den … anderen Menschen einzuschwingen." Auf den Arbeitsprozess bezogen heißt das: In einem Meaningful Interspace schwingen wir uns sozusagen auf unsere Mitarbeitenden ein, synchronisieren unsere Gehirne und sind somit in der Lage zu echter Co-Kreation – statt lediglich ausgeklügelter Arbeitsteilung. Das Revolutionäre dabei ist die Tatsache, dass das Potenzial, in einem Meaningful Interspace gemeinsam Neues zu erschaffen, nahezu unerschöpflich ist. Dieser Möglichkeitsraum ist der immaterielle Ort, an dem arbeitende Menschen in einer Wissensgesellschaft gemeinsam über sich hinauswachsen können.

2.3   Miteinander schier unbegrenzte Möglichkeiten ausloten

Eine gemeinsame Idee bildet also die Grundlage der Zusammenarbeit in einer Wissensgesellschaft. Das bedeutet weit mehr als Teamgeist, an den man hier vielleicht denken könnte. Abgesehen davon, dass wir mit „Team" eben doch meistens Menschen an ein und demselben Ort assoziieren, geht es bei Teamgeist eher um das Wie der Zusammenarbeit als um ihre elementare Grundlage. Ein gutes Einvernehmen auf der zwischenmenschlichen Ebene ist stets von Vorteil, egal, ob es das Ziel ist, materielle Güter nach festen Vorgaben zu produzieren oder immaterielle Güter in einem offenen Möglichkeitsraum zu ko-kreieren. Gleichzeitig handelt es sich bei den in einem Meaningful Interspace entstehenden Ideen aber auch um weit weniger als die großen Ideen und sinnstiftenden Narrative der Menschheit – wie etwa die Idee der Nation, des Buddhismus oder des Sozialismus. Diese *grandes narratives* oder „Meistererzählungen", wie der französische Philosoph Jean-François Lyotard sie genannt hat, haben nämlich kein abgegrenztes Ziel. Was in der Wissensgesellschaft in einem Meaningful Interspace als bindendes geistiges Band zwischen gemeinsam arbeitenden Individuen entsteht, ist dagegen sehr wohl auf ein Ziel ausgerichtet: ein Endresultat zu kreieren. Zum Beispiel das Skript für ein Promotion-Video fertigzustellen. Oder eine Software zu schreiben, die ein autonom fahrendes Fahrzeug auf der Autobahn in der Spur hält. Oder auch die bestmögliche Therapie für einen Patienten mit einem malignen Tumor zu finden.

Doch wie entstehen überhaupt gemeinsame Ideen als geistiger Kitt einer Zusammenarbeit zwischen Menschen, die manchmal vielleicht noch im selben Raum sitzen, immer öfter jedoch überall auf der Welt verstreut sind? Nach meiner Beobachtung gibt es hier interessanterweise dieselben Mechanismen der Innovation wie bei tangiblen Gütern: Am Anfang steht entweder die angebotsinduzierte Nachfrage, das nachfrageinduzierte Angebot oder der Zufall. Ein Team von Autoren verfasst also zum Beispiel ein Buch, bringt es auf den Markt und trifft auf interessierte Leserinnen und Leser. Hier schafft das Angebot sich seine Nachfrage. Umgekehrt könnte es sein, dass Airbus einen Ideenwettbewerb für den

Flugzeugantrieb der Zukunft veranstaltet und eine Gruppe aus Physikern, Chemikern und Ingenieuren dazu eine geniale Idee hervorbringt. Die Geschichte ist voll von Beispielen nachfrageinduzierter Innovationen. 1863 schrieb Michael Phelan, ein irischstämmiger US-amerikanischer Unternehmer, begeisterter Billardspieler und Inhaber einiger Billardsalons einen Preis in Höhe von 10.000 $ für eine Alternative zur Elfenbeinkugel aus. Im Jahr 1869 fand John Wesley Hyatt mit Zelluloid einen Werkstoff, der den Anforderungen genügte und im Laufe der Zeit immer weiter verbessert wurde.

Spannend ist die möglicherweise zunehmende Rolle des Zufalls. Die Wirtschaftsgeschichte schrieb immer wieder bunte und kuriose Geschichten über den Lucky Punch als Innovator. Von Gore-Tex bis Viagra.

In immer mehr Branchen findet regelmäßig ein offener Wissensaustausch statt, mit Methoden wie beispielsweise „Open Space" oder „Art of Hosting". Manchmal ist dabei der Rahmen so locker abgesteckt, dass man lediglich allgemein auf der Suche nach innovativen Ideen ist – ohne schon allzu viel vorzugeben.

Eine totale Offenheit dafür, welche Ideen am Ende entstehen, bleibt wohl eher die Ausnahme. Viel häufiger ist der Fall zu beobachten, dass es zwar ein ultimatives Ziel gibt, der Weg dorthin jedoch noch völlig offen ist und erst durch einen kooperativen Prozess in einem Meaningful Interspace ausgelotet wird. So sind sich zum Beispiel alle Mitglieder eines Tumor-Boards einig, dass sie die Patientin Frau H. heilen wollen. Die Genesung der Patientin ist das große Ziel. Wüssten die Beteiligten jedoch bereits, welche Therapie sich am besten eignen würde und wie viele Zwischenschritte zur Heilung nötig wären, dann müssten sie sich in dieser breit gefächerten Expertenrunde gar nicht erst treffen. Ähnliches gilt übrigens auch für die großen Herausforderungen der Menschheit. Der Weltfrieden oder die Eindämmung der Folgen des Klimawandels sind sicherlich hehre Ziele, für die sich viele Menschen begeistern könnten. Ob es einen gangbaren Weg zu diesen Zielen gibt und wie dieser aussehen könnte, ist jedoch noch weitgehend offen.

Wichtiger erscheint für den Augenblick: Dadurch, dass menschliche Gehirne in einem Meaningful Interspace kollaborativ Ideen und Innovationen hervorbringen, entstehen enorme Möglichkeiten. Allein dies kann eine Aufbruchsstimmung erzeugen. Sicherlich hat es auch früher schon Genossenschaften, Gebietskörperschaften, Interessensgemeinschaften oder Expertenkommissionen gegeben. Doch in dem Moment, in dem wir das Prinzip der Kollaboration in einem Meaningful Interspace wirklich verstehen und anwenden, tut sich ein unendlich viel größerer Möglichkeitsraum auf, als wir ihn aus der alten Industriegesellschaft kennen. Dieses Verständnis kann unser Mindset verändern und unsere Zusammenarbeit in Unternehmen, Organisationen, politischen Körperschaften und schließlich im globalen Maßstab einer „Menschheitsfamilie" auf eine ganz neue Grundlage stellen. Co-Kreation in einem Meaningful Interspace schöpft nämlich erst dann ihr volles Potenzial aus, wenn wir bereit sind, uns auf ein echtes Miteinander einzulassen. Dass dies alles andere als eine weltfremde, neusozialistische Utopie ist, belegen Beispiele, in denen konkurrierende Unternehmen trotz intensiven Wettbewerbs zu Partnern werden. Weil sie allein nicht mehr in der Lage sind, für ihr Überleben notwendige Schlüsseltechnologien weiterzuentwickeln.

2.4 Ein neues Mindset der Gemeinsamkeit sprengt alte Grenzen

„Es ist gut, dass Flugzeuge einen Autopiloten haben", sagte Tesla-Gründer Elon Musk im Jahr 2013, „und wir sollten so etwas auch in Autos einbauen." In den folgenden Jahren führte Tesla für seine Elektroautos sukzessive Assistenzsysteme ein, mit deren Hilfe sich die Fahrzeuge immer mehr selbst steuerten. Mit jedem Update der Software funktionierte das ein bisschen besser. Im Januar 2015 preschte dann Audi vor und stellte auf der Elektronikmesse CES in Las Vegas die ersten seriennahen autonomen Autos vor. Staunende Journalisten cruisten in ihnen hunderte Kilometer auf Highways durch die Wüste von Nevada, ohne dass ein Eingriff seitens des Fahrers nötig war. Das Wettrennen der Autohersteller um das erste autonom fahrende Serienautomobil war eröffnet. Es sollte jedoch noch ein weiter Weg sein, bis computergesteuerte Autos sich nicht nur in einer gottverlassenen Wüste würden orientieren können, sondern auch in den Straßen von London, Tokio oder Mumbai zur Hauptverkehrszeit. Ein wirklich autonomes Fahrzeug müsste die Adresse eines

Bergbauern in den österreichischen Alpen ebenso zuverlässig ansteuern können wie die einer Briefkastenfirma in Singapur. Der Engpass sind hier gar nicht einmal so sehr die Kameras, Sensoren und Bordrechner des Autos. Sondern es sind die Geodaten.

Herkömmliche Kartendaten, wie sie längst millionenfach in den Navis unserer Autos zum Einsatz kommen, sind für autonomes Fahren viel zu ungenau und werden bei Weitem zu selten aktualisiert. Wer jemals bei Tempo 130 auf der linken Spur einer Autobahn die Anweisung bekam, er solle „in 200 Metern links abbiegen", der weiß, was gemeint ist. Würde das Auto dieses Kommando nicht nur an den Fahrer ausgeben, sondern humorlos selbst ausführen, gäbe es wahrscheinlich Tote. Geodaten zu haben, die für autonomes Fahren präzise, aktuell und zuverlässig genug sind, ist eine Mammutaufgabe. Das wussten auch die drei deutschen Erzfeinde Audi, BMW und Daimler, als der finnische Konzern Nokia seinen Kartendienst Here Mitte des Jahres 2015 für 2,8 Milliarden Euro zum Kauf anbot. Nokia war einst Weltmarktführer für Mobiltelefone gewesen, hatte die Entwicklung des Smartphones jedoch verschlafen und seine Telefonsparte schließlich an Microsoft verkauft. Den ursprünglich für seine „Handys" entwickelten Kartendienst brauchte Nokia nun nicht mehr. Die Topmanager bei Audi, BMW und Daimler schienen nun unabhängig voneinander denselben Gedanken zu haben: Selbst wenn wir den Zuschlag bekämen und unser Unternehmen den Finnen die Milliarden hinblättern würde, wären wir der Aufgabe, den Kartendienst so weiterzuentwickeln, dass die Daten sich für autonomes Fahren eignen, wahrscheinlich nicht gewachsen. Aber … wenn wir uns mit den anderen zusammentäten, dann könnten wir es schaffen!

So kam es zu einem Deal, der die Businesswelt weit über die Automobilbranche hinaus aufhorchen ließ: Audi, BMW und Daimler übernahmen den Kartendienst Here gemeinsam. Nachdem sämtliche Kartellbehörden zugestimmt hatten, gehörte den drei Rivalen der Autobahn jeweils ein Drittel der zukunftsträchtigen Software. Mit vereinten Kräften entwickelten sie den Kartendienst nun weiter. Zeitsprung in das Jahr 2018: Im Entwicklungszentrum von Here in der Nähe der kalifornischen Universitätsstadt Berkeley gaben sich Vertreter des Elektronikkonzerns Siemens, des Fahrdienstes Uber oder der Lkw-Hersteller Peterbilt und DAF die Klinke in die Hand. Sie alle wollten sich die rasanten Fortschritte bei der Weiterentwicklung des Kartendienstes erklären lassen. Die drei ursprünglichen Eigentümer hatten mittlerweile weitere Gesellschafter ins Boot geholt: 10 Prozent gingen an Investoren aus China und Singapur, 15 Prozent an Intel sowie jeweils 5 Prozent an Bosch und Continental, womit nun auch die Zulieferindustrie eingebunden war. Zudem hatte das deutsche Trio zwischenzeitlich Lizenzen an eine illustre Runde von Mitbewerbern verkauft, darunter PSA Peugeot-Citroën, Fiat-Chrysler, Jaguar-Land Rover, Renault-Nissan und Toyota.

Die Geodaten von Here speisen sich heute aus rund 80.000 Quellen. Hinzu kommt eine Flotte von 400 eigenen Vermessungsfahrzeugen. Doch wie werden die Daten aktuell gehalten? Über ein weltweites Netzwerk von menschlichen Augen sowie Computeraugen erhält Here nach eigenen Angaben täglich rund 150 Millionen Aktualisierungen. Wo neue Kreisverkehre entstanden sind, Hausnummern sich ändern oder Geschäfte schließen, berichtet dies immer öfter ein Mensch oder ein Algorithmus in Echtzeit an Here. Doch das reicht immer noch nicht. Die größten Datensammler sind die Autos, in denen die Here-Software bereits zum Einsatz kommt. Die Autos nutzen nicht allein die Geodaten, sondern ihre Algorithmen überprüfen sie auch ständig und senden jede Abweichung über Mobilfunk in Echtzeit an Here.

Das alles ist nicht nur ziemlich beeindruckend, sondern bedeutete für die Beteiligten einen echten Mindshift. Sie hatten nämlich erkannt: Mit Konkurrenzdenken kommt hier niemand mehr weiter. Nicht aus Idealismus, sondern weil es anders gar nicht mehr ging, schlossen sich bisherige Erzrivalen zu Partnern zusammen und holten sogar noch weitere Konkurrenten mit ins Boot. Allen war plötzlich klar: Wir brauchen einander. Nur noch gemeinsam sind wir in der Lage, eine solche gigantische technische Herausforderung wie das autonome Fahren zu stemmen. Ja, wir alle wollen am Ende Gewinne erzielen. Aber gemeinsam mit anderen in unserer Branche und nicht mehr auf Kosten der anderen. Am Beispiel des Kartendienstes Here zeigte sich dabei noch etwas: Selbst, wenn die größten Konzerne der Welt sich zusammentun, kann es sein, dass der Meaningful Interspace immer noch nicht groß genug ist. Doch sobald die Unternehmen auch noch ihre Grenzen öffnen und eine globale Crowd mit einbeziehen, die ihnen ständig in Echtzeit Input liefert, nutzen sie das Potenzial zukunftsorientierter Ko-Kreation voll aus.

2.5   Was gibt uns in Zukunft Sicherheit?
Das Netzwerk!

Für alle Menschen, die heute jung sind, ist der beschriebene Mindshift eine sehr gute Nachricht. Der Einsatz von Ellenbogen dürfte nicht mehr lange zu den (Un-)Kulturtechniken gehören, die Berufseinsteiger (un-) freiwillig erlernen. Es ist nicht länger nötig, sich den einen Arbeitgeber auszusuchen, der einem möglichst gute Aufstiegschancen und im Ideal-fall einen lebenslang sicheren Arbeitsplatz gewährt. Niemand muss sich mehr fragen: Will ich meine Talente einsetzen, mich selbst entwickeln und bei der Arbeit Spaß haben – oder will ich Sicherheit und eine garan-tierte Rente? Heutzutage geht einfach beides! Das ko-kreative Netzwerk bietet nicht nur die Chance, gemeinsam mit vielen anderen Ergebnisse zu erzielen, die für Einzelne oder kleine Gruppen unerreichbar sind. Son-dern es ist auch die neue Sicherheit. Denn wo viele einander brauchen, da muss auch für jedes Individuum gesorgt sein, damit es sich produktiv einbringen kann. Welche Instrumente Gesellschaften dazu entwickeln werden, wäre ein Thema für ein eigenes Buch. Dass Ko-Kreation die neue ökonomische Grundlage für alle sein könnte, ist in jedem Fall abzusehen.

Was einige Businessgurus der Nullerjahre behaupteten, dass nämlich in Zukunft nur noch einer kleine Wissenselite wirtschaftlicher Wohl-stand beschieden sei, während die große Mehrheit zu einer prekären Masse von Handlangern herabsinke, erweist sich immer mehr als Fehl-prognose. Das Gegenteil ist richtig. Eine Wissensgesellschaft braucht die Kreativität *aller!* Die Voraussetzung dafür ist, dass sich alle immer weiter spezialisieren und subspezialisieren. Und sich dann überall zu ko-kreativen Netzwerken zusammenschließen, um in einem Meaningful In-terspace gemeinsam zu erschaffen, was allen nützt – ohne die Ressourcen des Planeten länger zu überfordern. Wer heute jung ist, hat also allen Grund sich zu freuen. Alle haben die Chance, ihr Netzwerk zu finden, in dem sie mit anderen sinnvoll ko-kreieren.

Umso mehr verwundert das Ergebnis einer Umfrage, die das Be-ratungsunternehmen Ernst & Young unter 3500 Studierenden in 27 deutschen Universitätsstädten durchgeführt hat. Demnach möchte fast ein Drittel (32 Prozent) nach dem Abschluss am liebsten im Staatsdienst

arbeiten. Unter den jungen Frauen sind es sogar 42 Prozent. Die Amts-
stube als Lebenstraum der Jugend! An zweiter Stelle der Beliebtheitsskala
stehen mit 23 Prozent die Kulturinstitutionen. Nun ist es ein offenes
Geheimnis, dass sich in Deutschland fast alle bedeutenden Kulturinstitutionen ebenfalls in staatlicher Hand befinden. Sie erhalten rund
10 Milliarden Euro jährlich aus Steuermitteln, so viel wie die kulturellen
Einrichtungen keines anderen Landes der Erde. Bedenkt man dies, so
zieht es letztlich jeden zweiten deutschen Studierenden unter die Fittiche
von Vater Staat. Der Grund scheint den Autoren der Studie offenkundig:
das Streben nach Sicherheit. Die beliebteste Branche der freien Wirtschaft ist in den Hörsälen übrigens ausgerechnet die angeschlagene Automobilbranche. Für die Innovations- und Wachstumsbranche Nummer
eins, das Gesundheitswesen, können sich hingegen gerade einmal 10 Prozent der Studenten begeistern. Dieser Wert ist im Vergleich zu früheren
Umfragen sogar gesunken!

Wenn ich diese Zahlen lese, dann verzweifle ich nicht etwa an unserer
Jugend. Sondern ich frage mich: Was wird in den Hörsälen eigentlich
gelehrt? Welches Mindset regiert da? Wer flüstert Studierenden ein, dass
der Staat und die Reste der alten Industrien die Garanten künftiger
Sicherheit seien? Dabei kann doch jeder selbst beobachten, was in der
Krise wirklich Sicherheit gibt: weder Immobilien noch Goldbarren im
Tresor noch gebündeltes Bargeld unter der Matratze. Sondern ein intak-
tes *Netzwerk* aus Menschen, die sich gegenseitig helfen! Die für eine ältere
Nachbarin mit einkaufen, wie während der Corona-Krise. Die sich zusammensetzen und gemeinsam überlegen, was man machen kann, um
akute Probleme zu lösen. Wenn es schwierig wird, helfen Kreativität und
Gemeinsinn. Das Schöne ist: In guten Zeiten hilft beides genauso! Es
hilft, in einem Meaningful Interspace auf Ideen zu kommen und Lösungen zu finden, die ein einzelnes Gehirn überfordern würden.

3

Notwendige Kulturarbeit

Allein wir Menschen kennen Kultur. Jetzt entwickeln wir gemeinsam neue kulturelle Praktiken

Ohne eine geteilte kulturelle Praxis können Menschen letztlich nicht erfolgreich in einem MESH zusammenarbeiten. Einerseits ist die menschliche Kultur die Voraussetzung für neue Formen der Kooperation in einem Meaningful Interspace. Andererseits sind kulturelle Unterschiede vielfach aber auch Hürden auf dem Weg zu gemeinsam erreichten Zielen in einem globalen MESH. Kulturarbeit wird so zu einer Notwendigkeit. Dabei hilft westliche kulturelle Arroganz kein Stück weiter. Nur auf der Basis gegenseitiger Wertschätzung können sich kulturelle Praktiken entwickeln, die bisher ungekannte Kreativität freisetzen und eine Fülle neuer Ideen ermöglichen.

Flughafen Amsterdam Schiphol, kurz vor Weihnachten 2016. Menschen aus diversen Kulturen sind auf dem Weg zu ihren Familien, um die Feiertage mit ihnen zu verbringen. Doch auf Europas drittgrößtem

Flughafen steht vor der Gemeinsamkeit oft erst einmal die Einsamkeit. Scharen von Reisenden harren beschäftigungslos dem Boarding ihres Flugs entgegen. Sie rutschen auf harten, mit Kunstleder bezogenen Sitzbänken hin und her, spielen gelangweilt mit ihrem Smartphone, lesen Zeitung oder schlürfen an einer Kaffeebar den dritten Cappuccino. Manche irrlichtern durch die Läden der generischen Einkaufsgalerien. Doch dann stoßen einige Reisende durch Zufall auf eine sehr merkwürdige Installation: Inmitten abwaschbarer brauner Sitzgelegenheiten befindet sich ein weißes, ovales Podest. Es hat ungefähr die Höhe einer Treppenstufe und ist gerade so groß, dass 20 Hocker darauf ein Oval bilden können. Diese Hocker haben eine blaue Sitzfläche und sind jeweils mit einer einzelnen weißen Strebe auf dem Podest befestigt. In der Mitte des eigenartigen Ovals sehen die Reisenden einen viereinhalb Meter hohen, rechteckigen Pylon aufragen. Er ist blau wie die Sitzpolster der Hocker, bis auf einen oberen, weißen Bereich, an dem das Logo der Fluggesellschaft KLM prangt. *Whatever,* denken sich die Passagiere aus aller Welt wahrscheinlich. Diese skurrile Säule ist anscheinend Werbung für die niederländische Airline. Nicht weiter interessant. Was sich ganz oben auf dem Pylon befindet, entzieht sich sowieso ihren Blicken.

Das Interesse nimmt schlagartig zu, als sich ein erster Fluggast auf einen der blauen Hocker setzt – aus Langeweile, Neugier, einer Vorliebe für ausgefallenes Design oder warum auch immer. Plötzlich fährt der Pylon surrend ein Stück herunter. Und das, was er in luftiger Höhe trägt, kommt den Passagieren am Boden ein ebensolches Stück entgegen. Erschrocken steht der Passagier wieder auf. Prompt fährt der Pylon zurück nach oben. Mutig versucht er es ein zweites Mal. Der Pylon fährt elektrisch nach unten. Ein anderer Passagier hat das beobachtet und setzt sich ebenfalls auf einen der Hocker. Sofort fährt der Pylon noch ein weiteres Stück nach unten. Bei den anderen Fluggästen kommt nun Bewegung auf. Sie blicken vom Smartphone auf oder holen Earpods aus den Ohrmuscheln. Einige lachen. Während ein dritter Passagier sich auf einen der Hocker setzt und der Pylon eine weitere Stufe nach unten fährt, schauen die ersten nach oben – auf das, was der seltsame Pylon da trägt: Es sieht nach einem gläsernen Esstisch aus, einer festlich gedeckten Weihnachtstafel!

Jetzt geht alles ganz schnell: Menschen strömen herbei, um die restlichen Plätze auf den Hockern einzunehmen – ein Mann im Businessanzug, eine

Frau im indischen Kaftan, eine Backpackerin mit Rastalocken, eine Mutter mit Kind, ein farbiger junger Mann mit Hipster-Wollmütze. Menschen, die sich unter anderen Umständen vielleicht nie gemeinsam an einen Tisch setzen würden. Doch genau das tun sie gerade! Als der letzte Hocker belegt und der gläserne Tisch vollständig herabgefahren ist, sitzen alle an der festlich gedeckten Tafel. Unter silbernen Servierglocken finden sie warme Köstlichkeiten. Eine Crew der KLM eilt herbei, um Getränke zu servieren. Nach wenigen Minuten ist die Stimmung ausgelassen. Alle prosten sich zu. Jemand stimmt ein Lied an und die Tafelrunde fängt an zu singen. Es wird viel gelacht. Ein Christmas-Dinner unter Fremden – die plötzlich keine mehr sind.

„Bonding Christmas Buffet" nannte KLM diese Weihnachtsaktion. Das Video dazu wurde weltweit über 71 Millionen Mal angeschaut und mehr als 500.000 Mal geteilt. Damit ist es das meist beachtete Online-Video, das die Airline jemals veröffentlicht hat. Es ist bis heute auf You-Tube verfügbar. Die Werbeaktion gewann Preise und wurde von verschiedenen Fachjournalisten als eine der originellsten des Jahres 2016 gepriesen. Verantwortlich zeichnete die Agentur DDB & Tribal Amsterdam. Die Werber hatten folgendes Briefing erhalten: Die Mission des Unternehmens KLM sei es, Menschen auf der ganzen Welt zusammenzubringen. Wie könnte man in der Weihnachtszeit eine Botschaft der Einheit, der Gemeinsamkeit und des Teilens senden? Und zwar so, dass Menschen emotional berührt werden und sich ihnen gleichzeitig der Markenkern von KLM mitteilt? Wichtig war KLM zudem, dass reale Passagiere involviert wurden. Eine Inszenierung mit Schauspielern kam nicht infrage. Das Ergebnis war das oben beschriebene „Bonding Buffet" – ein Festmenü, das Menschen nur dann genießen konnten, wenn sie sich zu einer konzertierten Aktion verbündeten. Exakt 20 Menschen mussten sich gleichzeitig auf die 20 KLM-blauen Hocker setzen. Erst dann wurde angerichtet.

Warum berührte diese Aktion die Menschen so sehr? Weshalb wurde sie so oft geteilt, gelikt und begeistert kommentiert? Sicherlich, weil sie überraschend und originell war. Aber das kann nicht alles sein. Was hier geschah, besitzt einen besonderen Zauber, eine Magie, die sich viele vielleicht gar nicht so recht erklären können. Was uns an diesem Geschehen fasziniert, sagt eine Menge über Kultur, Gemeinsamkeit und die kulturellen

Voraussetzungen menschlicher Zusammenarbeit: Menschen sind hier mit einer unbekannten Möglichkeit konfrontiert, die sie zunächst nicht verstehen. Nachdem ein Einzelner durch Zufall den Mechanismus der Installation in Gang gesetzt hat, erkennen aber auch die anderen innerhalb kürzester Zeit die Idee hinter der Installation. Sie begreifen, dass sie eine uralte kulturelle Technik – sich gemeinsam an einen Tisch setzen – nutzen können, um in den Genuss des für sie bereiteten Festmahls zu kommen. Nachdem ihnen diese kollektive Anstrengung gelungen ist, macht sich große Freude breit. Letzteres natürlich auch in den Etagen des Auftraggebers, dem ein veritabler Marketing-Scoop gelungen ist.

3.1 Warum ein Bonobo zwar oft Sex hat, aber nie Kondome benutzt

Allein wir Menschen sind in der Lage, uns so etwas wie das „Bonding Buffet" auszudenken. Es gibt auch kein anderes Lebewesen, dem sich der Sinn dieser vorher unbekannten Apparatur spontan erschlossen hätte. Seit Jahrtausenden sind menschliche Handlungen zum größten Teil kulturelle Praxis. Kultur und kulturelle Techniken bilden den Rahmen unseres Alltags. Nur noch ein kleiner Rest unserer Handlungen ist instinktgesteuert und damit Teil jener Natur, die wir mit Tieren gemeinsam haben. Doch selbst unser instinktives Verhalten ist vielfach kulturell überformt. Man denke nur an so „natürliche" Vorgänge wie Nahrungsaufnahme, Ausscheidung oder sexuelle Aktivität. Das alles gibt es fraglos auch im Tierreich. Doch selbst die höchstentwickelten Säugetiere machen sich keine Gedanken über die Tischdekoration oder die Weinauswahl bei der Nahrungsaufnahme. Sie setzen sich nach erfolgreicher Darmtätigkeit auch nicht auf einen Thron mit Wasserspülung. Und selbst wenn das bewegte Liebesleben der zentralafrikanischen Bonobos, die manchmal auch Zwergschimpansen genannt werden, uns mitunter staunen – oder neidisch werden – lässt, so kommen dabei ganz sicher keine Kondome zum Einsatz. Denn das alles ist Kultur und typisch für uns Menschen. Kultur ist die Summe der intersubjektiven Praktiken, die allein Menschen während der letzten 120.000 Jahre hervorgebracht haben.

Kultur wird in der westlichen Denktradition fast immer als Gegensatz zur Natur definiert. Natur ist dann gewissermaßen alles Vorgefundene, während Kultur das vom Menschen Gestaltete meint. Ein wesentlicher Unterschied zwischen Natur und Kultur liegt in der Weitergabe von Information. Während Informationen in der Natur fast ausschließlich genetisch weitergegeben werden, erlaubt die Kultur deren Weitergabe zusätzlich über Sprache und Symbole, Zeichen und Rituale. Dem Thema Sprache werde ich noch ein weiteres Kapitel widmen, da erfolgreiche sprachliche Kommunikation für die künftige Zusammenarbeit von Menschen ein Schlüsselfaktor ist. Bleiben wir hier zunächst bei dem umfassenderen Bereich der Kultur, der die Sprache einschließt. Kultur ist eine fundamentale Voraussetzung für Ko-Kreation, da es stets geeigneter kultureller Praktiken bedarf, sobald Menschen in Gruppen zusammenarbeiten wollen. Die Passagiere am Flughafen Schiphol haben die notwendige Kulturtechnik, die es ihnen ermöglicht, miteinander ein Festmahl zu genießen, gemeinsam spontan gefunden. Von einem evolutionären Standpunkt aus betrachtet ist das eine gewaltige Leistung!

Kultur hat sich ursprünglich in kleinen Gruppen entwickelt. Verbände von Jägern und Sammlern brachten über Jahrtausende bestimmte Kulturtechniken hervor – und zwar ganz unabhängig von anderen Menschengruppen, zu denen sie keinen Kontakt hatten. So machte irgendwann vielleicht die eine Gruppe ihr Feuer mit einem Holzstab, der auf trockenem Laub immer wieder gedreht wurde. Während es eine andere Gruppe bevorzugte, den Feuerstein zu schlagen. Mit der beginnenden Sesshaftigkeit schlossen sich Menschengruppen zu immer größeren Verbänden zusammen. Rurale und frühe urbane Kulturen blühten auf, gefolgt von größeren Kulturräumen, die vor allem durch Eroberung entstanden. So mündete das Großreich Alexanders im Altertum in die Kultur des Hellenismus, die zu einer vom Griechentum inspirierten ersten „Weltkultur" wurde.

Wenn wir heute auf einem Flughafen wie dem von Amsterdam erleben, wie Menschen aus aller Herren Länder sich vollkommen selbstverständlich Bordkarten auf ihr Smartphone laden, ihr Gepäck einchecken, vor dem Abflug noch bei Hermès einen Schal kaufen und ihn mit MasterCard oder Apple Pay bezahlen – dann müssen wir uns hier unzählige evolutive Zwischenschritte vorstellen, die schließlich zu diesen global

einheitlichen kulturellen Praktiken geführt haben. In vielen Lebensbereichen, darunter zum Beispiel Flugreisen, Geldüberweisungen oder
Wohnungsmieten, sind wir längst eine Weltgesellschaft mit nahezu einheitlichen kulturellen Praktiken geworden. Auch viele medizinische Be-
handlungen werden heute weltweit einheitlich durchgeführt. So haben
sich etwa sämtliche Mediziner der Welt auf dieselbe Methode zur Entfernung von Gallensteinen geeinigt. Was für ein weiter Weg von dem
Schamanen, der für eine kleine Gruppe von Jägern und Sammlern seine
jeweils eigenen Heilkräuter und Zauberformeln hatte! Eine alternative
Praxis existiert nicht mehr.

Doch täuschen wir uns nicht: Weltweit einheitliche kulturelle Praktiken gibt es bislang nur in ganz bestimmten Lebensbereichen. In anderen
Bereichen existieren weiterhin mehr oder weniger große kulturelle Unterschiede. Diese Gemengelage aus Gemeinsamkeit und Unterschiedlichkeit
im Hinblick auf die kulturelle Praxis stellt für die Zukunft der Zusammenarbeit eine beträchtliche Herausforderung dar. Nicht erst die islamisti-
schen Bombenleger haben den Westen schmerzhaft daran erinnert, dass
kulturelle Differenzen im wahrsten Sinn des Wortes Sprengstoff sein können. Die Missverständnisse zwischen Menschen unterschiedlicher Kulturen beginnen oft bereits bei Kleinigkeiten. Auch Pandemien scheinen
manch alte Sehnsüchte wieder heraufzubeschwören. So hartnäckig sie
sich auch darstellen, diese Grotesken werden aber dankenswerterweise
von evidenzbasierten Erkenntnissen wieder vertrieben.

3.2 Von Atemmasken und Insektensprays: Wie kulturelle Unterschiede uns trennen

Lange, bevor die Covid-19-Pandemie uns Europäer dazu zwang, unsere
Mitmenschen vor einer Tröpfcheninfektion zu schützen, waren sie in
Asien bereits ein alltäglicher Anblick: Menschen, die sich in der
Öffentlichkeit mit einer Atemmaske bewegen. Egal, ob in der Tokioter
U-Bahn zur Rushhour, auf dem internationalen Flughafen Taoyuan von
Taipeh oder in der gigantischen COEX-Mall im Seouler Stadtteil Gang-
nam – überall sah man Asiatinnen und Asiaten, die eine medizinische
Schutzmaske über Mund und Nase gezogen hatten. Derart maskiert

fuhren sie scheinbar seelenruhig zur Arbeit, warteten auf ihr Boarding oder gaben sich dem Shoppingrausch hin. So mancher wenig asienkundige Europäer hat sich da schon gefragt: Haben die Asiaten solch einen extremen Hygienefimmel? Oder sind sie nur zarter besaitet als wir ehemaligen Seefahrer, Eroberer und kolonialen Haudegen, sodass sie vor dem kleinsten Bazillus in größte Furcht geraten?

Ganz so einfach ist die Sache indes nicht. Japan zum Beispiel war von der Spanischen Grippe der Jahre 1918–1920 schwer getroffen. Die Regierung empfahl seinerzeit das Tragen von Atemmasken – und die Bevölkerung kam dem nicht nur mit der landestypischen Disziplin nach, sondern gewöhnte sich auch bald an das vor Viren und Bakterien schützende Accessoire. Über die Jahrzehnte griffen immer mehr Japaner auch während einer ganz normalen Erkältungssaison zur Maske. Dann entdeckten Frauen, dass sie mit Maske kurz aus dem Haus gehen können, ohne sich eigens schminken zu müssen. Wie praktisch! Irgendwann wurde die Maske zum japanischen Kulturgut. Es gibt heute für Menschen in Japan eine ganze Reihe von Gründen, eine Maske zu tragen. Darunter auch schlicht die Gewohnheit.

Nun sollte man meinen, wir Europäer stünden der asiatischen Vorliebe für die Maske, wenn schon nicht respektvoll, so doch zumindest neutral gegenüber. Doch weit gefehlt! „Warum habt ihr Deutschen Angst, wenn ich als Asiatin Maske trage?", fragte die junge Taiwanerin Jingshin Lin in einem Beitrag für das SZ-Magazin „jetzt". Noch bevor sich das Sars-Cov-2-Virus auch in Europa mit rasender Geschwindigkeit verbreitete, griff die Studentin nämlich zur Atemmaske, wenn sie das Haus verließ. Ganz so, wie sie es auch in ihrem Heimatland getan hätte. Das Ergebnis waren argwöhnische Blicke allerorten. Selbst dann noch, als die Pandemie längst Thema Nummer eins in den Medien war. Einmal, so berichtet die Studentin, sei sie in einer Berliner U-Bahn-Station von einer älteren Dame „feindselig ins Visier" genommen worden. „Erst als ich die Maske verwirrt abnahm, wandte sich die Frau erleichtert ab", schreibt sie. Jingshin Lin erklärt den kulturellen Unterschied so:

„Atemschutzmasken sind in Ost-Asien kein Zeichen dafür, dass man todkrank oder paranoid ist – anders als das viele Europäer offenbar denken. Sie sind … ein einfacher und effektiver Weg, um sich und andere vor Ansteckungen zu schützen. In Taiwan gilt es daher schon bei einer leichten Erkältung als unhöflich, das Haus ohne Maske zu verlassen." Es sei ihr unverständlich, lautet das ernüchterte Fazit der jungen Studentin, warum Europäer nie bereit seien, von Ost-Asiaten etwas zu lernen. Selbst eine so sinnvolle kulturelle Praxis wie das Tragen einer Atemmaske werde mit Spott und Anfeindungen quittiert.

Wie würde die ältere Dame aus der Berliner U-Bahn wohl erst reagieren, besuchte sie auf einer Asienreise ein indisches Jain-Kloster, in dem sämtliche Mönche sich Mund und Nase mit Atemmasken bedecken? Gut möglich, dass sie da glaubt, in diesem Kloster seien wohl Pest, Cholera und die Vogelgrippe gleichzeitig ausgebrochen! Und panisch ihren Reiseleiter anfleht, unverzüglich in ein Touristenhotel mit westlichem Hygienestandard gebracht zu werden. Dabei tragen die Mönche des Jainismus – der mit dem Buddhismus eng verwandt ist – ihre Atemmasken weder aus Schutz vor Viren noch vor Bakterien. Sie machen sich auch keine Sorgen, dass sie ihre Mitbürger mit einer Grippe oder Erkältung infizieren könnten. Selbst die in Indien notorische Luftverschmutzung ist nicht der Grund für ihre Maskierung.

Vielmehr bekennen sich die Jain-Mönche zur Gewaltlosigkeit gegenüber allen lebenden Existenzformen. Sie essen kein Fleisch und konsumieren keine Produkte, für die Tiere leiden oder sterben müssten. Und sie nehmen dieses Thema so ernst, dass sie nicht einmal absichtslos ein Tier töten möchten. Deshalb tragen sie einen Mundschutz. Sie könnten ja versehentlich ein Insekt einatmen und es dadurch töten! Manche Jain-Mönche haben stets einen kleinen Staubwedel dabei, mit dem sie jede Stelle, auf die sie sich unter freiem Himmel hinsetzen, zuvor abstauben. Und zwar, damit sie sich nicht versehentlich auf ein Insekt setzen. Wer als westlicher Besucher den Zweck dieser Praxis nicht kennt, würde diesen wohl kaum erraten. Schließlich finden wir als Erfinder des Insektensprays in jedem halbwegs gut sortierten Gartenmarkt das reinste chemische Waffenarsenal vor, um damit Insekten, Käfern und anderen Kleinlebewesen den Garaus zu machen. Ganz zu schweigen von unseren motorisierten Laubbläsern, die nicht nur die Nachbarn mit ihrem Krach nerven, sondern auch alles zerfetzen, was zwischen Blättern krabbelt und kriecht.

Das Staunen über kulturelle Unterschiede – nicht selten auch die Faszination mit ihnen – ist mindestens so alt wie die frühen Hochkulturen. Laut dem antiken Geschichtsschreiber Herodot fragte der Perserkönig

Dareios der Große einmal die Griechen an seinem Hof, für welchen Preis sie bereit seien, ihre Verstorbenen zu essen, so wie es bei den Kallatiern üblich sei. Entsetzt und angewidert entgegneten ihm die Griechen, um keinen Preis der Welt dazu bereit zu sein. Lieber wollten sie selbst sterben. Kurz darauf ließ Dareios einige Kallatier zu sich kommen und fragte sie, für welchen Preis sie bereit seien, ihre Verstorbenen zu verbrennen, so wie es bei den Griechen üblich sei. Empört entgegneten die Kallatier, lieber sterben zu wollen, als so etwas Schändliches zu tun.

Ob nun die Atemmaske in einer asiatischen Mall oder das kannibalische Totenritual der Kallatier vor mehr als 2500 Jahren: Kulturelle Unterschiede führen offensichtlich schnell zu einer emotionalen Aufladung. Wir reagieren erschrocken, empört, entsetzt, belustigt oder beleidigt auf die Sitten und Gebräuche anderer Kulturen. Das Beispiel der Atemmaske zeigt, dass selbst ein und dieselbe rituelle Praxis in verschiedenen kulturellen Kontexten höchst unterschiedlich gedeutet werden kann. Menschen identifizieren sich mit ihrer jeweiligen Praxis und grenzen sich über sie von anderen Kulturen ab. Konfrontiert mit fremden kulturellen Praktiken, reagieren Menschen entweder wohlwollend, tolerant und neugierig oder ängstlich, misstrauisch oder offen feindselig. Grundsätzlich sind wir alle jedoch auch fähig zur Empathie. Vielleicht haben Sie sich bei der Lektüre der Abschnitte über Atemmasken in Asien ja gesagt: „Ach, so ist das! Jetzt verstehe ich es." Aus Empathie und Verständnis können Achtung und Respekt erwachsen. Wir müssen ja nicht unbedingt nachmachen, was andere Kulturen uns vorleben. Aber wir haben dann auch nichts dagegen.

3.3 Wo nur noch globale Zusammenarbeit weiterhilft, wird Kulturarbeit zu einer Notwendigkeit

In gewisser Weise werden wir gerade Zeugen einer historischen Zäsur. Während der letzten 5000 Jahre konnten kulturelle Unterschiede zwar durchaus heikel werden, führten sie doch mitunter zu Aufständen, Kreuzzügen oder Kulturkämpfen. Doch das war eher die Ausnahme als die Regel. Alles in allem waren kulturelle Differenzen eher amüsant als brisant. Es war nie wirklich notwendig, kulturelle Gräben zuzuschütten. Der Hauptgrund besteht darin, dass Menschen bisher erst in relativ wenigen Lebensbereichen und in eher geringem Ausmaß kulturübergreifend denken und agieren. Der Lebensbereich mit der wahrscheinlich größten Gemeinsamkeit war und ist der Handel. Lediglich wenige gemeinsame kulturelle Praktiken sind hier ausreichend, um Rohstoffe und Waren im großen Stil auszutauschen. Die alten Griechen konnten mit den Ägyptern Handel treiben, ohne sich für deren Götter und andere kulturelle Unterschiede zu interessieren. Es genügte ein gemeinsames Verständnis des Geldes, des Gebens und Nehmens sowie von Werten, Schulden und Pflichten. Keine Frage: Im Vergleich zur Welt der Jäger und Sammler ist diese Gemeinsamkeit bereits eine gigantische Kulturleistung! Und doch ist das alles noch weit entfernt von einer kulturellen Begegnung, die sämtliche Lebensbereiche umfasst.

In der zweiten Hälfte des 20. Jahrhunderts machten die kapitalistischen USA lukrative Geschäfte mit dem kommunistischen China, ohne sich um kulturelle und ideologische Differenzen allzu sehr kümmern zu müssen. Die strenggläubigen saudischen Könige mit ihrer wahabitischen Staatsreligion verkauften ihr Erdöl an alle, die den Preis dafür zu zahlen bereit waren. Auch an Juden, Christen und Atheisten. Was für den internationalen Handel galt, das betraf letztlich ebenso die internationale Arbeitsteilung. Ein europäischer Textildiscounter brauchte sich für die Kultur in Vietnam nicht groß zu interessieren. Hauptsache, die örtlichen Sweatshops lieferten die fertig genähte Ware nach den Vorgaben des Auftraggebers – und die Arbeitsbedingungen waren gerade noch so erträglich, dass in der Öffentlichkeit kein Shitstorm aufzog. Bis heute braucht auch der Kleinstunternehmer, der indische Clickworker damit beauftragt, mit fingierten Identitäten seine Facebook-Seite zu liken, keinen Gedanken an deren Kultur oder Lebensumstände zu verschwenden. Zusammenfassend lässt sich sagen: Die bisherige Basis interkultureller Zusammenarbeit ist die Reduktion des Menschen auf seine Fähigkeit, bestimmte funktionale Abläufe zu beherrschen. Doch dieser reduktionistische Funktionalismus wird in Zukunft nicht mehr genügen, um große Herausforderungen gemeinsam zu bewältigen. In einer Wissensgesellschaft braucht es mehr. Es braucht ein verbindendes geistiges Band, und dieses existiert niemals außerhalb von Kultur.

Die Wissensgesellschaft ist zunehmend in der Lage, mit Menschen überall auf der Welt gemeinsam immaterielle Güter zu produzieren. Je größer die Aufgaben werden und je mehr Kreativität gefordert ist, um gemeinsam zu Ergebnissen zu kommen, desto mehr ist ein geteiltes Narrativ, eine gemeinsame Vorstellung von Sinn die Basis dafür. Narrative und die Erfahrung von Sinn sind jedoch in hohem Maße in kulturelle Kontexte eingebunden. Eine Yoga-Lehrerin in San Francisco gibt ihrem Arbeitsalltag möglicherweise einen anderen Sinn als eine Näherin in Bangladesch. Die eine kann es sich aufgrund der in ihrem Lebensraum herrschenden gesellschaftlichen Bedingungen leisten, nach Selbstverwirklichung zu streben. Während die andere vielleicht eher darauf fokussiert ist, ihre Familie materiell über dem Existenzminimum zu halten. Wenn aber nun alle Menschen einen Beitrag leisten können und der Meaningful Interspace ein umso größeres Potenzial hat, je mehr Menschen sich zu ihm zusammenschließen, dann ist es wichtig, hinderliche kulturelle Differenzen nach Möglichkeit zu überwinden. Kulturarbeit wird insofern zu einer Notwendigkeit für die globale Zusammenarbeit. Das ist die Kernaussage dieses Kapitels.

Nun ließe sich einwenden, dass Menschen in unterschiedlichen Kulturen ja die freie Wahl haben, ob und inwieweit sie mit Menschen aus anderen Kulturen kooperieren möchten oder nicht. Sie können sich dazu entscheiden und das Potenzial einer Wissensgesellschaft nutzen. Sie können es aber auch bevorzugen, auf ihrer kleinen Wissens-Scholle sitzen zu bleiben, sich abzuschotten und lieber ihre nationalen, ethnischen oder religiösen Traditionen zu pflegen. Motto: Lieber etwas ärmer, aber dafür treu den eigenen Traditionen, als global gleichgeschaltet und der eigenständigen Kultur beraubt. Tendenzen dieser Denkweise lassen sich heute beispielsweise in Russland oder im Iran, ja selbst in Polen durchaus beobachten. Dazu sollte erst einmal klar sein: In einem Meaningful Interspace gemeinsame, globale kulturelle Praktiken zu entwickeln, bedeutet keine kulturelle Barbarei. Ganz im Gegenteil! Allein auf der Basis von Wertschätzung für sämtliche kulturellen Traditionen wird es gelingen. Das kulturelle Erbe der Menschheit gilt es umfassend zu achten und zu schützen. Gerade das geschieht ja im Moment oft nicht. Es dominieren nationale und regionale Überlegenheitsgefühle und kulturelle Arroganz, wie das Beispiel „Asiaten und Atemmaske" gezeigt hat. Von Ost-Asiaten etwas lernen? Die sollen sich doch – bitteschön – unserer Kultur anpassen. Gerade diese kulturelle Unterwerfung der Schwächeren durch die Stärkeren, die kulturelle Konflikte seit 5000 Jahren prägt, ist jedoch mit Kulturarbeit nicht gemeint. Sondern die gemeinsame Suche nach dem Neuen auf der Basis von Achtung und Respekt für alles, was die anderen in ihrer Geschichte jeweils geprägt hat.

Hinzu kommt noch etwas anderes. MESH bedeutet Partizipation für alle und Ko-Kreation mit allen. Wir werden jedoch nicht einfach weiter so arbeiten und wirtschaften können wie bisher. Die Steigerungslogik der alten Industriegesellschaft gehört auf den Prüfstand. Menschen können nicht auf Dauer mehr verbrauchen, als die Erde hergibt. Der Klimawandel ist nur eine von mehreren Entwicklungen, die der Menschheit in den nächsten Jahren und Jahrzehnten gefährlich werden können. Auch beispielsweise das Artensterben wird dazugezählt. Wenn es in 30 Jahren keine Fische mehr in den Meeren gäbe, der Beitrag des Fischs zur Welternährung bis dahin aber nicht auf anderer Weise kompensiert wäre, käme das einer Katastrophe für uns Menschen gleich. Von den Folgen für das ökologische Gleichgewicht des gesamten Planeten ganz zu schweigen. Diese und andere Zukunftsfragen in der Tiefe zu beleuchten sei anderen Büchern vorbehalten. Wichtig ist letzlich dies: Ohne globale Kooperation werden wir den gigantischen Herausforderungen kaum begegnen können. Nötig wären Arten von „Global Boards" aus den jeweils besten Köpfen der Welt, um Antworten auf die wichtigsten Zukunftsfragen der Menschheit zu finden. Einer solchen globalen Kooperation in einer Wissensgesellschaft dürfen keine alten kulturellen Hürden im Weg stehen. Auch deshalb ist Kulturarbeit unverzichtbar.

3.4 Das Ende der kulturellen Arroganz: Gemeinsam neu denken und handeln

Der österreichische Buchautor und politische Aktivist Christian Felber war rund zehn Jahre lang Gastdozent an der Wirtschaftsuniversität Wien. Zu Beginn seiner Vorlesungen stellte er den Studierenden immer wieder dieselbe Frage: „Was ist der Sinn des Wirtschaftens?" Von Jahr zu Jahr erhielt Felber darauf dieselbe Antwort: „Gewinn, Geld, Profit", lautet die geradezu reflexhafte Replik. Wirtschaft als kulturelle Praxis der Geldvermehrung. Felber fragte dann: „Woher wissen Sie das?" Typische

Antwort: „Das haben wir so gelernt." Nachfrage: „Von wem?" Antwort: Schweigen. Felber schlug an dieser Stelle gern ein schmales Bändchen auf und zitierte daraus. Es war die Verfassung des Freistaates Bayern, in Kraft getreten am 2. Dezember 1946 und gültig bis heute. Dort heißt es in Artikel 151 (https://gesetze.io/gesetze/by/bayverf/151): „Die gesamte wirtschaftliche Tätigkeit dient dem Gemeinwohl, insbesonders der Gewährleistung eines menschenwürdigen Daseins für alle." Weiter dann in Absatz 2: „… die Freiheit der selbständigen Betätigung des einzelnen in der Wirtschaft wird grundsätzlich anerkannt. Die wirtschaftliche Freiheit des einzelnen findet ihre Grenze in der Rücksicht auf den Nächsten und auf die sittlichen Forderungen des Gemeinwohls." Das Gemeinwohl begründet in der Bayrischen Verfassung also den Sinn des Wirtschaftens und setzt gleichzeitig der Freiheit des Individuums die Grenze. Bereicherung auf Kosten der Allgemeinheit ist unzulässig!

Ob dieses Prinzip in den vergangenen Jahren die moralische Richtschnur bayerischer DAX-Konzerne wie Audi oder Siemens gewesen ist, mögen Sie für sich selbst entscheiden. Wichtig ist an dieser Stelle: Bevor wir die ganze Welt auf Gemeinsamkeit einschwören, dürfen wir uns erst an die eigene Nase fassen. Und bevor wir fremde Kulturen, wie zum Beispiel die arabische, als bigott brandmarken, dürfen wir uns mit den Widersprüchen unserer eigenen Kultur beschäftigen. Wir sprechen nur zu gerne von Gemeinwohl – oder, zeitgemäßer, von „sozialer Verantwortung" – und glauben am Ende dann doch, Wirtschaften diene allein dem Profit. Wir weinen bittere Tränen, wenn ein niedlicher Eisbär im Berliner Zoo verendet – doch für die armseligen Standards des Tierschutzes, unter denen die Wurst auf unserem Frühstücksbüffet produziert wurde, interessieren wir uns reichlich wenig. Österreicher und Deutsche halten sich im Allgemeinen für eher pazifistisch und kritisieren gern den Rüstungsetat der USA – und zählen gleichzeitig zu den fleißigsten Waffenexporteuren. So liegt Deutschland hier auf Platz drei, gleich hinter den militärischen Großmächten USA und Russland. Das verhältnismäßig kleine Österreich belegt immerhin noch Platz 25. Trotz aller Genehmigungspflichten landen viele der Waffen immer wieder in Krisengebieten und in den Händen verbrecherischer Regime.

Kulturarbeit heißt also, bei sich selbst anzufangen. Wir haben da noch vieles aufzuarbeiten und manchen Grund, neu nachzudenken. Die gute Nachricht: Kultur ist nichts Statisches. Wir sind nicht in alle Ewigkeit dazu verdonnert, bestimmte etablierte kulturelle Praktiken fortzuführen. Vielmehr dürfen wir uns immer wieder neu entscheiden, welche kulturelle Praxis wir wirklich wollen. Kultur ist kollektiv geteiltes Wissen. Sie ist ein offenes Konzept und ein Rahmen, den wir Menschen immer wieder neu abstecken. Wir können das jeweils auf unserer eigenen kleinen Wissens-Scholle tun. Oder wir können das gemeinsam mit Menschen aus aller Welt versuchen. Genau wie der Produktionsprozess in der Wissensgesellschaft nicht mehr an tangible Güter – und damit zwangsläufig an geografische Orte – gebunden ist, so ist auch der Kulturprozess nicht länger ortsgebunden. Wir erkennen Kultur zunehmend als etwas, das letztlich allein in den Gehirnen von Menschen existiert. Mehr noch: Der Glaube daran, dass Nationen und lokale Kulturen anderen Menschengruppen überlegen sein könnten, erweist sich als ein Narrativ, das vielleicht eine Weile nützlich war, nun aber geändert oder durch ein nützlicheres Narrativ ersetzt werden kann.

Das Narrativ der industriellen Revolution mit seiner Einteilung der Menschheit in Arbeiterschaft und Bourgeoisie sowie der Bindekraft von Institutionen wie Gewerkschaften, Arbeitgeberverbänden, Parteien und Lobbygruppen dürfte sich in der Wissensgesellschaft mehr und mehr als Hemmschuh erweisen. Um gemeinsam über uns hinauszuwachsen, wird es nötig sein, nicht allein die Gräben zwischen fremden Kulturen zu überwinden, sondern auch Barrieren zu beseitigen, die wir auf Basis unseres eigenen kulturellen Ursprungs errichtet haben. Barrieren zwischen Reichen und Armen, Männern und Frauen, Alten und Jungen, Gebildeten und Abgehängten, Mächtigen und Machtlosen. Das „Bonding Buffet" am Flughafen Schiphol kann hier ein Bild sein, das Hoffnung macht. Wo sich buchstäblich alle an einen Tisch setzen, da herrscht nicht nur im Handumdrehen gute Laune, wie das Video der KLM eindrucksvoll dokumentiert. Sondern da ist auch der ideale Ort für Kreativität, für gemeinsame Ideen und Visionen. Beim gemeinsamen Essen führen wir oft die besten Gespräche und haben die originellsten Ideen. Das Schöne daran: Dies scheint sogar eine Konstante zu sein, die sich in fast allen Kulturen findet, die wir Menschen während der letzten 5000 Jahre hervorgebracht haben. Nachdem man das Video gesehen hat, drängt sich noch gleich ein anderer Gedanke auf: Wie ko-kreativ muss sich wohl der Entstehungsprozess dieser preisgekrönten Weihnachtsaktion gestaltet haben?

4

Denken in Sprache und Symbolen

Wenn die Sprache nicht länger Grenzen zieht, sondern gemeinsames Denken ermöglicht

Kein anderes Säugetier beherrscht eine Sprache, wie wir sie entwickelt haben. Doch es gibt nicht nur eine einzige menschliche Sprache – es existieren Tausende davon. Ohne gemeinsame Sprache (oder die Sprachvermittlung in Form von Übersetzungen) verstehen wir einander nur sehr eingeschränkt. Bislang wurde Sprache oft dazu benutzt, Macht zu demonstrieren oder Menschen auszugrenzen. Jetzt braucht es eine Neubesinnung. Gemeinsames Denken setzt kollektives Verstehen voraus. Wird es einmal eine Weltsprache geben? Oder überwindet Künstliche Intelligenz sämtliche Sprachbarrieren? Noch ist die Zukunft menschlicher Verständigung offen.

Peter Boyd, Professor für Psychologie an einer US-amerikanischen Universität, steckt in einer beruflichen und persönlichen Krise. Nicht genug damit, dass seine Forschung niemanden interessiert. Auch sein gesellschaftliches Ansehen ist lädiert, denn sein Vater sitzt im Knast. Da hat er eine Idee: Im Tierversuchslabor besorgt er sich einen jungen Schimpansen. Boyd kündigt der Wissenschaftswelt an, den Affen wie ein Menschenkind zu erziehen. Das Tier soll unter seiner Obhut Moral lernen. Damit will er nachweisen, dass ausschließlich Erziehung – und nicht Vererbung – für moralisches Handeln prägend ist. Gelänge das Experiment, wäre Boyd nicht nur ein wissenschaftliches Meisterstück gelungen. Sondern er hätte auch demonstriert, warum ein kriminelles Elternhaus den guten Ruf eines Erwachsenen niemals beschädigen sollte. Boyd tauft den Schimpansen auf den Namen „Bonzo", engagiert eine Mitarbeiterin als Schimpansenmutter und beginnt höchstpersönlich mit der häuslichen Erziehung. Es kommt zu aberwitzigen Verwicklungen, die darin gipfeln, dass Bonzo eines Kunstraubs bezichtigt wird. Boyds Erziehung wird dafür verantwortlich gemacht. Dem Professor droht Gefängnis.

Dies ist die Handlung der Hollywood-Filmkomödie „Bedtime for Bonzo" aus dem Jahr 1951. Ronald Reagan spielt darin die Rolle des Peter Boyd. Für die Reputation des späteren US-Präsidenten war der Streifen eher wenig hilfreich. Spötter fragten, wer sich in dem Film mehr zum Affen mache: Schimpansendame Peggy als Bonzo – oder Reagan. Während Reagans Präsidentschaft wurde ein auf ihn gemünztes Spottlied mit dem Titel „Bad Time for Bonzo" zum Radio-Hit. In einer Folge der britischen Puppensatire „Splitting Image" sah man den republikanischen Präsidenten, wie er den toten und präparierten Bonzo zum Vizepräsidenten ernennt. Progressive US-Bürger glaubten in den 1980er-Jahren, ein größerer Dummkopf als der Schauspieler Ronald Reagan könne ins Weiße Haus nicht einziehen. Donald Trump war damals ein über New York hinaus kaum bekannter Immobilienkaufmann.

Wer nun aber meint, die Handlung von „Bedtime for Bonzo" sei so schwachsinnig und an den Affenhaaren herbeigezogen, wie sich das nur Hollywood ausdenken kann, der irrt. Bereits in den 1930er-Jahren hatte der Verhaltensforscher Winthrop Kellogg begonnen, einen sieben Monate alten Schimpansen gemeinsam mit seinem eigenen, zehn Monate alten Sohn aufzuziehen. Anfangs schien der Affe sogar eine schnellere Auffassungsgabe zu besitzen als sein menschlicher Stiefbruder. Doch als es an den Spracherwerb ging, geriet das Experiment zum Fiasko. Der Affe

lernte kein einziges Wort – Kelloggs Sohn indes auch nicht. Das Klein-
kind ahmte vielmehr die Laute und Gesten des Affen nach. Kellogg brach
den Versuch entsetzt ab. Einen weiteren Anlauf unternahmen der Psycho-
analytiker Maurice Termerlin und seine Frau Jane ab 1964. Sie luchsten
einem Zirkus ein Schimpansenbaby ab und erzogen es wie ein Menschenkind. Mit mäßigem Erfolg. Über die Jahre verhielt sich das Tier immer
aggressiver – und adaptierte gleichzeitig unangenehme menschliche
Eigenschaften, etwa sich zur Unzeit über den Inhalt des Kühlschranks
oder den Scotch in der Hausbar herzumachen. In gewisser Weise benahm
sich dieser Affe am Ende wie ein psychisch schwer gestörter Mensch.
Sprechen lernte er nie.

Den bislang ausdauerndsten Versuch, einem Schimpansen das Sprechen beizubringen, hatte indes das Psychologen-Ehepaar Keith und Ca-
therine Hayes vom Yerkes Primate Research Center in Orlando schon in
den 1950er-Jahren gestartet. Ganze sechs Jahre lang mühten die beiden
sich damit ab, dem Schimpansenweibchen Viki die englische Sprache
einzutrichten. Am Ende soll Viki die Wörter „mama", „papa", „up" und
„cup" beherrscht haben. So jedenfalls behaupteten es Hayes und Hayes.
Beobachter hatten Zweifel. Zwar äußerte Viki ähnlich klingende Laute.
Doch konnte nie nachgewiesen werden, dass sie deren Bedeutung verstand. Einem Papagei ähnlich schien Viki menschliche Laute eher zu imi-
tieren, als sich der Sprache zu bedienen.

Paul Watzlawick griff das Thema „Affen wie Menschen erziehen" in
seinem Buch *Wie wirklich ist die Wirklichkeit?* auf. Der Kommunikations-
wissenschaftler schrieb über unsere engsten genetischen Verwandten
(Watzlawick 1976): „… der fast menschliche Ausdruck ihrer Gesichter,
und selbstverständlich die Menschenähnlichkeit ihrer Körper, verleiten
nicht nur den Zoobesucher, sondern gelegentlich auch den Forscher zum
Trugschluss, dass diesen charmanten Lebewesen nur die Sprache fehlt
und dass sie, wenn sie ihnen beigebracht werden könnte, praktisch
Unseresgleichen wären." Es war wohl tatsächlich eine Täuschung, zu
glauben, man könne Affen das Sprechen beibringen und sie damit auf die
Kulturstufe des Menschen katapultieren. Sofern überhaupt ein Ge-
dankenaustausch mit Schimpansen möglich ist, funktioniert dieser wohl
eher über Zeichensprache als über Laute. Dazu gibt es durchaus interes-
sante Experimente aus jüngerer Zeit.

Wenn nun aber schon unsere engsten tierischen Verwandten nicht in der Lage sind, die menschliche Sprache zu erlernen, dann werden andere Tiere dies wahrscheinlich auch nicht schaffen. Außer – natürlich – in Hollywood. In dem Film „Findet Nemo" verständigen sich sogar Fische unter Wasser in fließendem amerikanischem Englisch. Außerhalb des Kinos dürfen wir heute davon ausgehen, dass Wortsprache etwas ausnahmslos Menschliches ist. Menschen können sich dank ihrer Sprache über hoch komplizierte Inhalte austauschen. Tieren scheinen dazu die Voraussetzungen zu fehlen. Doch warum ist das eigentlich so?

4.1 Wozu grunzen und blöken, wenn man auch vernünftig miteinander reden kann?

Der Hauptgrund, weshalb es die Versuchsaffen im Homeschooling amerikanischer Wissenschaftler nie geschafft haben, die Sprache Shakespeares zu erlernen, liegt schlicht in der Anatomie. Sprache und Sprechen sind nicht dasselbe. Die Fähigkeit zu sprechen, das heißt, eine Vielzahl fein modulierter und unterscheidbarer Laute zu produzieren, bildet die körperliche Voraussetzung für die Verwendung menschlicher Sprache. Lange bevor Denken, Verstehen und Logik ins Spiel kommen, benötigt der Sprecher überhaupt erst einmal einen geeigneten Sprechapparat. Es mutet aus heutiger Sicht geradezu naiv an, dass Forscher des 20. Jahrhunderts diesen Punkt anscheinend nicht bedachten. Dabei vermochte Viki, das Versuchstier von Hayes und Hayes, selbst die vier englischen Wörter, die sie angeblich „kannte", nur mit großer Anstrengung zu artikulieren. Möglicherweise brauchte man einiges an – menschlicher – Fantasie, um überhaupt „mama", „papa", „up" und „cup" zu hören.

Dem Menschen ermöglicht es ein einzigartiger Mund- und Rachenraum, eine Fülle fein nuancierter Laute zu produzieren. Sprachwissenschaftler nennen die kleinste bedeutungsunterscheidende Lauteinheit einer Sprache „Phonem". Menschliche Sprachen verwenden heute mindestens zehn und höchstens 80 Phoneme. Mit 40 bzw. 44 Phonemen liegen Deutsch und Englisch im Mittelfeld. Ein Mensch kann mit ausreichend Übung die Phoneme jeder fremden Sprache erlernen.

Der Mund- und Rachenraum eines Affen ist dagegen nicht in der Lage, 40 oder noch mehr Phoneme zu produzieren. Viki hätte deshalb niemals auch nur einen einfachen englischen Satz nachsprechen können. Ganz unabhängig von der Frage, ob ihr Gehirn die Fähigkeit besessen hätte, dessen Bedeutung zu erfassen.

Evolutionsforscher wie Josef H. Reichholf stellen einen engen Zusammenhang zwischen der Entstehung des menschlichen Kehlkopfs in seiner heutigen Form und den Wurzeln unserer Sprache her. Auslöser der Entwicklung war demnach der Beginn der letzten Eiszeit vor rund 115.000 Jahren. Sie brachte unsere Vorfahren mächtig auf Trab. Verstärktes Wandern und eine höhere Kinderzahl sicherten das Überleben der Urmenschen in der Kälte. Da die Kinder nun auch früher geboren wurden, mussten sich ihre Körper nach der Geburt mehr strecken, um so schnell wie möglich den aufrechten Gang zu beherrschen. Am Ende der Entwicklung verbrachten Menschenkinder sehr viel weniger Zeit in der Kleinkindphase als junge Menschenaffen. Dieser evolutionäre Prozess hatte zur Folge, dass sich der Kehlkopf im Hals des Menschen nach unten verlagerte. So entstand gewissermaßen als Nebeneffekt ein Mund- und Rachenraum, dessen verblüffende Fähigkeit, alle möglichen Laute zu produzieren, unsere Urahnen bald entdeckten. Nun fehlte nur noch, den Lauten eine Struktur und eine Bedeutung zu geben. So entstanden Wörter und Sätze. In seinem Buch *Evolution: Eine kurze Geschichte von Mensch und Natur* resümiert Reichholf (Reichholf 2016): „Ohne diese Form des abgesetzten Kehlkopfs wäre die Entwicklung der Sprache nicht möglich gewesen. Wir können dies jederzeit selber ausprobieren. Senken wir während des Sprechens den Kopf kräftig zur Brust, gelingt es uns kaum, einen verständlichen Laut und schon gar kein Wort von uns zu geben."

Gegen Ende der Eiszeit, vor gut 10.000 Jahren, kam es zu einem weiteren einschneidenden evolutionären Ereignis. Es führte dazu, dass sich der Graben zwischen Mensch und Tier vertiefte. Menschen verständigten sich fortan nämlich nicht mehr allein über Laute, wie es auch Tiere tun. Sie begnügten sich nicht einmal länger mit ihrer differenzierten Lautsprache. Vielmehr schufen sie nun Zeichen und Symbole für ihre Sprache. Damit betraten sie eine neue Welt der Speicherung und Weitergabe von Informationen, die über das im Augenblick gesprochene Wort hinausreichte. Es entstand die heute allgegenwärtige Welt der Texte und

Symbole, der sich auch dieses Buch mit großer Selbstverständlichkeit bedient. Bedenkt man, wie alltäglich uns diese codierte menschliche Sprache erscheint, mag es durchaus verwundern, wie relativ jung dieses Phänomen in unserer Evolution noch ist.

Das Aufkommen der codierten menschlichen Sprache hat Stephen Hawking den Beginn einer „externalisierten Übertragungsphase" genannt. Indem Menschen damals anfingen, Informationen aufzuzeichnen – also auf „externe", außerhalb ihrer selbst befindliche Medien zu übertragen –, schufen sie neue Möglichkeiten ihrer Weitergabe. Sie legten somit das Fundament für eine intersubjektive Hochkultur. Während die mündliche Überlieferung schnell an die Grenzen des menschlichen Gedächtnisses stößt, lässt sich über codierte Sprache und diverse Medien (wie Steintafeln, Schriftrollen, Bücher, Akten, Mikrochips) eine schier unbegrenzte Menge kultureller Informationen speichern und an spätere Generationen weitergeben. Das kulturelle Gedächtnis der Menschheit befindet sich heute mindestens ebenso sehr im „Außen" – in Bibliotheken und Museen sowie auf Datenträgern – wie in unseren Gehirnen und in unserer DNA, also quasi im „Inneren".

Merlin Donald bringt in seinem Buch *Triumph des Bewusstseins* auf den Punkt, was die „externalisierte Übertragung" bedeutet (Donald 2008): „Damit ist in den letzten zehntausend Jahren das Wissen zum wichtigsten Element evolutionärer Entwicklung des Menschen geworden und hat sich so zum großen evolutionären Vorteil des Homo Sapiens entwickelt. … die Weitergabe von Information durch externe Aufzeichnung und Übertragung mittels Symbolik und Sprache zählt zu einem der wesentlichsten Teile der evolutionären Entwicklung des Menschen." Diesen Vorsprung des Homo sapiens kann ein junger Schimpanse selbst durch jahrelanges Training nicht so einfach aufholen. Es mangelt dem Affen eben nicht allein an den anatomischen, sondern auch an den evolutionären und kulturellen Voraussetzungen für den Spracherwerb.

Mag sein, dass unsere Erde in 100.000 Jahren ein Planet der sprechenden Affen sein wird und die Evolution den Menschen bis dahin als störenden Parasiten ausrangiert hat. Im Augenblick jedoch ist Sprache – erst recht ihre Aufzeichnung in externalisierten Symbolen – etwas rein Menschliches. Neben der kulturellen Praxis bilden Sprache und Symbole eine entscheidende Voraussetzung für Zusammenarbeit. In der Wissensgesellschaft werden sie – einschließlich der Zahlen als „Sprache der Mathematik" – gar zur Voraussetzung Nummer 1. Grund genug, einmal zu fragen, wie es nach rund 100.000 Jahren gesprochener Sprache und etwa 10.000 Jahren codierter Sprache um diese einzigartige Fähigkeit des Menschen bestellt ist.

4.2 Monzoccolo oder Die sinnlosen Kreuzzüge der Spracheiferer

Bozen, Meran, Brixen, Bruneck – über Jahrhunderte lagen diese Südtiroler Städte an bedeutenden Handelswegen von Nord nach Süd. Sie waren Zentren des wirtschaftlichen und kulturellen Austauschs und nicht zuletzt deshalb mit Wohlstand gesegnet. Italienische Kaufleute aus Venetien oder der Lombardei sprachen dabei stets von Bolzano, Merano, Bressanone und Brunico. Genau wie Österreicher und Deutsche von Rom, Mailand und Florenz sprechen – und nicht etwa von Roma, Milano und Firenze. Franzosen sagen ja auch Aix-la-Chapelle zu Aachen und La Haye zu Den Haag. Und Briten sprechen lieber von der „French Riviera", als sich mit der Aussprache der „Côte d'Azur" herumzuquälen. Kurz nach dem Ende des Ersten Weltkriegs kam das ehemals österreichische Südtirol zu Italien. Die Amtssprache war nach der Annexion zunächst ausschließlich Italienisch. Bozen und Brixen hießen fortan Bolzano bzw. Bressanone. Dabei blieb es jedoch nicht auf Dauer. Heute ist in der Provinz Bozen-Südtirol das Deutsche gleichberechtigte Amtssprache neben dem Italienischen, geregelt durch das sogenannte Autonomiestatut. In einigen Teilen der Provinz kommt sogar noch Ladinisch, eine alte romanische Sprache, als dritte Amtssprache hinzu. Dementsprechend sind Ortsschilder und Wegweiser in der Regel zweisprachig; dort, wo Ladinisch gesprochen wird, sogar dreisprachig.

Mehr als 100 Jahre nach dem Ende des Ersten Weltkriegs könnte also alles in bester Ordnung sein. Wo liegt das Problem, wenn es mehrere Amtssprachen gibt und die Beschilderung in der Öffentlichkeit dann eben mehrsprachig ist? Ja, es bedeutet einen gewissen Aufwand. Mehr aber auch nicht. In Südtirol erhitzen sich die Gemüter mancher der deutschsprachigen Einwohner dennoch immer wieder. Sie empören sich über die italienischen Bezeichnungen für Ortschaften, Täler und Gebirge in den seit Jahrhunderten deutschsprachigen Gegenden. Lediglich rund zwei Prozent der amtlichen italienischen Orts-und Flurnamen Südtirols sind nämlich – wie Bolzano oder Merano – historisch gewachsen. Sie wurden von italienischen Kaufleuten und Reisenden seit dem Mittelalter benutzt. Bei den restlichen 98 Prozent handelt es sich um Erfindungen nationalistischer Eiferer.

Um den Anspruch Italiens auf Südtirol zu untermauern, setzte die Regierung in Rom bereits im Jahr 1890 eine Kommission ein, die etwa 10.000 deutsche und ladinische geografische Bezeichnungen ins Italienische übertrug. Vorsitzender der Kommission war der Nationalist und spätere Faschist Ettore Tolomei. Er und seine Mitstreiter entwickelten eine oftmals blühende Fantasie, als es darum ging, italienisch klingende Bezeichnungen zu erfinden. In „Alto Adige", wie sie Südtirol umtauften, sollte Sterzing zu „Vipiteno" werden und der Tschögglberg zum „Monzoccolo". Für „Hafling" schlug die Tolomei-Kommission „Avelengo" vor und für „Völs am Schlern" fand sie „Fiè allo Sciliar" passend.

In den 1920er-Jahren führte die faschistische Regierung unter Benito Mussolini dann sämtliche von der Kommission erdachten Bezeichnungen offiziell ein. Und genau das ist bis heute der Zankapfel. Lokalpatriotischen Südtirolern deutscher Zunge genügt die offizielle Mehrsprachigkeit als Trostpflaster für die italienische Staatsangehörigkeit längst nicht mehr. Sie wollen auch die von der Tolomei-Kommission erfundenen und von Mussolini dekretierten Fantasienamen abgeschafft sehen. Der Tiroler Linguist Christian Kollmann bezeichnete das Niveau dieser Diskussion zwischenzeitlich als „beschämend". Daraufhin wurde er in Kreisen der Südtiroler Regionalpartei SVP als „Faschistenversteher" tituliert. Man reibt sich verwundert die Augen angesichts solch heftiger Emotionen um Ortsbezeichnungen, die vor mittlerweile fast 100 Jahren eingeführt wurden.

Das Beispiel Südtirol zeigt wie unter einem Vergrößerungsglas, dass Sprache uns nicht nur geistig verbinden, sondern auch aus beinahe nichtigem Anlass einander entfremden kann. Allein die Liste der Länder und Regionen, in denen aktuell ein Sprachenstreit schwelt, ist lang: Belgien und Québec, Finnland und Serbien, Katalonien und Kurdistan, Sri Lanka und Burkina Faso. Et cetera. Die paradoxe Eigenschaft unserer Sprache, sowohl zu verbinden als auch zu trennen, durchzieht ihre Geschichte.

Der Linguist August Schleicher ging Mitte des 19. Jahrhundert von einer „Ursprache" der Menschheit aus. Aus ihr sollten sich sämtliche Sprachen wie in einem sich verzweigenden Stammbaum entwickelt haben. Die „Stammbaumtheorie" gilt heute als nicht mehr haltbar. Linguisten betrachten Stammbäume nun lediglich als hypothetische Konstrukte. Kaum bestritten bleibt dabei die Tatsache, dass Sprachen sich historisch immer weiter aufgespalten haben. Sprachen mit – tatsächlich oder hypothetisch – gemeinsamen Wurzeln werden deshalb einer „Sprachfamilie" zugerechnet. So dominiert in Westeuropa die indoeuropäische Sprachfamilie. Nach dem Modell des Wissenschaftlers Russel Grey kam das Indoeuropäische, der gemeinsame Ursprung sowohl der germanischen als auch der romanischen Sprachen, vor etwa 8000 Jahren aus Anatolien zu uns.

Weltweit gibt es heute etwa 6500 Sprachen und 180 Sprachfamilien. Allerdings existiert keine allgemein anerkannte Definition, was tatsächlich eine Sprache ist und welche Merkmale sie von einem bloßen Dialekt unterscheiden. Bei der Definitionshoheit ist längst Politik im Spiel. Sprachpolitik. Handelt es sich beim Schweizerdeutschen oder dem Luxemburgischen um eigene Sprachen? Das Linguistik-Zentrum der Universität Zürich sagt: Nein. Nationalistische Politiker sagen aus vollem Halse: Ja. Sprache war während der letzten 10.000 Jahre selten allein Mittel der Verständigung. Sondern immer auch Herrschaftsinstrument.

4.3 Lieber eine Sprache mit imperialistischen Wurzeln als keine Chance, einander zu verstehen

Die Bemächtigung der Sprache durch die Herrschenden begann mit den ersten Großreichen. Babylonisch oder Persisch, später dann Griechisch, wurden zu Verkehrssprachen in den jeweiligen Einflusssphären der Machthaber Babylons, Persiens und Griechenlands. Europa wurde am nachhaltigsten vom Römischen Reich geprägt, welches das Lateinische zur „Lingua Franca" in gebildeten Kreisen der Spätantike, des Mittelalters und der Renaissance machte. Das europäische Mittelalter wird deshalb oft das „lateinische Mittelalter" genannt. Die Sprache der einstigen römischen Herrscher entfaltete hier vereinigende Kraft. Ich werde auf diese

Dialektik sogleich zurückkommen. Am Ende schufen die Briten mit ihrem Empire über einen Zeitraum von etwa 300 Jahren nicht allein das erste weltumspannende Imperium, sondern legten auch den Grundstein dafür, dass ihre Sprache – das Englische – zur echten Weltsprache wurde.

Oft waren die Herrschenden sprachsensibel. Regionalsprachen waren ja nicht nur die Sprache potenzieller Aufrührer, sondern erschwerten auch allgemein das Regieren in großen geografischen Räumen. Lernen sämtliche Inder bereits in der Schule Englisch, läuft die Sache für die britischen Kolonialherren gleich besser. Sprache wurde mit der anbrechenden Moderne schließlich zunehmend ideologisiert. Bereits im Deutschen Kaiserreich gründeten sich sprachpuristische Vereine, die sich gegen den Gebrauch von „Fremdwörtern" aussprachen. In Frankreich sind Anglizismen bis heute ein Politikum. Der französische Staat ist eifrig bemüht, ihre Verwendung durch entsprechende Gesetze und Verordnungen einzuschränken.

Doch wie das „lateinische Mittelalter" bereits zeigte, gibt es eine andere Seite der Medaille. Die Bemächtigung von Sprache wirkt – ursprünglich weitgehend unbeabsichtigt – ihrer weiteren Zersplitterung entgegen und wird zu einer einigenden Kraft. Ohne das auf Grausamkeiten, Sklaverei und systematische Ausbeutung gegründete Römische Reich hätten sich die Humanisten der Renaissance nicht mittels der lateinischen Sprache europaweit vernetzen und intellektuell austauschen können. Ein früher Prototyp des MESH, wenn man so will. Ähnlich war es bereits bei den Philosophien der Spätantike, der Stoa oder des Neuplatonismus: Denkrichtungen, die sich aus vielen Quellen speisten, gemeinsam geformt von klugen Köpfen – mal auf Griechisch, mal auf Latein. Zwar nicht bewusst und willentlich gemeinsam, im Sinne einer wirklichen Ko-Kreation. Aber doch im Ergebnis.

Ohne den absolutistischen König Ludwig XIV und den megalomanen Napoleon Bonaparte wäre das Französische wohl kaum die Sprache der europäischen Höfe geworden. Es fungierte erst recht nicht bis heute als Sprache des diplomatischen Protokolls. Das British Empire schließlich sorgte dafür, dass das Englische die Sprache des Welthandels, der internationalen Seefahrt und der Fliegerei wurde. Es wurde später auch die neue globale Sprache der Wissenschaft, die Sprache der Rock- und Popmusik, schließlich die Sprache, in der sich junge Menschen aus aller Welt untereinander verständigen. An den imperialistischen Wurzeln dieser

Sprachdominanz scheinen sich nicht allzu viele zu stören. Wichtiger ist, dass die Verständigung auf Englisch in der Praxis funktioniert.

So also ist es um die Sprache bestellt: Sie kann Menschen einen und sie kann sie trennen. Das zeigt ihre Geschichte. Sobald wir dies durchschauen, haben wir es in der Hand, wofür wir uns entscheiden. Wählen wir das Trennende der Sprache, indem wir sie zu einem Instrument des Beharrens auf regionalen, nationalen oder ideologischen Eigenheiten machen? Oder wählen wir das Verbindende, indem wir herausfinden, wie wir uns über Sprache am besten verständigen und wie wir auf dieser Basis zusammenarbeiten können? Daraus folgt, worauf wir unsere Aufmerksamkeit richten: Schreiben wir Leserbriefe oder Blogbeiträge, in denen wir uns über modische Anglizismen aufregen? Oder machen wir uns bewusst, was das Englische als globale Wissenschaftssprache heute leistet? Wie schnell und effektiv Forscher Gedanken austauschen können, weil alle Englisch sprechen?

Denken und Sprache sind kaum voneinander zu trennen. Die Frage nach der Zukunft der Zusammenarbeit in einer Wissensgesellschaft ist deshalb auch die Frage nach den Möglichkeiten und Grenzen sprachlicher Verständigung. Brauchen wir eine Weltsprache, die möglichst viele Menschen beherrschen? Oder wird Künstliche Intelligenz dafür sorgen, dass alle einander verstehen? Eines ist sicher: Die Möglichkeiten der Ko-Kreation nehmen zu, sobald die Sprachbarriere wegfällt. Doch damit das geschehen kann, müssen wir als Erstes die politischen und ideologischen Barrieren rund um unsere Sprache beseitigen! Sprache darf nicht länger ein Herrschaftsinstrument sein. Sie kann und muss ein Mittel der umfassenden globalen Verständigung werden. Doch welche Sprache, welches Sprechen, welches Medium der Kommunikation wird dies leisten können?

4.4 Warum die Hoffnung auf eine gemeinsame Sprache der Menschheit keine Utopie ist

„Esperanto" bedeutet „ein Hoffender" in der Kunst- oder Plansprache gleichen Namens. Der Erfinder des Esperanto, der Augenarzt Ludwik Zamenhof, hatte sich um 1890 das Pseudonym „Dr. Esperanto" zugelegt.

Worin bestand seine Hoffnung? Er wollte eine zwischenmenschliche Verständigung über ethnische, nationale und religiöse Grenzen hinweg ermöglichen, mittels einer gemeinsamen Sprache. In letzter Konsequenz war es die Hoffnung auf den Weltfrieden. Zamenhof war in der damals zum Russischen Reich gehörenden Stadt Bjelostok aufgewachsen, dem heutigen polnischen Białystok. Dort lebten Menschen jüdischen, orthodoxen, katholischen und protestantischen Glaubens, die sich als Russen, Ukrainer, Polen oder Deutsche fühlten. Die Ghettoisierung der einzelnen ethnisch-religiösen Gruppen prägte den Alltag der Stadt. Immer wieder kam es zu gewalttätigen rassistischen und antisemitischen Übergriffen, bis hin zu Pogromen. Zamenhof sah die Sprache – und nicht etwa die Ethnie, Nation, Kultur oder Religion – als das Element an, das Menschen am stärksten trennt. Mit einer gemeinsamen Sprache sollten sich Verständigung, Miteinander und friedliche Kooperation ganz automatisch ergeben.

Esperanto blieb bedeutungslos. Bis heute gibt es jedoch Esperanto-Sprachkurse und sogar Esperanto-Gesellschaften, die sich der Pflege dieser Kunstsprache verschrieben haben. Das Motiv, sich mit Esperanto zu beschäftigen, dürfte immer noch häufig der Wunsch nach einer weltweiten Verständigung im Dienste des Friedens und der Kooperation sein. Der Bedarf, ja mitunter die Sehnsucht nach einer gemeinsamen Sprache scheint ungebrochen. Als der Germanist, Zeitungsherausgeber und Buchautor Frank Schirrmacher einmal in einer Diskussionsrunde gefragt wurde, was aus seiner Sicht das größte Hindernis für die europäische Einigung sei, antwortete er nach kurzem Überlegen nur knapp: „Die Sprache."

Linguisten sind sich einig, dass die meisten der gut gemeinten „Plansprachen" im Dienste der Völkerverständigung – die Österreichische Nationalbibliothek hat bis heute etwa 500 Plansprachen und Plansprachprojekte dokumentiert – nur eine geringe Chance haben, sich durchzusetzen. Das gilt zumindest für die sogenannten „Apriori-Sprachen", wie etwa Esperanto, bei denen es sich um reine Konstrukte handelt. Größere Chancen könnten die „Aposteriori-Sprachen" haben, weil sie auf gewachsenen Sprachen aufbauen. Interessant sind hier besonders die modifizierten Ethno-Sprachen. Dazu zählt beispielsweise „Basic English". Während das sogenannte „Pidgin-Englisch" eine einfache Form des Englischen ist, die sich einst unter den Einwohnern des British Empire im täglichen Sprachgebrauch entwickelte, wurde „Basic English" von Charles Kay Ogden als vereinfachte Form der englischen Sprache mit stark verkleinertem Vokabular künstlich erschaffen.

Pragmatischer als Ogden ging Jean-Paul Nerrière vor, als er im Jahr 2004 eine weitere Variante des einfachen Englisch vorschlug und diese „Globish" nannte. Globish greift die tatsächliche Sprache auf, die heute überall in internationalen Konzernen, auf Kongressen, in Touristenhotels, auf Flughäfen und Kreuzfahrtschiffen gesprochen wird. Es handelt sich dabei durchaus um Standard-Englisch, jedoch mit einem begrenzten Vokabular und ohne Redewendungen. Für Nerrière machen Redewendungen den vielleicht entscheidenden Unterschied zwischen der Sprache Shakespeares und einem Englisch aus, mit dem sich Menschen auf der ganzen Welt verständigen können. Ruft ein Brite zum Beispiel „Oh, that's a red herring!", dann blicken Nicht-Muttersprachler – selbst wenn sie gute Schulnoten im Fach Englisch hatten – oft ratlos. Wo ist hier, bitte, ein roter Hering? Auf Globish würde der Satz ungefähr so lauten: „That is a piece of information that leads us away from what is important now." Das ist dann auch schon anspruchsvoller als Pidgin-Englisch – und doch einfach genug, um für viele verständlich zu sein.

Wird Globish oder eine andere Variante eines simplifizierten Englisch langfristig zur echten Weltsprache werden? Oder werden in 100 Jahren die meisten Menschen Chinesisch sprechen? Oder Dänisch? Arabisch? Das vermag heute niemand vorauszusagen. Glaubt man Tech-Propheten des Silicon Valley wie Ray Kurzweil, dann wird Künstliche Intelligenz in wenigen Jahren sämtliche Sprachbarrieren beseitigen. Laut Kurzweils Prognose werden wir intelligente Geräte ständig bei uns tragen – höchstwahrscheinlich sogar in unsere Gehirne implantiert –, die natürliches Sprachverstehen in Echtzeit ermöglichen. Ich bin dann vielleicht in Ulaanbaatar und ein Straßenhändler fragt mich auf Mongolisch, ob ich für meine Frau einen Kaschmirschal kaufen möchte. Nahezu gleichzeitig höre ich die Frage über mein Headset (oder den Chip direkt in meinem Hirn) auf Deutsch. Oder, sofern ich meine Software entsprechend konfiguriert habe, vielleicht sogar in schönstem Wienerisch.

Bis dato bewegen sich automatische Übersetzungen jedoch noch auf einem Niveau, das nur rudimentäres Verstehen ermöglicht. Kommt bald der große Durchbruch, wie Kurzweil prognostiziert? Vielleicht.

Möglicherweise stößt der Versuch, Maschinen das Sprechen beizubringen, aber auch nur später an die Grenzen, die auch den Schimpansen-
Versuchen Einhalt geboten. Mit Zukunftsprognosen ist es so eine Sache.
Die bisherige
„Zukunftsforschung" ist rückblickend betrachtet eine Ansammlung
abenteuerlicher Fantasien und peinlicher Fehleinschätzungen. Ihr
Kardinalfehler besteht darin, letztlich die Gegenwart in die Zukunft zu
extrapolieren. Doch solange der Zufall im evolutionären Geschehen auf
unserem Planeten eine Hauptrolle spielt, wird die Zukunft nie exakt
prognostizierbar sein. Hüten wir uns also davor, zu sehr über die Zukunft
der Verständigung zu spekulieren. Konzentrieren wir uns besser auf
das Ziel.

Wenn die Menschheit die Chance der Ko-Kreation in vollem Umfang
nutzt und in einem Meaningful Interspace kooperativ zu neuen Lösungen kommen will, dann wird sie sprachliche Barrieren ebenso beseitigen
müssen wie kulturelle Hemmnisse. *Wie* das letztlich geschehen kann, ist
noch offen. *Dass* es geschieht, kann jedes Individuum schon heute entweder fördern oder behindern. Es ist eine Frage der Entscheidung und
der inneren Haltung. Genau wie wir kulturelle Arroganz überwinden
können, lässt sich auch sprachliche Distanz verringern. Wir alle können
uns einmal folgende Fragen stellen: Gibt es eine bestimmte Sprache, mit
der ich mich gern von anderen Menschen abgrenze? Zum Beispiel die
Bildungssprache oder eine Expertensprache? Sind mir bestimmte Sprachen lieber als andere? Identifiziere ich mich mit meiner Muttersprache
und habe ich mich schon einmal über neue „Fremdwörter" oder andere
sprachliche Entwicklungen echauffiert, weil ich darin eine Bedrohung
der „Reinheit" meiner Sprache sehe? Falls etwas davon zutrifft, nutze ich
Sprache als etwas Trennendes. Durch eine solche Haltung vertieft sich
der sprachliche Graben zwischen Menschen.

Die umgekehrte Haltung ist eine der Offenheit, der Neugier und des ehr-
lichen Bemühens, die anderen zu verstehen. Wenn es mir zum Beispiel
wichtig ist, vor einer Reise in ein entferntes Land zumindest ein paar Sätze
der dortigen Sprache zu lernen, bedeutet das Offenheit und den Wunsch
nach Austausch und Begegnung. Dabei geht es gar nicht darum, ob dies
wirklich nötig ist. Mag sein, dass ich mit Englisch oder einer App auf mei-

nem Smartphone genauso gut zurechtkäme. Es kommt vielmehr darauf an, sprachliche Gemeinsamkeit zu wollen und zu begrüßen. Die einzigartige menschliche Sprechfähigkeit, die uns von den Tieren unterscheidet, bietet ein noch viel größeres Potenzial, als wir im Augenblick nutzen. Je leichter Menschen auf der ganzen Welt einander verstehen, desto einfacher können sie sich zusammenschließen, ihre Gehirne gemeinsam nutzen und eine Kreativität entwickeln, die weit über das hinausgeht, was innerhalb einzelner Nationen, Völker und Sprachgemeinschaften bisher möglich war.

Dabei könnten wir eine verblüffende Entdeckung machen: Imperien und andere autoritäre Machtstrukturen sind nicht länger die treibende Kraft hinter einer Vereinigung der Sprache. Heute sind es vielmehr einzelne Menschen, die sich ko-kreativ zusammenschließen und einen gemeinsamen Raum des Verstehens erschaffen. Und das benötigt nicht nur ein gemeinsames sprachliches Verstehen, sondern fördert und verstärkt es gleichzeitig auch.

5

Gemeinsame Lösungen

Warum der Regenbogen niemals entzaubert wurde und MESH keine Glaubensfrage ist

Neue Erkenntnisse ändern oder erweitern immer wieder unser Weltbild. In der Folge entwickeln Menschen bessere Methoden und Technologien, um die Wirklichkeit zu gestalten. Das gefällt jedoch nie jedem. Neues Wissen und bahnbrechende Ideen geraten nur allzu leicht in ideologische Mühlen. Der Prozess gegen Galileo Galilei ist dafür ein bis heute erschütterndes Beispiel. MESH ist jedoch nichts, an das jemand zuallererst glauben muss. Co-Kreation funktioniert zur Not auch frei von Idealismus. Es geht um gemeinsame, pragmatische Lösungen! Das ist lediglich für diejenigen ein Problem, die das Althergebrachte partout nicht loslassen wollen.

© Der/die Autor(en), exklusiv lizenziert an Springer Fachmedien Wiesbaden GmbH, ein Teil von Springer Nature 2022
C. Zulehner, *MESH – Die Evolution der Zusammenarbeit*,
https://doi.org/10.1007/978-3-658-37818-9_5

„Auf Newtons Gesundheit – und seiner Mathematik die Verwirrtheit!" Diesen Trinkspruch brachte der englische Dichter John Keats bei gesellschaftlichen Anlässen des Öfteren aus. Sir Isaac Newton, Begründer der klassischen Mechanik und einer der größten Wissenschaftler aller Zeiten, war da bereits rund 100 Jahre tot. Der 1795 geborene Keats zählt mit Lord Byron und Percy Shelly zu den Hauptvertretern der jungen Generation der Romantik in England. Diese Boygroup der englischen Literatur war für ihren exzessiven Lebensstil und ihre radikale Poesie berüchtigt. Wegen ihrer Kunst und ihrer Art zu leben bezogen die drei in den Feuilletons reichlich Prügel. Wobei sich das journalistische Establishment in perfider Weise auf Keats' Herkunft aus der Arbeiterklasse eingeschossen hatte. So wurde der junge Dichter schon einmal als „Cockney-Ungeziefer" tituliert. Der Sohn eines Stallmeisters hatte eine Ausbildung als Arzthelfer in einem Londoner Krankenhaus gemacht, bis er sich im Alter von 20 Jahren dazu entschloss, Dichter zu werden. Nach nicht einmal einem Jahrzehnt rauschhaften Schaffens starb er 1821 in Rom an Tuberkulose.

Doch was hatte Keats eigentlich gegen Newton? Was ließ den Dichter jenen spöttischen Toast ausbringen, mit dem er der Newtonschen Mathematik – mittels einer gewagten Metapher – die Demenz wünschte? Es steckte wohl mehr dahinter als die Abneigung eines intellektuellen Rebellen gegen alles Etablierte. Der Erzromantiker Keats sah in Newton einen Entzauberer, einen Zerstörer der Kunst und der Poesie. Stein des Anstoßes für Keats waren Newtons Erkenntnisse auf dem Gebiet der Optik, insbesondere seine Erklärung des Lichts. Newton, so behauptete Keats, habe die Poesie des Regenbogens zerstört, indem er darin Spektralfarben erkannte und als Zerlegung weißen Lichts mathematisch beschrieb. Keats prangerte nun nicht allein die Entzauberung des Regenbogens an, sondern verurteilte auch die vermeintliche Auswirkung der Schriften Descartes' und Newtons auf die Sprache. Die neuzeitliche Wissenschaft hatte in seinen Augen den Siegeszug einer nüchternen Sprache befördert, logisch und faktisch, ohne Poesie. In einem Brief nannte er das „die Mathematisierung der Sprache". Keats' Sprache hörte sich gänzlich anders an. In seinem Gedicht „An den Herbst" schrieb er (Keats 1910):

> Du Zeit der Nebel und der reifen Fruchtbarkeit,
> Der späten Sonne wie ein Herzensfreund verbunden,

Die, mit der Zeit dazu verschworen, zu segnen alle Reben,
Die ums Strohdach ranken, und sie mit Frucht zu füllen.
Die Bäume, moosbedeckt, mit Äpfeln zu beladen
Und alle Früchte bis zum Kern hinein zu reifen;
Den Kürbis aufzuschwellen, und die süßen Haselkerne
In ihre pralle Schal' zu treiben; die späte Pracht
Der Blüten für die Bienen anzusetzen,
Die glauben, dass die Sonnentage niemals enden,
Solang der Sommer ihre Waben bis zum Rande füllt.

Doch handelt es sich bei Naturwissenschaft und Poesie tatsächlich um unüberwindliche Gegensätze? Kann ich die Herbstsonne nicht länger einen „Segen" für die Weinreben nennen, wenn ich weiß, dass Licht eine notwendige Bedingung für den Ablauf der Fotosynthese bei Pflanzen ist? Muss ich meine Freude an der Herbstsonne relativieren, sobald ich Kenntnis davon habe, dass Weintrauben, Äpfel oder Kürbisse gar nicht ausschließlich durch Sonnenlicht reifen? Sondern zahlreiche biochemische Prozesse innerhalb einer reifenden Frucht ablaufen? Kann ich einen Regenbogen nicht länger schön finden, sobald mir bewusst ist, dass hier eine Zerlegung weißen Lichts in Spektralfarben stattfindet? Handelt es sich hier tatsächlich um einen Konflikt zwischen zwei Welten? Oder doch bloß um zwei unterschiedliche Betrachtungsweisen?

5.1 Mit ideologischen Angriffen auf Erkenntnisse ist jederzeit zu rechnen

Der englische Zoologe, Biologe und Evolutionstheoretiker Richard Dawkins machte John Keats' Vorwurf gegen Sir Isaac Newton im Jahr 1998 zum Aufhänger eines seiner viel beachteten Bücher. In *Der entzauberte Regenbogen: Wissenschaft, Aberglaube und die Kraft der Fantasie* geht es Dawkins zentral um das Verhältnis zwischen Naturwissenschaft und Kunst. Dawkins bestreitet, dass Wissenschaftler für Künstler „Spielverderber" seien. Die Wissenschaft füge den Möglichkeiten der Erfahrung von Wirklichkeit lediglich eine weitere Dimension hinzu. Diese sowohl sprachliche als auch mathematische Dimension besitze ihre eigene Schönheit und Eleganz. Niemand, der in der Lage sei, die Natur mathematisch zu beschreiben, müsse automatisch aufhören, ihre Schönheit poetisch zu feiern. Mit anderen Worten: Es existiert für Dawkins gar kein Widerspruch zwischen der Schönheit eines Regenbogens und der Zerlegung weißen Lichts in Spektralfarben.

Im Vorwort zum genannten Buch schreibt Dawkins über Keats' Behauptung, Newton habe den Regenbogen durch Physik entzaubert (Dawkins 2008):

> Ein größerer Irrtum hätte Keats kaum unterlaufen können, und ich möchte alle, die zu ähnlichen Ansichten neigen, vom Gegenteil überzeugen. Naturwissenschaft ist eine Inspiration für große Dichtung oder sollte es zumindest sein ... Keats besaß eine liebenswürdigere Persönlichkeit als Newton und sein Schatten sah mir beim Schreiben immer wieder über die Schulter. Newtons Entwirrung des Regenbogens führte zur Spektroskopie und erwies sich als Schlüssel zu vielem, was wir heute über den Kosmos wissen. Und jedem Poeten, der die Bezeichnung „Romantiker" verdient, muss das Herz im Leibe hüpfen, wenn er das Universum eines Einstein, Hubble oder Hawking betrachtet.

Worum geht es also im Kern bei der Kontroverse „Keats vs. Newton"? Es geht um überhaupt nichts! Es handelt sich um einen Konflikt, der gar nicht wirklich existiert. Wissenschaft nimmt der Kunst nichts weg. Im Gegenteil, sie fügt ihr – laut Richard Dawkins – eine wunderbare Quelle der Inspiration hinzu. Dichter haben weder Grund, sich gegen Erkenntnisse der Wissenschaft zu wehren, noch Anlass, ihrer Sprache zu misstrauen. Kein Wissenschaftler hat die Dichter angegriffen, niemand ihre Kunst zu schmälern versucht. Jedenfalls nicht auf wissenschaftlicher Grundlage.

Wäre die Angelegenheit mit dieser Klarstellung erledigt, so könnte ich das Kapitel hier beenden. Leider ist es so einfach nicht. So absurd Keats' Vorwurf gegen Newton auch sein mag, so sehr zeigt sich darin ein Grundmuster intellektuellen Widerstands gegen Wissenschaft und Aufklärung, das die Geistesgeschichte der letzten rund 500 Jahre durchzieht wie ein Riss. Dieser Widerstand äußert sich gerade nicht in schlüssigen Argumenten. Es handelt sich auch keineswegs um eine Einladung zu einem offenen Diskurs. Vielmehr ist es fast immer ein ideologischer

Widerstand. Ideologie meint an dieser Stelle ein Wirklichkeitsbild, das auf Behauptungen, ja letztlich auf Interessen basiert – und nicht auf einer kritischen Reflexion der Wirklichkeit. Ideologische Positionen entziehen sich sowohl der Überprüfbarkeit als auch der Debatte. Ideologie ist immun gegen Kritik und entwickelt sich aus sich selbst heraus nicht weiter.

Woran liegt es, dass Wissenschaft und wissenschaftliche Methoden sich immer wieder ideologischen Anfeindungen ausgesetzt sehen? Und: Muss auch die Entwicklung hin zu neuen Formen der Kooperation und der Ko-Kreativität in der aufkommenden Wissensgesellschaft, mit ideologisch motiviertem Widerstand rechnen? Obwohl – oder gerade weil – sich ihr Nutzen wissenschaftlich begründen lässt? Falls ja, gälte das auch dann, wenn ein produktives Wissensnetzwerk ausschließlich Vorteile hätte und die Beispiele – vom Tumor-Board bis zum von konkurrierenden Unternehmen entwickelten Kartendienst – für sich sprächen?

Um diese Fragen zu beantworten, lohnt es sich, einen Zeitsprung um 500 Jahre zurück zu wagen: zum Ursprung der modernen Wissenschaft. Die heutige Wissenschaft basiert überhaupt nicht auf Wissen, sondern auf Nichtwissen. Das war und ist jenen ein Dorn im Auge, die glauben, bereits alles Wissenswerte zu wissen. Oder die sich weigern, ihr begrenztes Wissen oder ihre ideologische Weltsicht zu erweitern oder zu modifizieren. Der Historiker Yuval Noah Harari macht in seinem Buch *Eine kurze Geschichte der Menschheit* den Unterschied zwischen der modernen wissenschaftlichen Tradition und sämtlichen anderen Wissenstraditionen an der Kombination folgender drei Eigenschaften fest, welche die moderne Wissenschaft charakterisieren (Harari 2015):

1. Das Eingeständnis der Unwissenheit. Die moderne Wissenschaft … geht davon aus, dass alles, was wir zu wissen glauben, durch neue Erkenntnisse widerlegt werden kann. (…)
2. Die zentrale Bedeutung von Beobachtung und Mathematik. Nachdem sie ihre Unwissenheit zugegeben hat, versucht die moderne Wissenschaft, [dadurch] neues Wissen zu erwerben. (…)
3. Der Erwerb neuer Fähigkeiten. Die moderne Wissenschaft … nutzt … Theorien, um neue Fähigkeiten zu erwerben und vor allem neue Technologien zu entwickeln.

Vormoderne, ideologische, esoterische und abergläubische Glaubenssysteme gehen im Gegensatz dazu davon aus, dass alles wirklich Wissenswerte längst bekannt ist. Es steht in der Bibel, im Koran oder in den Sternen. Oder es ist in den Schriften des Begründers einer bestimmten Ideologie nachzulesen. Dieses Wissen benötigt keine Erweiterung mehr, sondern muss bestenfalls ausgelegt werden. Typischerweise nicht durch alle, sondern nur durch bestimmte Priester, Schamanen, Astrologen oder Chefideologen. Die drei von Harari benannten Eigenschaften der modernen Wissenschaft sind Theologen, Esoterikern, Astrologen, Schamanen – und vielleicht auch jugendlichen Erzromantikern – ein Gräuel. Sie geben weder ihr Nichtwissen zu noch streben sie nach neuem Wissen. In der Folge haben sie auch kaum ein Interesse daran, neue Fähigkeiten zu erwerben und neue Technologien zu entwickeln, um die Lebenswelt der Menschen zu verändern.

Der Prozess gegen Galileo Galilei ist ein ebenso frühes wie erschreckendes Beispiel für ideologischen Widerstand gegen neue Erkenntnisse. Gleich zweimal stand der Florentiner Hofmathematiker vor dem Gericht der Inquisition: zunächst 1616, dann noch einmal 1633. Sein Frevel bestand darin, der Erkenntnis des Nikolaus Kopernikus zugestimmt zu haben, die Erde kreise um die Sonne. Dies widersprach der Ideologie der katholischen Kirche, die in einer nur ihr verständlichen Weise aus der Bibel und ihrer Lesart antiker Philosophen das Gegenteil ableitete. Am Ende landete Galileis streitiges Buch auf dem Index und er erhielt Lehrverbot. Dabei hatte Galilei der These des Kopernikus nicht nur zugestimmt. Sondern er hatte sie mit einem von ihm technisch entscheidend verbesserten Teleskop auch überprüft. Deshalb sah er seinem Prozess zunächst gelassen entgegen. Er vertraute auf die Überzeugungskraft seiner Argumente. Eine glatte Fehleinschätzung, wie sich zeigen sollte.

Wer nun glaubt, solche Widerstände gegen wissenschaftliche Erkenntnisse und eine darauf basierende Aufklärung seien Schnee von gestern, der irrt. Dazu ein Beispiel von Richard Dawkins aus seinem bereits zitierten Buch. In einer englischen Fernsehshow entlarvte ein Journalist einmal einen Scharlatan, der behauptete – live und vor Publikum – in Kontakt mit den „Geistern" von Verstorbenen zu treten. Der Journalist konnte beweisen, dass es sich bei den vermeintlichen „Zeichen" der

Toten, die sich vor den staunenden Augen des Publikums zu manifestieren schienen, um recht gängige und einfach erklärbare Zaubertricks handelte. Doch wie reagierte das Publikum auf diese Erklärung? Bedeutete es dem entlarvten Scharlatan mit Buhrufen, das Studio zu verlassen? Nein, es geschah das Gegenteil: Das Publikum empörte sich über den Journalisten und wollte ihn hinausgeworfen sehen. Wie konnte er es wagen, diese Séance zu entzaubern? Was für ein Spielverderber!

In Anbetracht absurder Therapieempfehlung zur Bekämpfung der Corona-Pandemie, die manch schamanistischem Geiste und politischem Munde entkommen sind, dürfen wir uns fragen, ob wir tatsächlich Kinder der Aufklärung sind.

5.2 Warum die Zukunft der Zusammenarbeit nicht in die ideologische Schusslinie geraten darf

In diesem Buch beschreibe ich eine Entwicklung hin zu einer möglichen Zukunft der Zusammenarbeit, die mit der aufkommenden Wissensgesellschaft eingesetzt hat. Längst gibt es Beispiele für die Vernetzung von Experten sowie für Ko-Kreation in einem geistigen Raum, dessen Nutzen kaum zu bestreiten ist. Einige Beispiele dafür habe ich bereits genannt. Weshalb diese Entwicklung begonnen hat und wohin sie in der weiteren Evolution der Menschheit führen könnte, lässt sich durchaus wissenschaftlich begründen. Man braucht dazu nur die Grenzen der Leistungsfähigkeit des Gehirns eines Individuums zu betrachten und die Größe der Herausforderungen dagegenzuhalten, mit der sich eine Menschheit von demnächst vielleicht neun oder zehn Milliarden Individuen in einer globalisierten Welt konfrontiert sehen wird. Mir liegt die wissenschaftliche Perspektive – jene Sichtweise also, für deren Schönheit und Eleganz jenseits ihres bloßen Nutzens Richard Dawkins so leidenschaftlich streiten kann – besonders am Herzen. Gemeinsam mit zahllosen Wissenschaftlern seit Galileo Galilei vertraue auch ich auf die Überzeugungskraft von Argumenten. Selbst wenn sich das manchmal als zu optimistische Einschätzung erweisen sollte.

Bei aller Vorliebe für eine wissenschaftliche Betrachtung möchte ich in diesem Kapitel dennoch betonen, dass es mir im Kern weder um eine bestimmte Theorie noch um eine Philosophie geht. Vernetzung, Kooperation und Ko-Kreation sind vielmehr handfeste, pragmatische Ansätze, die erwiesenermaßen funktionieren. Sie eröffnen Chancen, die es in der alten Arbeitswelt nicht gab. Mich begeistert dieser Ansatz, den ich wohlgemerkt nicht erfunden habe, sondern in diesem Buch lediglich auf unterschiedlichen Ebenen beschreibe – und MESH nenne, um einen prägnanten Begriff dafür zu haben. Ich wünsche mir, dass Führungskräfte der Wirtschaft, Politiker und Politikerinnen sowie Angehörige von Non-Profit-Organisationen den Grundgedanken des MESH aufgreifen, von Beispielen inspiriert werden und letztlich die Chancen einer Vernetzung der Gehirne in einer noch weiter spezialisierten Ökonomie nutzen. Was ich mir hingegen überhaupt nicht wünsche, ist eine Ideologisierung des Diskurses über Kooperation in einer neuen Arbeitswelt. Es geht hier um pragmatische Lösungen! Ko-Kreation darf nicht in die ideologische Schusslinie geraten.

Würde ein neoliberaler Ökonom beispielsweise kritisieren, MESH sei ein kollektivistischer Ansatz und es habe sich ja längst gezeigt, dass Kollektivismus nicht funktioniere, so belegte dies lediglich, dass er die dahinterstehenden Phänomene nicht wissenschaftlich betrachtet hätte. Und demzufolge auch nicht verstanden hätte, dass der konstruierte Gegensatz zwischen Individualismus und Kollektivismus aus einer alten Welt stammt, die wir möglicherweise gerade hinter uns lassen. Wobei die Wissensgesellschaft nicht zuletzt für neue und überraschende Synthesen steht. Individualität und Vernetzung schließen sich so wenig aus wie die beiden Möglichkeiten, einen Regenbogen entweder wissenschaftlich oder poetisch anzuschauen. Im Gegenteil, verschiedene Betrachtungsweisen vergrößern sogar den Raum für weitere individuelle Entfaltung. Diese ist schließlich die Folge fortschreitender Spezialisierung. Ich werde diesen Gedanken in einem weiteren Kapitel noch näher ausführen. Wenn sich konkurrierende Unternehmen immer öfter zusammenschließen, um gemeinsam an großen Lösungen zu arbeiten, so bedeutet das auch noch nicht automatisch, dass Konkurrenz und Wettbewerb sich überall und für immer erledigt hätten. Auch hier dürfen Neoliberale vorerst weiter ruhig schlafen. Bis dato steht lediglich die Hypothese im Raum, dass es zunehmend Aufgaben gibt, die aufgrund ihrer Tragweite nur noch von vielen Individuen gemeinsam oder mehreren Organisationen in Kooperation bewältigt werden können.

Ebenso fragwürdig wie eine vordergründige neoliberale Kritik wäre es jedoch auch, eine auf Kooperation beruhende neue Arbeitswelt naiv zu romantisieren. MESH bedeutet noch lange nicht, dass nun alle Menschen Brüder – und Schwestern – würden, so angenehm diese Vorstellung auch sein mag. Es geht zunächst einmal um die Evolution unserer Arbeitswelt, um Formen der zukünftigen Zusammenarbeit, und wir sollten diese neue Arbeitswelt nicht bereits mit Erwartungen überfrachten, bevor wir sie überhaupt richtig betreten. Wer humanistische Ideale in dieser neuen Welt verwirklicht sehen möchte, ist selbstverständlich frei, dies zu tun. Doch auch alle anderen dürfen mitmachen und sich einbringen! Für Ko-Kreation und gemeinsame Lösungsfindung ist es unnötig, zunächst alle Beteiligten auf eine Ideologie einzuschwören. Insofern besteht hier, nebenbei bemerkt, auch ein Unterschied zum Kommunismus alter Prägung. Ko-Kreation lässt Tatsachen und Ergebnisse für sich sprechen. MESH ist Aufklärung im Sinne des Eingeständnisses „Wir wissen es nicht" und „Allein kann ich es nicht". MESH setzt auf Kooperation als den erfolgversprechendsten Weg – nicht aus ideologischen, sondern aus pragmatischen Gründen.

5.3 Was Briefkastenfirmen in Panama mit der Zukunft unserer Zusammenarbeit zu tun haben

Einer der bisher eindrucksvollsten Belege für das enorme Potenzial kokreativer Zusammenarbeit ist die Veröffentlichung von Auswertungen der sogenannten Panama Papers. Ein Netzwerk investigativer Journalisten deckte hierbei raffinierte Methoden der Geldwäsche mittels Steueroasen und Briefkastenfirmen auf. Am Anfang des Skandals stand ein Mann aus Fürth: Jürgen Mossack. Der Rechtsanwalt wanderte als Kind Anfang der 1960er-Jahre mit seinen Eltern nach Panama aus, ging dort zur Schule und studierte anschließend Jura. Nach dem Examen und einigen Auslandsstationen gründete Mossack 1977 in Panama-Stadt seine eigene Kanzlei. Seit 1968 herrschte dort die Militärjunta unter dem korrupten General Omar Torrijos. 1981 starb Torrijos unter ungeklärten Umständen bei einem Flugzeugabsturz. Seine Angehörigen sowie einige Buchautoren und Aktivisten aus den USA gehen davon aus, dass Torrijos Nachfolger, der Diktator Manuel Noriega, ihn mithilfe des US-Geheimdienstes CIA und mit Billigung der neuen US-Regierung unter Präsident Reagan beseitigen ließ.

Manuel Noriega soll mehr als zehn Jahre auf der Gehaltsliste der CIA gestanden haben, bevor er durch die US-Invasion in Panama Ende 1989 stürzte. Die USA nutzten Panama lange als Brückenkopf, um die Contra-Rebellen im sozialistischen Nicaragua zu unterstützen. Angesichts der Zustände in Noriegas Staat drückten die Amerikaner anscheinend beide Augen zu. Denn während der Noriega-Jahre wurde Panama endgültig zu einem Hort für Kriminelle aller Art. Hier liefen unter anderem die finanziellen und organisatorischen Fäden des brutalen Medellin-Drogenkartells zusammen. 1992 wies ein US-Gericht auch Noriega persönlich Drogenhandel und Schutzgelderpressung im großen Stil nach. Rechtsanwalt Jürgen Mossack indes war an Drogengeschäften höchstens indirekt interessiert. Er fand für sich eine wesentlich vornehmere, gleichzeitig nicht minder profitable kriminelle Nische: die Gründung und Verwaltung von Briefkastenfirmen.

„Der Deutsche", wie Mossack in Panama nur genannt wurde, war in den Kreisen um Diktator Noriega und seinem Marionetten-Regierungschef Juan Carlos Varela bereits hervorragend vernetzt, als er sich 1986 mit dem Anwalt Ramón Fonseca Mora zusammentat. Gemeinsam gründeten sie die in Panama-Stadt ansässige Kanzlei Mossack Fonseca. Bis kurz vor seinem Einstieg bei Mossack war Fonseca Mora noch Kabinettsmitglied, offizieller Berater des Staatschefs sowie stellvertretender Vorsitzender der Regierungspartei gewesen. Als dritter Anwalt stieß später der Schweizer Christoph Zollinger zur Kanzlei. Innerhalb von 30 Jahren weitete die Kanzlei Mossack Fonseca ihre Geschäfte ständig aus. Sie arbeitete schließlich mit Partnerbüros in 44 Ländern zusammen, darunter den Bahamas, Zypern, Hongkong, der Schweiz, den Niederlanden, Costa Rica, Großbritannien, Belize, Malta, Brasilien, Jersey, Luxemburg, den Britischen Jungferninseln, den Seychellen, Samoa und den USA. Im Jahr 2015 beschäftigte Mossack Fonseca nach eigenen Angaben weltweit rund 600 Mitarbeiter. Die Kanzlei bot neben Rechtsberatung, Finanzierungen sowie der Verwaltung von Treuhandfonds und Stiftungen auch offiziell die Gründung von Firmen an.

Grundsätzlich ist es für die Staatsbürger der meisten Länder der Erde völlig legal, im Ausland ein Unternehmen zu gründen. Briefkastenfirmen, wie die Kanzlei Mossack Fonseca sie hunderttausendfach gegründet hat, machen sich dabei eine Regelung des internationalen Privatrechts zunutze, nach der ein Unternehmen den Gesetzen ihres juristischen Sitzes unterliegt und nicht denen des Staates, von dem aus die operative Geschäftsführung erfolgt. Wer also seinen Firmensitz pro forma nach Panama verlegte, obwohl er von London, Frankfurt oder Wien aus Geschäfte machte, profitierte im Mindesten von den laxen Gesetzen in dem mittelamerikanischen Staat. Spätestens seit Beginn der Noriega-Diktatur nutzte ihm außerdem die dort herrschende kriminelle Anarchie. Mit Steuerprüfungen oder gar kriminalpolizeilichen Nachforschungen am Firmensitz war nicht zu rechnen. Da hielten die mit der Staatsführung engstens verbandelten Rechtsanwälte Mossack und Fonseca Mora ihre schützende Hand über einen.

Es ist ein offenes Geheimnis, dass Briefkastenfirmen nicht allein dazu gegründet werden, legal Steuern zu sparen, die Unternehmerhaftung zu umgehen oder Arbeitnehmer- und Verbraucherrechte auszuhebeln. Sondern auch und gerade, um Geldwäsche und Steuerhinterziehung im großen Stil zu betreiben. Bloß nachweisen lässt sich Letzteres meist nicht. Die Regierung in Panama ist nicht verpflichtet, ausländischen Finanzämtern oder Staatsanwaltschaften Auskunft zu erteilen, da keine entsprechenden internationalen Abkommen existieren. Ab 1000 US-Dollar bekam man bei Mossack Fonseca eine Firma in Panama. Gegen Aufpreis wurde die Briefkastenfirma mit einem Scheindirektor ausgestattet, dessen Name als Inhaber erschien und der stets alles unterschrieb. Die wahren Inhaber waren dann nur der Kanzlei bekannt. Für heikle Finanztransaktionen stand zudem eine eigene Privatbank namens Mossfon Asset Management S. A. zur Verfügung.

Doch im Jahr 2015 geschah etwas, womit Jürgen Mossack nach so vielen Jahren wohl nicht mehr gerechnet hätte: Bei Mossack Fonseca tat sich ein Datenleck auf. Ein anonymer Whistleblower mit dem Decknamen „John Doe" trat mit 11,5 Millionen Dokumenten aus den Jahren 1977 bis zur Gegenwart an den Journalisten Bastian Obermayer von der „Süddeutschen Zeitung" heran. Darunter waren neben eingescannten Briefen und Faxnachrichten sowie E-Mails auch Kopien von Gründungsurkunden, Kreditverträgen, Rechnungen und Kontoauszügen in den unterschiedlichsten digitalen Formaten. Ein Datengebirge von insgesamt 2,6 Terabyte, das sich auf über 300.000 Briefkastenfirmen bezog. Bereits bei einer ersten, schnellen Durchsicht wurde Obermayer die Brisanz des Materials deutlich, für das sich bald das Schlagwort „Panama Papers" etablieren sollte. Zu den Klienten der Kanzlei Mossack Fonseca zählte nämlich eine beachtliche Menge an Persönlichkeiten des öffentlichen Lebens aus aller Herren Länder. Sie betrieben teilweise über Jahrzehnte Steuerhinterziehung oder tätigten von Panama aus illegale Geschäfte.

Doch wie sollten Journalisten das nachweisen? Wie eine solche Menge an Daten systematisch auswerten? Ich habe einen IT-Experten gefragt, wie man sich 2,6 Terabyte Daten in 11,5 Millionen einzelnen Dokumenten vorstellen kann. Er sagte, ausgedruckt wäre das die Ladung von ungefähr einem Dutzend 40-Tonnen-Sattelschleppern. Ich solle mir vorstellen, wie zwölf schwere Lkw vor der Redaktion der „Süddeutschen" vorfahren und mit Gabelstaplern diese Menge an Papier abladen. Dann hätte ich ein Bild von 2,6 Terabyte an Dokumenten. Kein einzelner Redakteur hat eine Chance, eine solche Datenmenge auszuwerten. Auch kein Team aus 20 Redakteuren. Aber ein MESH kann das.

Bastian Obermayer und sein Kollege Frederik Obermaier von der „Süddeutschen Zeitung" – trotz unterschiedlicher Schreibweisen der Nachnamen manchmal scherzhaft „die Gebrüder Obermeier" genannt –, bauten nun tatsächlich ein ko-kreatives Netzwerk zur Auswertung der Panama Papers auf. Dabei kam ihnen zugute, dass sie bereits Mitglieder im International Consortium of Investigative Journalists, abgekürzt ICIJ, waren. Das ICIJ wurde 1997 in den USA als gemeinnützige Organisation gegründet, um weltweit Korruption und Machtmissbrauch aufzudecken. Zu seinen Förderern zählt der Mäzen George Soros. Über diese Organisation konnten die „Gebrüder Obermeier" innerhalb kurzer Zeit fast 400 Journalisten aus 70 Ländern zur Mitarbeit gewinnen.

Rund ein Jahr lang wertete dieses über das Internet verbundene virtuelle Team das vorliegende Material aus und betrieb noch weitere, eigene

Recherchen. Die größte Herausforderung war die Geheimhaltung über einen so langen Zeitraum. Bei der „Süddeutschen" waren nur wenige Mitarbeiter überhaupt eingeweiht. Die eigentliche Arbeit, die Dokumente auszuwerten, zu indexieren und durchsuchbar zu machen, fand in einem abhörsicheren Büro statt. Vierteljährliche Meetings des gesamten 400-köpfigen Teams lösten sich ab mit digitalem Austausch über verschlüsselte Verbindungen. Viele der Journalisten waren subspezialisierte Experten für Teilgebiete, also zum Beispiel für Finanztransaktionen oder für Korruption in einer bestimmten Region der Erde. Am 3. April 2016 präsentierten schließlich 109 Zeitungen, Fernsehsender und Online-Medien in 76 Ländern zeitgleich die ersten Ergebnisse. Einen Monat später stellte das ICIJ eine Datenbank mit Namen und Adressen tausender Inhaber von Briefkastenfirmen online.

5.4 Wie wäre eine Welt mit weniger Helden, aber besseren Ergebnissen?

Die Veröffentlichung der Panama Papers, das bisher größte Daten-Leak aller Zeiten, hatte weitreichende Folgen: Der isländische Ministerpräsident trat zurück, Fußballstar Lionel Messi geriet in Schwierigkeiten, deutsche Großbanken und DAX-Konzerne sahen sich einmal mehr in Erklärungsnot gegenüber den Steuerbehörden, und zu den ohnehin nicht wenigen Korruptionsvorwürfen gegen FIFA und UEFA kamen noch einige dazu. Von Brasilien bis Pakistan und von Malta bis Saudi-Arabien mussten Politiker und Unternehmer, Könige und Fürsten, Stars und Sternchen der Öffentlichkeit erklären, wozu sie über die Kanzlei Mossack Fonseca Firmen in Panama gegründet hatten. Ko-kreative Vernetzung hatte hier fast aussichtslose Kämpfe gewonnen: den Kampf gegen eine Kanzlei, die jahrzehntelang von Diktatoren und womöglich auch Geheimdiensten protegiert worden war; den Kampf gegen die Verhüllungs- und Verschleierungstaktiken von Regierungen, Großbanken, Konzernen und Agenten; nicht zuletzt den Kampf gegen eine schiere Überfülle an Daten, die eigentlich kein Mensch beherrschen konnte. Kaum ein anderer Fall demonstriert in meinen Augen eindrucksvoller die

Macht der vernetzten Zusammenarbeit in einer Wissensgesellschaft. Ein gut organisierter MESH ist tatsächlich eine neue Macht, die es mit den Mächten der alten Wirtschaftswelt und ihren dunkelsten Schatten aufnehmen kann.

Genau wie bei früheren Formen der Aufklärung gibt es auch hier ein Moment der Entzauberung: Journalistische Helden – so wie bei der Aufdeckung der Watergate-Affäre in den 1970er-Jahren durch zwei Lokalreporter der „Washington Post", Carl Bernstein und Bob Woodward – gibt es in diesem Fall keine. Die „Gebrüder Obermeier" nahmen zwar die Herausforderung an, nachdem ihnen die Panama Papers zugespielt worden waren. Doch der eigentliche „Held" ist hier die Vernetzung aus fast 400 ihrer Kollegen. Vertrauen war das größte Kapital: Niemand scherte aus der Gruppe aus, um mit eigenen Veröffentlichungen vorzupreschen. Kein Einzelner wollte den Scoop für sich. Im Gegenteil, die Beteiligten waren fasziniert von der Zusammenarbeit in der Gruppe und der Möglichkeit, eine so gewaltige Rechercheaufgabe gemeinsam zu stemmen. So berichtet es Bastian Obermayer in einem Video der „Süddeutschen Zeitung", das auch auf CNN gesendet wurde.

Ähnliche Entzauberungen erleben wir gerade auch in anderen Bereichen. Nehmen wir den heroischen Unternehmer oder Manager als Beispiel. Steve Jobs ein begnadetes Genie, das bei Apple quasi im Alleingang seine Vision verwirklichte? Ohne Rücksicht auf die Meinung anderer, einzig seinen Ideen verpflichtet? Ein lupenreiner Mythos! Längst ist bekannt, dass die meisten Geschichten, die diese Legende belegen sollen, frei erfunden sind. Jobs hatte stets eine Entourage von Unterstützern, die auf sämtlichen für einen Hard- und Software-Hersteller relevanten Gebieten über deutlich mehr Expertise verfügten als er selbst. Und das war für den Erfolg des Unternehmens Apple auch essenziell. Wenn Steve Jobs eines war, dann ein gnadenloser Antreiber, der sein Team immer wieder gezwungen hat, noch mehr Leistung abzuliefern. Nicht, dass Jobs selbst keinerlei Ideen gehabt oder nie seine eigenen Vorstellungen durchgesetzt hätte. Aber der Chef zu sein und das letzte Wort zu haben, genügte schon seit Ende der 1990er-Jahre bei Weitem nicht mehr, um ein Technologieunternehmen an die Weltspitze zu führen.

Die Frage, die ich in diesem Kapitel in den Raum stelle, lautet: Sind wir bereit für eine Welt mit weniger Helden, weniger Idealismus und auch weniger unterhaltsamen Scharmützeln zwischen erbitterten Konkurrenten? Dafür mehr pragmatischer Zusammenarbeit und besseren Ergebnissen? Sind wir am Ende vielleicht sogar bereit, mehrere Perspektiven gleichzeitig zuzulassen, die romantische eines John Keats ebenso wie die faktische eines Sir Isaac Newton? Nehmen wir als Beispiel den Marshallplan der USA für den Wiederaufbau in Westeuropa nach der Katastrophe des Zweiten Weltkriegs. Für einige ist dies bis heute eine humanitäre Großtat und der Gedanke an die Care-Pakete treibt ihnen Tränen der Rührung in die Augen. Das ist die „romantische", idealistische Sicht. Andere weisen anhand historischer Dokumente nach, inwieweit der Marshallplan ein geostrategischer Schachzug der USA war, der den Kalten Krieg mit einläutete und die Westeuropäer ideologisch auf den Kapitalismus und das spätere Nordatlantische Bündnis einschwor. Das ist die nüchterne, wissenschaftliche Perspektive. Vielleicht war der Marshallplan aber auch beides, je nach Betrachtungsweise, und wir brauchen uns überhaupt nicht für eine der beiden Perspektiven zu entscheiden.

Ich wünsche mir, dass die wissenschaftliche Sicht zumindest immer ausreichend Gehör findet und wir die Chance ergreifen, durch neue Formen der Zusammenarbeit zu bahnbrechenden gemeinsamen Lösungen zu kommen. Dazu muss sich niemand zum „Glauben" an das Kollektiv bekehren und diesen wie eine Fackel vor sich hertragen. Es genügt vollkommen, einige alte Irrtümer loszulassen. Etwa den, dass Konkurrenz im Wirtschaftsgeschehen stets nützlich sei. Oder dass es heldenhafte Leader und große Visionäre brauche, um bedeutende Fortschritte zu erzielen. Das alles sind Mythen. Und ja, diese Mythen gehören in gewisser Hinsicht entzaubert. Wer nicht ganz von ihnen lassen mag, darf sie anschließend weiter kultivieren. Jedoch in dem unauslöschlichen Wissen, dass es sich um Mythen handelt. So wie Keats dank Newton das unauslöschliche Wissen über die Zerlegung weißen Lichts besaß – und trotzdem weiter die Schönheit des Regenbogens besingen konnte. Auch die Entschlüsselung der Panama Papers ist in meinen Augen ein Faszinosum. Selbst wenn es hier keinen einzelnen Helden gibt, der am Ende mit dem Journalistenpreis in der Hand strahlend auf einer Bühne steht und den Applaus entgegennimmt. Unsere Zukunft könnte heißen: *Wir sind Helden.*

6

Fortschreitende Spezialisierung

Nichtwissen als Indiz für die Entwicklung des Menschen

Betrachtet man die menschliche Evolution über einen sehr langen Zeitraum, so nehmen Wissen und Können des Individuums ständig ab, während Menschen in Gruppen immer mehr zu leisten vermögen. Das Individuum ist heute zwar häufig Spezialist in einem winzigen Teilgebiet, wäre aber nicht mehr in der Lage, allein in der Wildnis zu überleben. Ist damit der allmähliche Weg in die Verdummung vorgezeichnet? Oder ist Nichtwissen ein fairer Preis für einen Gewinn an Freiheit und Selbstbestimmung? Sobald wir uns auf die Frage besinnen, wozu Erwerbsarbeit überhaupt dienen soll, finden wir Antworten.

© Der/die Autor(en), exklusiv lizenziert an Springer Fachmedien Wiesbaden GmbH, ein Teil von Springer Nature 2022
C. Zulehner, *MESH – Die Evolution der Zusammenarbeit*,
https://doi.org/10.1007/978-3-658-37818-9_6

„Du musst das Wort Aborigines abschaffen, sagte er, aber er sagte nicht, woher er kommt", heißt es in dem Roman „Paradies verloren" von Cees Nooteboom (Nooteboom 2006). Alma, die Erzählerin, erfüllt sich den Jugendtraum einer Reise durch Australien und lernt dort einen Künstler kennen, der von Ureinwohnern abstammt. Doch alles hier ist anders, als Alma sich das vorgestellt hat, und der Künstler, mit dem sie eine flüchtige Beziehung eingeht, bleibt ihr gegenüber zutiefst verschlossen: „Über keine der Vorstellungen, mit denen ich in dieses Land gekommen bin, will er sprechen, die Mythen, die Traumzeit, die Traumwesen, seine eigene Herkunft." Stattdessen: „Er hat mir eine Karte gezeigt, Australien, dieselbe Form wie immer, eine Art schlafendes Rind ohne Kopf. Im Inneren nicht die üblichen politischen Grenzen, nur farbige Flecke, darin Wörter, Ngaanyatjarra, Wawula, Pitjanjatjara, verschwundene oder noch existente Völker, ich weiß es nicht." (Nooteboom 2006, S. 46)

Wenn Menschen aus den Industriegesellschaften an indigene Völker denken, an die Ureinwohner Australiens, Südamerikas oder Ozeaniens, dann haben sie typischerweise entweder keine Ahnung von deren Lebensweise, Tradition und Geschichte – oder durch und durch romantische Vorstellungen, so wie die Erzählerin in Nootebooms Roman. Nur allzu gerne benutzen von unserer Hyperzivilisation neurotisierte Idealisten indigene Völker als Projektionsfläche für ihre ureigenen Sehnsüchte nach Einfachheit, Ursprünglichkeit und Naturverbundenheit. Das gelingt umso leichter, als wir über Menschen, „die heute noch so leben wie vor 50.000 Jahren" (bereits dies ist ein wissenschaftlich nicht haltbarer Irrtum) in der Schule kaum etwas erfahren. Eher lernen wir solche spannenden Fakten wie das Datum der Schlacht bei Issos oder was es mit dem „Dreibund" zwischen Österreich-Ungarn, Deutschland und Italien auf sich hatte.

Sofern wir die Jäger und Sammler – denen die letzten australischen Aborigines kulturell zumindest sehr ähnlich sind – nicht romantisch verklären, so sehen wir sie alternativ düsteren Schrecken und Gefahren schutzlos ausgeliefert. Schließlich konnte man damals bei einem Jagdunfall nicht 112 wählen und sich nach dem Verzehr eines Pilzgerichts womöglich nicht sicher sein, ob man das Mahl bis zum Dessert überlebt. Wir halten Urmenschen entweder für primitiv, aber glücklich, da im Einklang mit der Natur lebend – oder für dermaßen primitiv, dass sie angesichts der Gefahren der Wildnis nur mit Glück älter als 25 oder 30 Jahre alt wurden. Beide Vorstellungen könnten kaum weiter von dem entfernt sein, was Wissenschaftler heute über die Lebensweise der ersten Angehörigen der Spezies Homo sapiens sapiens annehmen. Zunächst einmal gab es „die" Jäger und Sammler überhaupt nicht. Historiker und Anthropologen sind sich so gut wie sicher, dass menschliche Kultur nie wieder so vielfältig war wie zur Zeit der Wildbeuter.

Als die ersten britischen Siedler nach Australien kamen, um den Kontinent zu kolonialisieren, lebten dort schätzungsweise noch 300.000 bis 700.000 Aborigines als Jäger und Sammler in 200 bis 600 Stämmen. Jeder Stamm hatte seine eigene Sprache sowie eigene Regeln und Bräuche. Im Süden lebten die Stämme meist patriarchalisch und definierten sich über ihren territorialen Einfluss. Im Norden herrschte das Matriarchat; die Menschen definierten sich über ihre Geschichten und Totems. Auch wenn die Beweisführung im Detail oft schwierig ist, sind Forscher sich heute weitgehend darüber einig, dass zur Zeit der Jäger und Sammler bereits nahezu sämtliche Möglichkeiten des menschlichen Zusammenlebens durchgespielt wurden: Es gab friedliche und kriegerische Stämme, es existierten solche, bei denen eifersüchtige Paare ihre eigenen Kinder aufzogen und es fanden sich Urkommunen mit gemeinsamer Kindererziehung. Dementsprechend kam Monogamie genauso vor wie Polygamie. Die einen Stämme blieben bereits mehr oder weniger auf ihrer Scholle, während die anderen Pioniere, Eroberer und schließlich Seefahrer wurden.

Bezeichnenderweise machen sich die wenigsten klar, dass die britischen Siedler keineswegs die ersten Einwanderer Australiens waren. Die Vorfahren der Aborigines kamen wohl vor rund 45.000 Jahren mit aus Holz gebauten Schiffen auf den Kontinent. Ihr Startpunkt dürften Fischersiedlungen in Indonesien gewesen sein. Innerhalb von Tausenden von Jahren waren die Ahnen dieser Seefahrer wiederum aus Afrika, der sprichwörtlichen Wiege der Menschheit, dorthin ausgewandert. In seinem Buch „Eine kurze Geschichte der Menschheit" nennt der Historiker Yuval Noah Harari die Ankunft der ersten Menschen in Australien „eines der wichtigsten Ereignisse der Menschheitsgeschichte", auf einer Stufe anzusiedeln mit Kolumbus' Reise nach Amerika und der ersten bemannten Mondlandung (Harari 2015, S. 86 f.). Tatsächlich wäre die Besiedlung eines ganzen Kontinents für „primitive" Völker ein reichlich überambitioniertes Unterfangen. Doch „primitiv" waren die Jäger und

Sammler eben nicht. Im Gegenteil. Nicht wenige Wissenschaftler – darunter der Anthropologe Marvin Harris – gehen davon aus, dass es sich bei den Jägern und Sammlern, die vor rund 50.000 Jahren lebten, um die intelligentesten Menschen handelte, die jemals den Planeten Erde besiedelten.

6.1 Dummheit und Unfähigkeit sind schon lange nicht mehr lebensgefährlich

Nach gesicherten Erkenntnissen von Evolutionsforschern sind unsere menschlichen Gehirne seit dem Ende der Zeit der Jäger und Sammler – also mit dem Beginn der Hirten- und Bauernkultur im Neolithikum – erheblich geschrumpft. Wenn wir heute weniger Gehirnmasse in unseren Köpfen herumschleppen als unsere Vorfahren vor 50.000 Jahren, dann aus einem einfachen Grund: Als Individuen brauchen wir bei Weitem nicht mehr so viel zu wissen und zu können wie die Wildbeuter der Steinzeit. Wir benötigen als Einzelne auch weniger Intelligenz (dem Unterschied zwischen Wissen und Intelligenz werde ich mich im nächsten Kapitel zuwenden), ein weniger leistungsfähiges Kurzzeitgedächtnis, weniger feinmotorische Fähigkeiten, ein weniger sensibles Gehör, weniger gutes Sehen, weniger kreative Problemlösungsfähigkeiten und ganz allgemein weniger geistige und körperliche Fitness. Wir können es uns stattdessen leisten, uns im Alltag weitgehend auf andere Menschen zu verlassen. Was muss ein Individuum des späten Industriezeitalters für das tägliche Überleben auch schon groß wissen und können?

Begleiten wir, um einen Eindruck davon zu erlangen, einmal den fiktiven Wiener Pensionär Pepi Nawratil bei der Nahrungssuche und -zubereitung. Hierzu verlässt er als Erstes sein zentral beheiztes Appartement in einer Seniorenwohnanlage. Dazu muss er sich lediglich erinnern, welche Tür die Wohnungstür ist, und daran denken, den Schlüssel einzustecken. Letzteres empfindet Nawratil bereits als eine anspruchsvolle Aufgabe, an der er zuweilen scheitert. Um in den Genuss einer warmen und trockenen Behausung mit gleich zwei niemals versiegenden Wasserquellen zu kommen, musste Nawratil seinen Namen in deutscher Schriftsprache unter ein Stück Papier setzen können. Alles andere regelte seine

Tochter für ihn. Sie hat auch eine Reinigungsfirma damit beauftragt, Nawratils Wohnung sauber zu halten. Wenige Meter vom Haus entfernt erreicht Nawratil eine Straßenbahnhaltestelle. Am Ticketautomaten muss er einen einzelnen Knopf drücken und einige Münzen einwerfen. Trotzdem ist Nawratil ein wenig stolz auf seine geistige Fitness, weil er unter all den mit unterschiedlichen Buchstaben und Zahlen bezeichneten Knöpfen immer noch den richtigen findet. Auch die Haltestelle, an der er aussteigen muss, kann er sich noch gut merken.

Im Supermarkt angekommen muss Nawratil sich zumindest so gut orientieren können, um zu wissen, wo sich die Tiefkühlprodukte befinden. An der Kühltruhe wählt er Fischstäbchen sowie eine Kartoffel-Gemüse-Mischung für die Mikrowelle. Fotos auf den Packungen zeigen ihm die fertig zubereiteten Gerichte, sodass er den vielen Text darauf ignorieren kann. Dem freundlichen jungen Mann an der Kasse gibt Nawratil eine Plastikkarte (die einzustecken er natürlich auch nicht vergessen durfte!) und erwirbt damit das Recht, die gewählten Nahrungsmittel mitzunehmen. Dafür bürgt letztlich der Staat, indem er monatlich ausreichend Geld auf Nawratils Konto überweist. Wieviel genau es ist, hat Nawratil gar nicht im Kopf, denn um das Onlinebanking kümmert sich reizenderweise seine Enkelin. Um nun wieder zu seinem Appartement zurückzufinden, musste Nawratil keineswegs die Wegstrecke in seinem Kurzzeitgedächtnis abspeichern. Er kann sich vielmehr darauf verlassen, dass die Straßenbahn denselben Weg auch wieder zurückfährt. Erst einmal gibt es jedoch einen Platzregen. Müller holt einen kleinen Faltschirm aus der Manteltasche und spannt ihn auf. Über passendes Wetter für seine Nahrungssuche braucht er sich nicht viele Gedanken zu machen. Höchstens wird er einmal nass, wenn er den Schirm vergessen hat. Zurück in seiner Wohnung ärgert sich Nawratil ein wenig, dass er nicht ausschließlich für die Mikrowelle geeignete Produkte gekauft hat. Denn nachdem er die Fischstäbchen in einer kleinen Bratpfanne erhitzt hat, muss er die Pfanne eigens in die Spülmaschine räumen. Dieser Mehraufwand ist ihm lästig.

Könnte ein Wildbeuter, der vor 50.000 Jahren durch das Donautal streifte, in einer Vision das Leben von Pepi Nawratil sehen, so würde er seinen Augen kaum trauen, mit wie wenigen Kenntnissen und Fähigkeiten ein Mensch da überleben kann. Der Jäger und Sammler verfügt selbst über einen ausgezeichneten Orientierungssinn und ein geradezu fotografisches Kurzzeitgedächtnis für die Wege, die er an diesem und den vergangenen Tagen zurückgelegt hat. Ein einziger Blick zum Himmel genügt ihm und er weiß, ob das Wetter halten wird und geeignet für die Jagd ist oder nicht. Dafür hat er jahrelang alle möglichen Wetterveränderungen beobachtet und die Muster dahinter erkannt und memoriert. Von A nach B tragen den Wildbeuter seine eigenen Füße. Natürlich tritt er auf keine Schlange und rutscht auf keinem nassen Stein ab. Er weiß, wo die Schlangen sich verstecken und wo seine Füße sicheren Halt haben. Auch dafür hat sich sein Gehirn über Jahre hinweg die entsprechenden Muster eingeprägt.

Giftige Pilze würde ein Jäger und Sammler niemals aus Versehen verzehren. Sein Wissen über die Pflanzen, ihre Beschaffenheit, ihr Vorkommen und ihre Verträglichkeit für den Menschen ist enzyklopädisch. Er weiß, wo er nach Wurzeln graben muss und an welchen Stellen in einem Wald sich Bäume finden, die Früchte tragen. Er kann Hasenfallen bauen und größere Tiere mit dem Speer erlegen. Seine Feinmotorik ist so geschickt, dass er unterwegs in wenigen Minuten aus einem Feuerstein eine Speerspitze herstellen kann. Problemlos erspäht er Vogelnester in den Bäumen. Sein feines Gehör und sein ausgeprägter Geruchssinn warnen ihn rechtzeitig, sobald sich Raubtiere ihm nähern. Er legt täglich weite Strecken zu Fuß zurück und kann sich dabei weder Unfälle noch Energieverschwendung leisten. Um einen ähnlich geschmeidigen und beweglichen Körper zu haben und vergleichbare Geschicklichkeit zu erwerben, müssten Menschen heute jahrelang mit einem Athletiktrainer arbeiten und nebenbei möglichst noch Yoga machen. Übrigens hat der Wildbeuter überraschenderweise eine vergleichbare Lebenserwartung wie Pensionist Nawratil. Zwar ist die Säuglings- und Kindersterblichkeit in seinem Stamm extrem hoch. Doch wer sich einmal behauptet hat, kann 60, 70 oder gar 80 Jahre alt werden. Schließlich wird die Ernährung des Menschen später nie mehr so frisch, abwechslungsreich und gesund sein. Die meisten Mangelkrankheiten, Haltungsschäden und Infektionen kommen erst während der Hirten- und Bauernkultur auf, als die Menschen beginnen, sich einseitig zu ernähren, stets monotone Bewegungen auszuführen und eng mit Haustieren zusammenzuleben.

Bei den Jägern und Sammlern wusste und konnte jedes Individuum so viel, weil Menschen in sehr kleinen Gruppen lebten und während der Nahrungssuche oft sogar für längere Zeit ganz auf sich gestellt waren. Da es noch keine externen Wissensspeicher gab, mussten alle ihr vollständiges Wissen jederzeit im Kopf haben. Zusammenarbeit zwischen Menschengruppen gab es dabei im Ansatz durchaus. Der Historiker Harari behauptet sogar, Zusammenarbeit sei eines der wichtigsten Merkmale des Homo sapiens gewesen und ihr hatte er seinen evolutionären „Wettbewerbsvorteil" gegenüber anderen Menschenarten zu verdanken (Harari 2015, S. 66). Tatsächlich taten sich benachbarte Stämme wohl manchmal zusammen, einigten sich auf eine gemeinsame Sprache und vereinheitlichten ihre Verhaltensregeln. Eine wirklich arbeitsteilige Zusammenarbeit entstand indes erst mit der neolithischen Revolution. Das Wissen, die kognitiven Fähigkeiten und die Fitness des durchschnittlichen Individuums sanken dadurch beträchtlich. Dafür hatten nun aber auch Schwächere und Dümmere erstmals eine Überlebenschance. Sie scheiterten nicht länger bereits während der frühen Kindheit an der Härte des Lebens, sondern konnten sich als Wasserträger, Diener oder Wächter nützlich machen. Alles Aufgaben, die nur ein Minimum an Wissen, Intelligenz und Geschick erforderten.

6.2 In der Wissensgesellschaft wird der einzelne Mensch noch weniger wissen

Kann es sein, dass das Individuum seit 50.000 Jahren immer dümmer und hilfloser wird und wir trotzdem auf dem Weg in eine Wissensgesellschaft sind? Das kann nicht nur sein, sondern exakt so ist es! (Mit einer kleinen, feinen Einschränkung, zu der ich sogleich komme.) Seit dem Beginn der neolithischen Revolution schrumpfen nicht nur unsere Gehirne. Auch das individuelle Wissen, das Spektrum der persönlichen Kenntnisse und Fähigkeiten eines Menschen, nimmt kontinuierlich ab. Dafür nimmt auf der anderen Seite das kollektive Wissen von Gruppen, Gesellschaften und letztlich der gesamten Menschheit ständig zu. Es ist inzwischen schon fast ein Allgemeinplatz, dass sich das Wissen der

Menschheit immer schneller verdoppelt, und es kursieren dazu immer spektakulärere Prognosen, bis hin zur Verdopplung des Wissens innerhalb weniger Wochen, die wir schon in wenigen Jahren erleben sollen. Entscheidend ist hierbei jedoch, dass stets vom Wissen *der Menschheit* und nicht *des Menschen* die Rede ist!

Wir lassen uns heute im computergesteuerten Tesla autonom über den Highway chauffieren und können über WhatsApp und Zoom theoretisch mit Milliarden anderen Menschen Kontakt aufnehmen – wobei wir vielleicht noch eine Übersetzungs-App nutzen, um uns in fremden Sprachen zu verständigen –, haben aber typischerweise überhaupt keine Ahnung, wie genau diese Wunder der Technik funktionieren. Das müssen wir auch nicht, denn die meisten sind „intuitiv bedienbar", wie es so schön heißt, und das bedeutet ein Minimum an kognitivem Aufwand. Kein einzelner Mensch könnte die Mondfähre Apollo 13, das Wasserkraftwerk am Drei-Schluchten-Staudamm oder eine Boeing 787 nachbauen, selbst wenn sämtliches dafür nötige Wissen online verfügbar wäre. Bei vielen hapert es heute schon an der Fähigkeit zum schriftlichen Dividieren, obwohl fast alle es im Mathematikunterricht der Grundschule gelernt haben. „Use it or lose it", heißt das dahinterstehende Prinzip der Evolution: Eine Fähigkeit, die ein Lebewesen nicht mehr braucht, verliert es. Sogar Organe bilden sich zurück, sobald sie nicht mehr benötigt werden. Die Evolution ist stets auf Energieeffizienz aus und schleppt keinen unnötigen Ballast mit.

Nun zu der kleinen, aber feinen Einschränkung: Während einzelne Menschen insgesamt immer weniger wissen und können, erwerben sie gleichzeitig immer mehr Kenntnisse und Fähigkeiten in immer kleineren Teilgebieten. Das gilt zwar nicht für jedes Individuum gleichermaßen, denn es gibt in den Industriegesellschaften auch Menschen, die über weniger Expertise verfügen und dennoch eine Nische finden, die ihnen ein Auskommen sichert. Wir sind ja auch durchaus froh, wenn im Kaffeehaus jemand die Tische abwischt und nicht alle nur dasitzen und „Scientific American" lesen. Doch im Großen und Ganzen gibt es immer mehr Menschen, die auf bestimmten Teilgebieten Experten oder Expertinnen sind und dort über sehr viel Wissen und Können verfügen, das sie dann von anderen Menschen unterscheidet. Nehmen wir an, Pensionist Nawratil war einmal bei der Stadtverwaltung für die Genehmigung gewerblicher Baumaßnahmen zuständig. Möglicherweise verfügt er immer noch über einiges an juristischem und organisatorischem Spezialwissen auf diesem Gebiet. Als Überlebendem eines Flugzeugabsturzes im Dschungel würde ihm dieses Wissen nichts nützen. Er könnte den dortigen Ureinwohnern auch nicht anbieten, eine Einführung in das EU-Baurecht gegen ein paar Früchte zu tauschen. Außerdem ist Nawratil vielleicht gar nicht klar, dass sein Wissen längst größtenteils veraltet ist und er mit jüngeren Kollegen in der Verwaltung gar nicht mehr zusammenarbeiten könnte. Doch immerhin: Für eine begrenzte Zeit war er hier Spezialist, was ihm ein Auskommen zuzüglich Pension eingetragen hat.

Die Spezialisierung des Individuums verlief in mehreren Wellen. Bereits bei den Jägern und Sammlern gab es Tendenzen zur Spezialisierung, die sich heute auch bei indigenen Völkern durchaus beobachten lassen. Da ist der eine vielleicht Anführer bei der Jagd und die andere ist Heilerin. Der Unterschied zu späteren Zeiten besteht darin, dass ein Individuum durch solche Rollen keine anderen Fähigkeiten verliert. Die Heilerin weiß im Zweifel auch mit dem Feuerstein umzugehen und der Anführer bei der Jagd kann auch eine Wunde versorgen. Echte Spezialisierung, die mit dem Verlust wesentlicher Fähigkeiten zum Überleben in der Natur einhergeht, beginnt erst mit der Sesshaftigkeit und der landwirtschaftlichen Revolution. Ein ägyptischer Feldarbeiter, der in der Gluthitze stundenlang Furchen zieht, damit seine Wirbelsäule ruiniert und als Lohn täglich eine Handvoll Weizen erhält, kann nun nicht mehr ohne Weiteres auf die Hasenjagd oder das Ausgraben essbarer Wurzeln umsatteln, um sich und seine Familie zu ernähren. Er wüsste weder, wie man Fallen baut, noch wo er graben sollte.

Die nächste große Welle kam mit der Industrialisierung. Jetzt entstanden zahlreiche Aufgaben, die durch den technischen Fortschritt bei der Produktion erst möglich waren – vom Heizer auf der Dampflok bis hin zur Näherin in einem Sweatshop. Die Digitalisierung beschert uns nun die nächste Welle der Spezialisierung. Gab es vor 40 Jahren noch Informatiker und „EDV-Experten", so ist man heute entweder Programmierer für C++ oder Web-Programmiererin oder für irgendeine andere Nische kompetent. Informatiker, die sich praktisch mit sämtlichen Programmen und Anwendungen auskennen, gibt es nicht mehr. Glaubt man einschlägigen Prognosen, dann gibt es bald auch keine Hausärzte und keine Steuerberaterinnen mehr, weil ihre Aufgaben von Künstlicher Intelligenz übernommen werden. Die so von Arbeitslosigkeit betroffenen Individuen müssen sich dann vielleicht neue, noch weiter spezialisierte Tätigkeiten suchen.

Die Geschichte der menschlichen Berufe ist ein aufschlussreicher Spiegel dieser Entwicklung. Durch die Landwirtschaftliche Revolution kam es erstmals zur Arbeitsteilung im größeren Stil. Zu deren wesentlichen Treibern gehörten das Erwirtschaften von Überschüssen – die Jäger und Sammler hatten stets nur im Sinn gehabt, den eigenen aktuellen Bedarf zu decken – und nicht zuletzt die Erfindung des Geldes, einschließlich der Möglichkeit, Schulden zu machen. Nur unter diesen Bedingungen kann der eine Mensch Krieger sein und der andere Bauer und sich ganz auf die jeweilige Aufgabe konzentrieren. Dennoch hätte wohl kein babylonischer Feldarbeiter oder persischer Krieger von sich behauptet, er übe einen „Beruf" aus. Das setzte weiteren sozialen Wandel und letztlich das Aufkommen des Individualismus voraus, wie er im Bürgerrecht der griechischen Polis und später des Römischen Reichs erstmals seinen politischen Ausdruck findet. Es entstand ein Grundbedürfnis des Menschen, anders zu sein, was nicht zwingend bedeutete, besser zu sein. Nur das Konzept des Individuums ermöglicht überhaupt Andersartigkeit.

Unsere heutige Vorstellung eines „Berufs" wurde indes erst durch das Mittelalter geprägt. Die mittelalterliche Ständelehre wies jedem Menschen in einer nun schon recht arbeitsteiligen Gesellschaft seinen exakten Platz zu – als Adeliger oder Kleriker an der Spitze, als Bauer oder Handwerker und Angehöriger einer Zunft in der Mitte oder als Leibeigener, Knecht oder Magd am unteren Ende der imaginären sozialen Pyramide. Die allmächtige Kirche verstand es geschickt, das Ständesystem als Gottes ewigem Ratschluss entsprechend darzustellen und theologisch zu unterfüttern. So sprachen Theologen von einer „inneren Berufung" des Menschen (sich auf den Weg zu Gott zu machen) und einer „äußeren Berufung" (eine produktive Tätigkeit innerhalb der gottgewollten Gesellschaftsordnung auszuüben). „Ora et labora" – bete und arbeite – war bereits das Motto der benediktinischen Klöster gewesen. Als Martin Luther formulierte, „Jeder bleibe in dem Beruf, in dem ihn Gottes Ruf traf", öffnete er das Tor zur Vermischung von Beruf und Berufung, wodurch die Erwerbstätigkeit zunehmend moralisch überhöht wurde. (Die Folgen sind bis heute spürbar, gilt doch der Arbeitslose, der Gelegenheitsarbeiter oder der Lebenskünstler vielen als moralisch minderwertig.) Die Calvinisten, die eigentlichen Erfinder des Kapitalismus, trieben die Überhöhung des Berufs insofern auf die Spitze, als sie in durch Erwerbsarbeit angehäuftem Reichtum ein Zeichen für eine besondere Auserwählung durch Gott erblickten.

Heute sind die statistisch meistverbreiteten Berufe ein Produkt des Industriezeitalters. Hierzu zählen Berufskraftfahrer, Bürofachkräfte, Mechaniker und Elektriker, Krankenpfleger und Gebäudereiniger. Bis auf den Bürokraten allesamt Berufe, die erst mit der Industrialisierung aufkamen. Charakteristisch für die jüngste Entwicklung sind allerdings weniger die rund 850.000 Berufskraftfahrer, die es allein in Deutschland gibt. Sondern es ist die immer weiter fortschreitende Differenzierung von Berufsfeldern und einzelnen Berufen. Es gibt heute Klimaökologen und Wirtschaftssoziologen, Trauerredner und Keynote-Speaker, Hochzeitsplaner und Nail-Designer, Medienberater und Feelgood-Manager, Shopping-Concierges und Aufräumberater, Tatortreiniger und Degrowth-Experten, Musicaldarsteller und Sportplatzbauer, Mechatroniker und Social-Media-Manager, Webdesigner und Buch-Coaches.

Die mittlerweile quer durch alle Medien kolportierte Behauptung von Unternehmensberatern (übrigens ebenfalls ein noch recht junger Berufsstand), nach der die Digitalisierung x Prozent aller Berufe in y Jahren den Garaus machen wird, bleibt vorerst Spekulation. Relativ sicher prognostizieren lässt sich dagegen, dass sich der Trend zur Spezialisierung und Subspezialisierung in der Arbeitswelt fortsetzen wird. Es ist jedenfalls aktuell kein Faktor in Sicht, der diesen Trend umkehren könnte. Bedeutet dies nun das Ende der Bildung im klassischen Sinn? Heißt das, dass wir als Individuen langsam verblöden und kein wirkliches Wissen mehr haben, außer unserem Expertenwissen über Nail-Design, Hochzeitsfeiern, Sportplätze oder auf was auch immer wir uns spezialisiert haben? Während wir gleichzeitig nur noch im Kollektiv in der Lage sein werden, größere Projekte zum Erfolg zu führen, ja überhaupt wertschöpfend tätig zu sein?

6.3   Vom Zwang zur Erwerbsarbeit zur Freude an der spezialisierten Tätigkeit

Im Jahr 1845 wird der 27-jährige Karl Marx auf Betreiben der preußischen Regierung aus Frankreich ausgewiesen. Der ehemalige Chefredakteur der „Rheinischen Zeitung" hatte sich nach Paris abgesetzt, nachdem der preußische Staat das obrigkeitskritische Blatt verboten hatte. Marx gab seine preußische Staatsangehörigkeit auf – er sollte zeitlebens staatenlos bleiben – und zog für einige Jahre nach Brüssel. Dort traf er einen guten Freund wieder, dem er 1842 in Köln erstmals begegnet war: den Fabrikantensohn Friedrich Engels aus dem rheinischen Barmen. Gemeinsam mit noch einigen weiteren Mitstreitern brachten die beiden nun nächtelang ihre gesellschaftlichen Utopien zu Papier. Herausgekommen war dabei ein ebenso rohes wie geniales Manuskriptkonvolut, als dessen maßgeblicher Autor Marx gilt und das erst posthum – zunächst in Auszügen – veröffentlicht wurde. Die erste vollständige Ausgabe erschien 1932 unter dem etwas befremdlichen Titel „Die deutsche Ideologie". In diesem Konvolut des jungen Marx und seines Freundes Engels findet sich folgendes, berühmt gewordene Zitat (Marx Engels Werke 1990):

> Sowie nämlich die Arbeit verteilt zu werden anfängt, hat jeder einen bestimmten ausschließlichen Kreis der Tätigkeit, der ihm aufgedrängt wird, aus dem er nicht herauskann; er ist Jäger, Fischer oder Hirt oder kritischer Kritiker und muss es bleiben, wenn er nicht die Mittel zum Leben verlieren will – während in der kommunistischen Gesellschaft, wo jeder nicht einen ausschließlichen Kreis der Tätigkeit hat, sondern sich in jedem beliebigen Zweige ausbilden kann, die Gesellschaft die allgemeine Produktion regelt und mir eben dadurch möglich macht, heute dies, morgen jenes zu tun, morgens zu jagen, nachmittags zu fischen, abends Viehzucht zu treiben, nach dem Essen zu kritisieren, wie ich gerade Lust habe, ohne je Jäger, Fischer, Hirt oder Kritiker zu werden.

Auf dem Höhepunkt der Industriegesellschaft war die Festlegung auf einen die „Mittel zum Leben" sichernden Beruf – wie „Jäger, Fischer oder Hirt" – längst keine „äußere Berufung" mehr, wie für die mittelalterlichen Theologen. Sondern es war zunehmend eine Bürde, eine Notwendigkeit, die den Menschen in seiner Freiheit einschränkte und nicht selten Raubbau an seiner Gesundheit trieb. Man könnte fragen, ob es heute für viele Menschen so viel anders ist als zu Zeiten des jungen Marx. Jedenfalls tun meines Wissens bis heute weder die Arbeitssklaven in den Fabrikhallen von Shenzhen noch die Burn-out-gefährdeten Top-Manager eines US-Konzerns das, „wozu sie gerade Lust haben". Wer jedoch mit einer hoch spezialisierten Tätigkeit in der Lage ist, innerhalb von 20 Wochenstunden oder noch weniger seinen Lebensunterhalt zu verdienen, der kommt dem Traum von Marx und Engels vielleicht schon näher, die meiste Zeit das zu tun, was er will. Und nicht das, was eben getan werden muss, weil es unter den herrschenden gesellschaftlichen Bedingungen nicht anders geht.

Es mag schon sein, dass wir teilweise verblöden, weil wir aufs Ganze gesehen immer weniger wissen und können, folglich allein in der Wildnis keine Woche lang überleben würden. Doch das Zitat von Marx und Engels erinnert uns an andere menschliche Bedürfnisse als das bloße Überleben: Wie steht es um unsere Freiheit? Was ist mit dem Raum, uns zu verwirklichen und das zu tun, was uns tatsächlich Freude macht? Wie halten wir es mit Sinn und Erfüllung? Ist Nichtwissen am Ende ein fairer Preis, den wir zahlen, wenn wir dafür frei sind und tun können, worauf wir Lust haben? Zum Beispiel morgens Hochzeiten zu planen, nachmittags Webseiten zu programmieren und abends in einem Musical aufzutreten?

Die jugendlichen Denker Marx und Engels sahen die Voraussetzung für ein solches Maß an echter Freiheit darin, dass „die Gesellschaft die allgemeine Produktion regelt". Das ist ein weit gefasstes Konzept und wir sollten uns hier nicht zu sehr davon leiten lassen, inwieweit spätere Sozialisten und Kommunisten bei dessen Umsetzung in praktische Politik auch gescheitert sind. Denn der Grundgedanke hat an Aktualität nichts eingebüßt: Wie lässt sich die Arbeitswelt so organisieren, dass nicht nur alle ihr Auskommen haben, sondern auch das tun dürfen, wozu sie Lust haben und was sie innerlich erfüllt? Fortschreitende Spezialisierung ist hier zwar noch nicht die alleinige Lösung, schafft aber immerhin wichtige Voraussetzungen dafür. Wissen und Können sind ja schön und gut. Aber je mehr ich selbst können muss, ohne von anderen Unterstützung zu bekommen, desto schneller wird der Alltag eben auch zur Last und desto seltener kann ich tun, wozu ich wirklich Lust habe.

Das Gemüse aus der Tiefkühlung, das Pensionist Nawratil sich zubereitet, mag etwas weniger nahrhaft sein als im Urwald frisch gesammelte

Wurzeln. Doch wir sollten nicht vergessen, dass die Jäger und Sammler etwa sechs Stunden am Tag mit der Nahrungssuche beschäftigt waren. Was kann Nawratil in den fünfeinhalb Stunden, während derer er sich nicht um sein Mittagessen kümmern muss, alles tun? Und nicht nur Nawratil, sondern auch seine Tochter, seine Enkelin, wir alle? Man mag über die Hochzeitsplanerin schmunzeln, aber das junge Paar, das sie beauftragt, kann während der Zeit, in der diese arbeitet, eben auch etwas tun, was es lieber macht. Die Vereinheitlichung in der globalisierten Welt hat fraglos ähnliche Vorteile. Man mag darüber lästern, dass es überall auf der Welt Marriott-Hotels und Starbucks-Filialen gibt, die Autos alle gleich aussehen und eine Handvoll Hersteller den Markt für Computer, Smartphones und deren Software beherrscht. Aber es schafft eben auch Freiräume, wenn ich mit dem Touchscreen jedes Smartphones, jedes Autos und jedes Fahrkartenautomaten auf Anhieb zurechtkomme, weil alles stets eine ähnliche Logik hat. Ich muss mich damit nicht lange aufhalten und kann mich wieder anderen Dingen zuwenden.

Spezialisierung ist mithin eine Voraussetzung für Ko-Kreation. Nichtwissen ist keine Schande und trotz ihrer unbestreitbaren körperlichen und geistigen Fitness brauchen wir die Jäger und Sammler vielleicht doch nicht allzu sehr zu bewundern. Denn wirklich frei waren sie nicht; sie kannten keinen Urlaub, keine Hobbys und hatten keine Krankenversicherung. Genauso wenig haben wir Grund, uns vor der Zukunft zu fürchten. Durch die Digitalisierung werden „Arbeitsplätze" wegfallen? Das muss zunächst einmal nicht beunruhigen. Wie befriedigend ist es denn, als Berufskraftfahrer, Bürofachkraft oder Gebäudereiniger zu arbeiten? Manchen machen diese Berufe durchaus Spaß, das will ich gar nicht in Abrede stellen. Doch ist wirklich nichts Interessanteres denkbar, das Menschen in Zukunft tun könnten? Und brauche ich tatsächlich noch den Arzt, wenn der Hautkrebs-Scan durch den Computer unvergleichlich zuverlässiger ist? Wir werden zukünftig wahrscheinlich weniger wissen – aber dafür können wir lernen, noch besser zusammenzuarbeiten. Spezialisierung bringt uns einander näher, denn wir müssen unser Wissen teilen. Unsere Sozialkompetenz ist durchaus noch ausbaufähig. Eines nicht allzu fernen Tages könnten wir dann tatsächlich in einer Gesellschaft leben, in der alle das tun, wozu sie Lust haben. Eine Gesellschaft, in der alle einzigartig sein dürfen und trotzdem weiter gebraucht werden und ihren Beitrag leisten.

7

Wissen und Intelligenz

Warum einer Wissensgesellschaft ihr Wissen allein wenig nützen würde

Eine Wissensgesellschaft mit hochgradiger Spezialisierung ihrer Individuen bildet eine Voraussetzung für MESH. Doch Wissen allein genügt nicht, um große Aufgaben gemeinsam zu bewältigen und dabei Neues zu erschaffen. Das Zusammenspiel von Wissen und Intelligenz ist gefragt. In der Vergangenheit haben sich abgeschottete Institutionen und Unternehmen als Hüter ihres Wissens gebärdet. In einem MESH dürfen sie sich zukünftig für die Intelligenz und Kreativität der Community – der vermeintlichen Nicht-Experten – öffnen. Die intelligente, gemeinsame Nutzung des Wissens setzt einen Mentalitätswandel voraus. Für Arroganz ist kein Platz mehr.

„Beschreiben Sie, wie man mit einem Barometer die Höhe eines Hochhauses bestimmt!" Diese Frage wurde einem jungen Mann vor mehr als hundert Jahren während seiner Aufnahmeprüfung für das Fach Physik an einer europäischen Universität gestellt. Einige behaupten, das sei der junge Däne Niels Bohr gewesen, der 1922 den Nobelpreis für Physik erhielt, und es habe sich um die Universität von Kopenhagen gehandelt. Andere halten das für nicht belegt und ein typisches modernes Märchen. Nennen wir den Protagonisten dieser Geschichte hier dennoch spaßeshalber Nils (ohne „e") und sehen wir uns an, mit welcher Vorwitzigkeit er diese Aufgabe löste. Nils, ein Hochbegabter in den Fächern Mathematik und Physik, empfand die Prüfungsfrage offenbar als zu läppisch und eine Beleidigung seiner Intelligenz. Deshalb antwortete er: „Man binde eine lange Schnur oben an das Barometer und senke es dann vom Dach des Hochhauses zu Boden. Die Länge der Schnur, die man benötigt, plus der Länge des Barometers, entspricht der Höhe des Gebäudes."

Die ehrwürdige Prüfungskommission fühlte sich auf den Arm genommen und wies Nils zur Tür hinaus. Doch Nils insistierte, die Frage zweifelsfrei korrekt beantwortet zu haben. Nach einer Belehrung, dass es um den Nachweis von Physikkenntnissen gehe und niemand zum Spaß im Raum sei, gab die Kommission dem jungen Nils missmutig eine zweite Chance. Er habe jetzt noch fünf Minuten Zeit, die Frage auf der Grundlage von Physikkenntnissen zu beantworten. Nun erst recht zum Übermut angestachelt, schlug Nils während dieser kurzen Zeitspanne eine Lösung nach der anderen vor: „Sie können das Barometer zunächst wiegen, dann vom Dach des Hauses fallen lassen und die Zeit messen, die es braucht, um den Boden zu erreichen. Anhand der Fallgesetze lässt sich die Gebäudehöhe errechnen. Das Barometer ist danach allerdings hin! Oder, falls die Sonne scheint, können Sie die Höhe des Barometers messen, es dann senkrecht aufstellen und die Länge seines Schattens messen. Anschließend messen Sie die Länge des Schattens, den das Hochhaus wirft. Mithilfe der proportionalen Arithmetik ist es nun ein Leichtes, die Höhe des Hauses zu bestimmen. Alternativ errichten Sie ein Baugerüst an dem Hochhaus und benutzen das Barometer als Längenmaß, um die Höhe der Fassade in Baro-Meter zu messen. Danach rechnen Sie von Baro-Meter in Meter und Zentimeter um."

Beinahe ein Dutzend mehr oder weniger aberwitziger, aber sachlich korrekter Lösungsvorschläge hatte Nils schon unterbreitet, als sich die fünf Minuten dem Ende zuneigten. Die Mienen der Prüfer verrieten nichts

Gutes. Da sagte Nils schließlich: „Nur wenn Sie eine langweilige und gänzlich orthodoxe Lösung bevorzugen, gehen Sie wie folgt vor: Sie messen mit dem Barometer zuerst den Luftdruck auf dem Boden und dann den auf dem Dach des Hochhauses. Aus der Differenz in Millibar berechnen Sie schließlich die Höhe des Gebäudes. Ich bin jedoch der Auffassung, Wissenschaft sollte stets auf dem schnellsten und unkompliziertesten Weg zu verlässlichen Daten kommen. Deshalb würde ich an der Tür des Hausmeisters klopfen und ihm das Barometer als Geschenk anbieten, sofern er mir im Gegenzug die exakte Gebäudehöhe verrät!"

An dieser recht bekannten Anekdote lässt sich der Unterschied zwischen Wissen und Intelligenz gut ablesen. Die Prüfungskommission wollte ausschließlich Wissen abfragen. Dem jungen Prüfling war das zu anspruchslos. Er gab lieber Kostproben seiner Fähigkeit zur kreativen Problemlösung und damit seiner Intelligenz zum Besten. Leider schien Intelligenz als Voraussetzung für ein Physikstudium an dieser Universität ganz und gar nicht gefragt zu sein. In typischen Prüfungen, wie der Abiturprüfung, dem Examen an einer Hochschule, der theoretischen Führerscheinprüfung oder staatlicher Berufsprüfungen, geht es um das Abfragen von Wissen. Auch in Quiz-Shows wie „Wer wird Millionär?" oder bei Spielen nach dem Vorbild von „Trivial Pursuit" ist ausschließlich Wissen gefragt. Bei der Beantwortung der Frage des Fernsehmoderators Günther Jauch, ob Kathmandu die Hauptstadt von (a) Nepal, (b) der Mongolei, (c) Burkina Faso oder (d) Kirgisistan sei, hilft dem Kandidaten weder Intelligenz noch Kreativität. Entweder er weiß es oder nicht. Etwas zu wissen bedeutet, dass im Gehirn abrufbare Informationen und Erfahrungsmuster gespeichert sind. Wissen kann vom Gehirn nicht ohne Input von außen spontan generiert werden.

Intelligenz ist vielschichtiger als Wissen und entsprechend schwieriger zu definieren. Während Wissen eher statisch ist – etwas Gespeichertes –, ist Intelligenz die Fähigkeit zum Umgang mit Neuem, zur Bewältigung unbekannter Herausforderungen und zur kreativen Problemlösung. Was genau Intelligenz ausmacht, ist durchaus umstritten. Ein Bonmot des Biochemikers und Science-Fiction-Autors Isaac Asimov (1920–1992) lautet: „Intelligenz ist, was der Intelligenztest misst." Heute gibt es jedoch längst nicht mehr „den" IQ-Test, sondern verschiedene Tests auf der Basis unterschiedlicher Modelle von Intelligenz. In Psychologie und

Kognitionsforschung herrscht breiter Konsens darüber, dass man präziser von „Intelligenzen" (im Plural) als „der" Intelligenz sprechen sollte. In diesem Sinn erlangte der Psychologe Daniel Goleman mit dem Schlagwort „Emotionale Intelligenz" – EQ, in Ergänzung zum IQ – weltweite Bekanntheit. Für Ko-Kreation ist das Zusammenspiel von Wissen und Intelligenz essenziell.

7.1   Wenn nicht mehr der Experte, sondern nur noch der Nerd oder Hacker das Problem lösen kann

War ich froh, mitten in Wien eine freie Parklücke zu erblicken! Einige Lenkradumdrehungen später stand mein Wagen in einer Reihe mit diversen anderen Karossen. Es war ein warmer Sommertag. Ich beschloss, die Tasche mit meinem Laptop im Kofferraum zu lassen. Nachdem ich das Auto verriegelt hatte, machte ich mich beschwingt auf den Weg zu meinem Termin. Bei meiner Rückkehr dann der Schreck: Als ich den Kofferraum öffnete, stellte ich fest, dass dieser leer war. Diebe hatten meine Aktentasche samt Laptop entwendet. Mitten am Tag, im belebten 1. Wiener Bezirk! Ich brauchte nicht allzu viel Fantasie, um mir vorzustellen, wie die Täter das wohl gemacht hatten, und auch die herbeigerufene Polizei teilte meinen Verdacht: Mein Auto ist mit einem schlüssellosen Schließsystem, einem sogenannten „Keyless-Go" ausgestattet. Das System erkennt anhand eines codierten Signals, ob ich mich mit dem Autoschlüssel neben dem Fahrzeug befinde. Türen und Kofferraum lassen sich dann ohne vorherigen Druck auf den Schlüssel öffnen. Die Täter müssen das Signal bei mir abgefangen und gespeichert haben, um dem Auto später weiszumachen, sein Besitzer stünde neben dem Kofferraum. Natürlich schöpft niemand in der Umgebung Verdacht, wenn jemand wie selbstverständlich den Kofferraum eines Autos öffnet und eine Tasche entnimmt.

Nun ist uns „Wissensarbeitern" eines klar: Der Verlust von Hardware ist ärgerlich, aber zu verschmerzen; verheerend ist der Verlust von Daten! Leider hatte ich eine Reihe wichtiger Dokumente auf meinem Laptop, einschließlich beruflicher E-Mails. Der Verlust dieser Informationen hätte mich in meiner Arbeit um Wochen zurückgeworfen. Selbstverständlich war mir der Begriff „Datensicherung" geläufig. Meine Daten hatte ich regelmäßig über die integrierte Backup-Funktion namens „Time Machine" auf einem externen Laufwerk gesichert. Doch als ich ein neues MacBook kaufte – genau dieses, das mir nun gestohlen worden war –, kam die Ernüchterung: Mit „Time Machine", so hieß es bei Apple, ließe sich jederzeit der frühere Zustand eines Rechners mit sämtlichen Daten wiederherstellen. Die alten Daten auf ein neu gekauftes MacBook aufzuspielen, sei so allerdings nicht möglich. Mit anderen Worten: Was ich nicht in irgendeiner Cloud gespeichert hatte, sondern ausschließlich auf dem gestohlenen Laptop, war offensichtlich verloren. Ohne den zugehörigen Laptop konnte ich also das externe Laufwerk mit den Sicherungskopien meiner Daten zur Wertstoffsammlung geben. Glücklicherweise kannte ich einen Apple-Guru und Nerd, wie er im Buche steht. Bereits am Telefon beruhigte er mich: „Kein Problem, Zulehner. Bring mir dein neues MacBook und das Laufwerk mit der Sicherung vorbei. Ich werde schauen, was sich machen lässt." Mit ein paar winzigen Ausnahmen waren wenige Tage später sämtliche Daten auf dem neuen Laptop. Der Ärger über den dreisten Diebstahl war zwar noch nicht verflogen und ich hatte immer noch Arbeit genug, auf dem neuen Laptop alles einzurichten. Aber ich konnte aufatmen.

In gewisser Weise war dieses Erlebnis für mich augenöffnend. Unser Alltag ist im höchsten Maß technisiert und digitalisiert. Autos sind rollende Rechenzentren, Datensammler und Funkzentralen. Immer mehr Menschen finden sämtliche Produktionsmittel auf ihrem Laptop vor, und es ist egal, ob sie diesen in München, auf Mallorca oder den Malediven aufklappen, um ihrer Arbeit nachzugehen. Es gibt Scharen von IT-Experten und IT-Sicherheitsexperten. Konzerne wie Apple haben ein kaum noch überschaubares Wissen über Informationstechnologie akkumuliert und benötigen ein ausgeklügeltes Wissensmanagement, um sich darin überhaupt noch zurechtzufinden. Dennoch kann sich offenbar jeder spielend Zugang zu einem fremden Auto verschaffen. Und beim Verlust seines Laptops ist man erst einmal aufgeschmissen.

Die Pointe meiner kleinen Geschichte ist nicht etwa, dass es doch noch eine Möglichkeit gab, die verloren geglaubten Daten zu retten. Sondern dass kein vom Hersteller autorisierter Weg dorthin existierte! Nur ein Nerd kam in meinem Fall auf eine Lösung. Für diese Datenrettung brauchte man anscheinend nicht allein Wissen über Computer, sondern auch oder sogar in erster Linie technische Intelligenz und ein hohes Maß an Kreativität. Dazu möglicherweise noch eine gewisse Chuzpe, um die Vorgaben des Herstellers zu umgehen. Auch durch solche kreativen Lösungen entsteht neues Wissen. Es fließt jedoch in aller Regel nicht zum Hersteller zurück, jedenfalls nicht unmittelbar, sondern wird über Online-Foren innerhalb einer Community von Anwendern geteilt. Das können Communities von Nerds und Hackern, von Fans bestimmter Marken oder auch von Berufsgruppen sein, die mit bestimmten Produkten täglich umgehen. Manchmal sind es auch schlicht Konsumenten-Communities, die online Tipps und Hacks für Produkte austauschen, die in keiner Gebrauchsanleitung eines Herstellers auftauchen. Solche Hacks sind Ausdruck einer kreativen Intelligenz, die nicht notwendigerweise all das etablierte Wissen über ein Fachgebiet als Grundlage braucht. Manchmal scheint zu viel theoretisches Wissen der kreativen Intelligenz sogar abträglich zu sein. Benjamin Franklin (1706–1790) zum Beispiel zählt nicht allein zu den Gründervätern der Vereinigten Staaten, sondern ging auch als genialer Erfinder in die Geschichte ein. Ihm verdanken wir unter anderem den Blitzableiter. Bezeichnenderweise war Franklin kein Physikprofessor, sondern gelernter Drucker.

7.2 Die Symbiose aus Expertenwissen und der Intelligenz einer Community

Egal, ob bei Problemen mit dem Computer, der Waschmaschine oder Schädlingen im eigenen Garten – fast jeder hat wohl inzwischen schon einmal von der Intelligenz und dem Erfahrungswissen diverser fachlicher, technischer oder alltagspraktischer Online-Communities profitiert. Wenn uns die Aussagen von Kundenberatern, Servicemitarbeitern, Call-Center-Agenten oder zertifizierten Fachexperten jeglicher Couleur unverständlich sind oder unlogisch vorkommen, fragen wir erst einmal Google, ob es zu dem Thema nicht noch andere Informationen gibt. Tatsächlich finden wir dann fast immer in irgendeinem Forum, über Social Media oder auf einer privaten Website mindestens einen Beitrag, der uns die Sache verständlich erklärt und dann möglicherweise noch andere Erklärungs- und Lösungsansätze bietet als die von offizieller Seite propagierten. Konfrontieren wir anschließend einen Hersteller oder zertifizierten Experten mit dem Wissen aus der Community, fällt deren Reaktion allerdings nicht immer freundlich aus.

Ein PR-Berater aus Deutschland erzählte mir dazu folgendes Erlebnis: Bei seinem Geschäftswagen – dieser entstammte dem Markenportfolio des weltgrößten Autobauers – fiel nach einer längeren Autobahnfahrt durch strömenden Regen der radargesteuerte Tempomat (ACC) aus. Der Fahrer ließ sich deshalb bei einem der größten deutschen Händler einen Werkstatttermin geben. Kurz vor dem Termin funktionierte der Tempomat dann jedoch plötzlich wieder. Er fuhr trotzdem in die Werkstatt, um die Ursache des Problems finden zu lassen. Dort vermutete man zunächst einen verschmutzten Radarsensor. Doch den Sensor hatte der Fahrer schon längst vorsorglich gereinigt. Die Werkstatt schloss das Auto an den Laptop mit der Diagnosesoftware an. Ergebnis: Alles in bester Ordnung!

Auf einer der nächsten längeren Regenfahrten fiel der Tempomat dennoch wieder aus. Statt erneut die Werkstatt zu besuchen, recherchierte der Berater nun auf „Motor-Talk", dem größten deutschsprachigen Forum zu Autos und Motorrädern mit über 2,6 Millionen Nutzern. Und siehe da: Etliche Fahrer „seiner" Marke beschrieben das Phänomen exakt so, wie er es erlebt hatte: Nach längeren Fahrten durch Regen verabschiedet sich der Radar-Tempomat. Mal nach zwei Tagen, mal nach zwei Wochen, mal nach zwei Monaten ist das System dann plötzlich wieder verfügbar. Tenor der Community: Der Hersteller will von dem Problem nichts wissen und tut so, als existiere es nicht. Beim nächsten Werkstattbesuch konfrontierte der Autofahrer den Werkstattmeister mit der Tatsache, dass der Tempomat weiterhin häufig ausfalle und laut „Motor-Talk" auch andere Fahrer dieses Problem hätten. Dessen lapidare Antwort: „Wissen Sie, auf ‚Motor-Talk' wird viel geschrieben, wenn der Tag lang ist." Den Fehler weiter zu analysieren sah die Werkstatt bis zum Ende der Leasingdauer nicht ein. Schließlich zeigte der Diagnose-Laptop ja an, es existiere kein Defekt!

Noch können sich Unternehmen und Institutionen eine solche Arroganz erlauben. Sie glauben, im alleinigen Besitz des nötigen Wissens über ihre Produkte und die von ihnen eingesetzten Technologien zu sein. Sie legen wenig Wert auf Feedbacks von Nutzern und rechnen auch nicht damit, von Kunden etwas lernen zu können. Doch die Zeiten ändern sich. Immer mehr Patienten haben sich heute etwa vor einem Arztbesuch bereits bei „Doktor Google" informiert. Sie wollen vom Mediziner nicht hören, was sie längst wissen – oder zu wissen glauben –, sondern als mündiger Patient mit dem Arzt über mögliche Therapien sprechen. Natürlich ist das Vorwissen des Patienten aus Foren und Communitys meist lückenhaft und mitunter auch fehlerhaft. Der vorinformierte Patient will trotzdem auf seinem Kenntnisstand abgeholt und nicht in unverständlicher Fachsprache von oben herab abgefertigt werden. Es gibt Behandler, die sich diesen neuen, „demokratischen" Umgang mit dem Patienten bereits auf die Fahnen geschrieben haben. Andere dagegen scheinen hier über ihren Standesdünkel nicht hinwegzukommen.

Doch je unüberschaubarer das Wissen im Zuge fortscheitender Spezialisierung und Subspezialisierung wird, desto weniger Grund gibt es für Standesdünkel und Arroganz seitens der Gralshüter des Fachwissens in den Unternehmen, Institutionen und Fakultäten. Die große Chance besteht jetzt darin, sich den Communities der Praxis zu öffnen. Das gesicherte, strukturierte Wissen der etablierten Institutionen und ihrer Experten geht so eine Symbiose ein mit der Intelligenz und Kreativität der Masse aus Nicht-Experten, jedoch praktisch Erfahrenen.

7.3 Wissen ohne Intelligenz ist wie ein Teller Suppe ohne Löffel

So intelligent und kreativ Nutzer-Communities auch sein mögen: Die Mitglieder eines Apple-Forums dürften kaum in der Lage sein, das nächste iPhone auf den Markt zu bringen. Ebenso fraglich ist, inwieweit die Mitglieder des Audi-Forums auf „Motor-Talk" in der Lage wären, den nächsten 05 zu konstruieren. Dafür ist das tiefe Wissen der jeweiligen Konzerne eine Voraussetzung. Praktisches Anwenderwissen und Lösungskompetenz allein genügen hier nicht. Umgekehrt versagt das tiefe Wissen oft bei kreativer Problemlösung und wirklicher Innovation. Konzerne neigen dazu, das ähnliche Produkt immer wieder neu aufzulegen. Was ist schon der Unterschied zwischen iPhone X und iPhone 11 und wie stark unterscheidet sich der OS der zweiten Serie wirklich von dem der ersten? Manche großen Unternehmen versuchen, dem Problem damit zu begegnen, dass sie Start-ups kaufen, in der Hoffnung, sich mit dem Scheckbuch deren Kreativität einverleiben zu können. Ein Unterfangen, das nur allzu oft an kulturellen Unterschieden scheitert. Etwas vereinfacht lässt sich also sagen, dass sich Unternehmen und etablierte Institutionen durch einen Vorsprung an tiefem Wissen auszeichnen, während Communities der Praxis in punkto Intelligenz und kreativer Problemlösungskompetenz häufig die Nase vorn haben. Wenn die Zukunft ein intensiveres Zusammenspiel beider Welten ist, lohnt sich ein näherer Blick auf Wissen und Intelligenz. Was genau zeichnet insbesondere Intelligenz aus, die demjenigen, der lediglich viel Wissen gespeichert hat, möglicherweise fehlt?

Intelligenz ist ganz allgemein ein Oberbegriff für die kognitive im Gegensatz zur körperlichen Leistungsfähigkeit eines Menschen. Seit der „kognitiven Revolution" vor etwa 70.000 Jahren verlassen sich Menschen zunehmend auf ihre geistigen Fähigkeiten. Städte und Imperien, Handel und Geldwirtschaft, Schifffahrt, Fliegerei und schließlich Hochtechnologie – beinahe alles, was unsere Zivilisation ausmacht, gründet unvergleichlich mehr auf kognitiver Leistung denn auf Muskelkraft und körperlicher Ausdauer. Dabei fiel Menschen immer schon eines auf: Genau wie einige aufgrund ihrer genetischen Disposition größer, muskulöser und ausdauernder sind als andere, gibt es Unterschiede in der kognitiven Leistungsfähigkeit. Manche sind eben schlauer und aufgeweckter als andere.

Es dauerte jedoch bis in die zweite Hälfte des 19. Jahrhunderts, bevor erstmals der Gedanke aufkam, Intelligenz zu erforschen. Paul Broca (1824–1880) und Sir Francis Galton (1822–1911) vermaßen menschliche Schädel, um auf die Größe der Gehirne und somit die Höhe der Intelligenz ihrer Besitzer schließen zu können. Dies erwies sich jedoch bald als Trugschluss. Heute gilt als erwiesen, dass kein Zusammenhang zwischen der Größe eines menschlichen Gehirns und der Intelligenz besteht. Den ersten brauchbaren Intelligenztest entwickelten Alfred Binet und Theodore Simon 1904 im Auftrag des französischen Schulministeriums. Das Ziel war es, lernbehinderte von normal begabten und lediglich faulen Schülern unterscheiden zu können! Der Intelligenztest von Binet und Simon prüfte unter anderem die Fähigkeit, logische Schlüsse zu ziehen, aber auch das Geschick im Umgang mit Sprache. Letzteres, indem die Kinder gefordert waren, Reime zu finden.

Binet und Simon sprachen anhand ihrer Messergebnisse vom „Intelligenzalter". So konnte etwa eine hochbegabte Sechsjährige das Intelligenzalter einer Elfjährigen besitzen. William Stern (1871–1938) setzte das Intelligenzalter ins Verhältnis zum Lebensalter und erfand damit den berühmten Intelligenzquotienten (IQ). Lewis Terman (1877–1956) von der amerikanischen Stanford-Universität verfeinerte den IQ schließlich mit der Formel „IQ = Intelligenzalter/Lebensalter × 100". Da das Intelligenzalter langsamer zunimmt als das Lebensalter, sinkt der IQ nach dieser Formel beständig. Terman erkannte das Problem und schuf daraufhin Intelligenztests für verschiedene Altersgruppen. Der US-Psychologe David Wechsler (1896–1981) postulierte schließlich den auf den Bevölkerungsdurchschnitt bezogenen Mittelwert von IQ = 100 sowie die Standardabweichung von 15. Auf ihn geht der bis heute verbreitetste Intelligenztest zurück, der „Hamburg-Wechsler-Test". Wer hier einen Wert von 100 erreicht, ist also so intelligent wie der Durchschnitt seiner Altersgruppe. Bei einem IQ zwischen 115 und 129 spricht der Wechsler-Test von überdurchschnittlicher Intelligenz, ab 130 von Hochbegabung.

Doch was genau misst der Intelligenztest überhaupt? Auch wenn sich die IQ-Tests für Erwachsene, von denen für Kinder deutlich unterscheiden, geht es doch stets um das Lösen von kognitiven Aufgaben innerhalb bestimmter Aufgabengruppen. Bei Erwachsenen lauten diese Gruppen „Sprachverständnis", „Wahrnehmungsgebundenes logisches Denken", „Arbeitsgedächtnis" sowie „Verarbeitungsgeschwindigkeit". Innerhalb dieser Gruppen gibt es nun Einzeltests, mit denen die Leistungsfähigkeit einer Testperson jeweils skaliert wird. Dazu zählen zum Beispiel „Gemeinsamkeiten finden", „Wortschatz-Test", „Visuelle Puzzles", „Bilder ergänzen", „Zahlenreihen nachsprechen" (übrigens auch rückwärts!) oder „Kopfrechnen".

Interessant ist, dass auch „Wissen" eine Skala innerhalb des IQ-Tests darstellt. Der Psychologe stellt der Testperson in diesem Modul Fragen zur Allgemeinbildung, ähnlich wie bei „Trivial Pursiut". Letztlich geht es hierbei – und das ist erhellend – jedoch nicht um das Wissen an sich, sondern um die Fähigkeit, Wissen zu erwerben und zu speichern. Auf das Maß dieser Fähigkeit schließt der IQ-Test anhand einer Wissens-Stichprobe. Man sieht daran sehr deutlich, dass Intelligenz nach dieser Theorie eine Meta-Kompetenz ist, die sich von einzelnen Inhalten trennen lässt. Die Fähigkeit, sich Wissen anzueignen, es zu memorieren, abzurufen und zu verknüpfen, hat stets mit Intelligenz zu tun, unabhängig von den Wissensinhalten, die ein Mensch im Lauf seines Lebens tatsächlich erwirbt.

Lewis Terman, einer der Pioniere der Intelligenzforschung, war auch der Initiator und Leiter einer der größten Langzeitstudien in der Geschichte der Psychologie, die sich der Hochbegabung widmete. In der 1928 begonnenen und nach Termans Tod im Jahr 1956 von seinen Mitarbeitern fortgesetzten Untersuchung mit dem Titel „Genetic Studies of Genius" wurden Kinder und spätere Erwachsene immer wieder Intelligenztests unterzogen. Terman konnte vor allem die typische Vielseitigkeit hoch intelligenter Kinder und Jugendlicher belegen. Die meisten beobachteten Kinder waren in allen oder fast allen Schulfächern hervorragend. Ihr Schwerpunkt lag dabei auf Sprache und Abstraktion, weniger bei handwerklichen und praktischen Tätigkeiten. Alle hatten vielfältige Hobbys und Interessen und lasen sehr viele Bücher. Besonders auffällig war ihr freiwilliger Wissenserwerb in Fachgebieten, für die sich normalerweise erst viel ältere Jugendliche interessierten.

Auch wenn alle hochintelligenten Kinder und Jugendliche breit interessiert sind, so entscheiden sie sich doch später im Leben typischerweise für ein Fachgebiet, auf dem sie nochmals wesentlich begabter zu sein scheinen als der Durchschnitt. Ist das Zufall oder gibt es auch hierzu eine Veranlagung? Die jüngere Intelligenzforschung geht tatsächlich davon aus, dass Intelligenz nicht gleich Intelligenz ist. Es existiert heute eine Reihe psychologischer Modelle, die jeweils unterschiedliche Intelligenzen kennen. Der US-Psychologe Howard Gardner, geboren 1943, unterscheidet zum Beispiel neun Intelligenzen, wobei der Gegensatz zwischen sprachlicher und logisch-mathematischer Intelligenz der bekannteste ist. Eigene Intelligenzen sind nach Gardner jedoch auch die musikalische, die räumliche oder die „interpersonale" Intelligenz. Letzteres ist jene Fähigkeit zur Empathie, die sein Kollege Daniel Goleman mit der griffigen Formel „EQ" bekannt gemacht hat.

Doch egal wie breit differenziert man Intelligenzen theoretisch betrachten will, stets handelt es sich um Meta-Kompetenzen, die von Inhalten zu trennen sind. Intelligenz ist noch kein – konkretes, inhaltliches – Wissen. Umgekehrt muss niemand überragend intelligent sein, um sich einzelne Wissensfragmente anzueignen, denn dazu genügt es, beispielsweise zur Schule zu gehen und seine Hausaufgaben zu machen oder sich an Google oder Wikipedia zu wenden. Doch die Spreu trennt sich in dem Moment schon wieder vom Weizen, in dem es gilt, sich größere Wissenszusammenhänge selbstständig anzueignen. Für die nur sehr wenig Intelligenten bleiben Google und Wikipedia bloße Reizüberflutung. Intelligenz spielt auch eine große Rolle bei der Entstehung neuen Wissens. Das lässt sich am Modell der „Wissenstreppe" des deutschen Ökonomen Klaus North sehr schön illustrieren: Aus Zeichen werden hier durch Syntax Daten, aus Daten wird durch Bedeutung Information und aus Information wird durch Vernetzung schließlich Wissen. Für alle diese Schritte, jedoch ganz besonders für den letzten – die Vernetzung – braucht es Intelligenz. Intelligenz ist also unverzichtbar, um neues Wissen zu erzeugen und schließlich anzuwenden. Das ist der Grund, warum wir uns auf altes Wissen allein niemals verlassen sollten – seien die Institutionen, die es repräsentieren auch noch so ehrwürdig.

7.4   Sind wir intelligent genug, Wissen und Intelligenz miteinander zu verknüpfen?

Im Jahr 1992 inszenierte Hollywoodregisseur George Miller – bekannt durch seine „Mad Max"-Filme – mit „Lorenzos Öl" die wahre Geschichte eines an der seltenen Krankheit Adrenoleukodystrophie (X-ALD) oder Addison-Schilder-Syndrom erkrankten Jungen, dessen Familie sich nicht damit abfinden will, dass die Medizin ihn bereits aufgegeben hat. Nachdem Lorenzo Odones Eltern mit ihrem Sohn zunächst vergeblich von einem Spezialisten zum anderen gezogen sind, beginnen sie, sich selbst mit medizinischer Fachliteratur zu beschäftigen. Dabei stoßen sie auf ein Experiment mit mehrfach ungesättigtem Rapsöl. Die Ärzte wollen sich auf dieses Öl als Therapie jedoch nicht einlassen, da keine zuverlässigen Studien existieren. Deshalb testet Familie Odone das Öl auf eigene

Faust – mit einem gewissen, jedoch keinem durchschlagenden Erfolg. Die Eltern hoffen aber, die Mediziner dafür gewinnen zu können, sie bei der Suche nach einem besseren Öl zu unterstützen. Doch wieder wird ihr Ansinnen von akademischer Seite abgewiesen. Durch viel eigene Leistung und gute Kontakte kommen die Eltern schließlich an ein weiteres Öl, das ihrem Sohn hilft und ihm zumindest eine gewisse Lebenserwartung ermöglicht. Sie nennen es „Lorenzos Öl". Der echte Lorenzo Odone überlebte wohl nicht zuletzt dank dieses Öls bis 2008, als er im Alter von 30 Jahren an einer Lungenentzündung starb. Im selben Jahr urteilten deutsche Sozialrichter in letzter Instanz, dass „Lorenzos Öl" für an X-ALD Erkrankte nicht von den Krankenkassen bezahlt werden könne, da es sich weder um ein Arzneimittel noch um ein spezielles diätetisches Lebensmittel handle.

Im Fall Odone wurde seinerzeit eine große Chance vertan. Experten und Hüter etablierten Wissens waren nicht bereit, mit Nicht-Experten – aber persönlich Betroffenen und in der Sache leidenschaftlich Engagierten – zusammenzuarbeiten, um gemeinsam zu neuem Wissen und neuen Lösungen zu kommen. Von dieser Zusammenarbeit hätten letztlich beide Seiten profitieren können. Die Wissenschaft braucht die praktische Erfahrung, die Kreativität und die Risikobereitschaft der Betroffenen. Die Betroffenen brauchen aber auch die Wissenschaft, um ihre persönlichen Erfahrungen durch etabliertes Wissen zu ergänzen und keine vermeidbaren Fehler zu machen. Einander vor Gericht zu bekämpfen, ist so gesehen der Gipfel der Ignoranz.

MESH ist der Ort, an dem die Fäden zusammenlaufen, an dem Experten und Anwender einander begegnen und voneinander lernen können. Es genügt immer seltener, wenn allein Experten sich vernetzen, etwa Ärzte verschiedener Disziplinen in einem Medical Board oder Journalisten aus aller Welt in einem Recherchenetzwerk. Wenn eine Wissensgesellschaft klug genug ist, Wissen und Intelligenz miteinander zu verknüpfen, dann wird sie über kurz oder lang einsehen, dass sie auch Experten und Nicht-Experten miteinander vernetzen muss. Ko-Kreation, die uns gemeinsam über uns hinauswachsen lässt, ist kein reines Expertennetzwerk und erst recht kein Elfenbeinturm. Er ist offen für alle, Experten wie Nicht-Experten.

Wikipedia-Gründer Jimmy Wales hatte einmal die Vision: „Stell dir eine Welt vor, in der jedes Individuum freien Zugang zu allem menschlichen Wissen hat." Je mehr diese Vision Wirklichkeit wird, desto mehr gilt im nächsten Schritt: „Stell dir eine Welt vor, in der jedes Individuum daran mitarbeiten kann, das menschliche Wissen nutzbar zu machen und durch intelligente Verknüpfungen neues Wissen zu generieren." Dabei dürfen nicht allein Experten, sondern alle sich von ihrer Arroganz verabschieden. Denn meistens wissen wir viel weniger, als wir glauben. Die Psychologen Leonid Rozenblit und Frank Keil nennen das die „Illusion der Erklärtiefe". Bereits seit 2002 stellten sie in psychologischen Experimenten fest: „Die meisten Menschen glauben, dass sie die Welt detaillierter, kohärenter und präziser verstehen, als es tatsächlich der Fall ist." Fragen Sie zum Beispiel einmal jemanden, ob er weiß, wie ein Kühlschrank funktioniert. Bejaht die Person, dann haken Sie nach: „Wie genau funktioniert ein Kühlschrank?" Typische Antwort: „Da ist … so ein Kompressor und … da fließt Kühlmittel und die Wärme wird in Kälte getauscht – oder umgekehrt?" Mit anderen Worten: So genau, wie wir glauben, verstehen wir selbst die einfachsten Dinge in unserem Umfeld meist nicht!

Wenn wir uns alle unser Nichtwissen etwas öfter eingestehen, so ist dies allemal ein guter und vor allem ur-wissenschaftlicher Ausgangspunkt für Ko-Kreation. Glücklicherweise gibt es längst Unternehmen, die bei der Entwicklung und Pflege ihrer Produkte auf einen offenen Dialog mit ihren Kunden setzen. Ein Beispiel sind die SAP-Anwendergruppen, in denen sich Tausende Nutzer der Software des Tech-Riesen zusammengeschlossen haben und sich allein in Deutschland regelmäßig in rund 200 Arbeitskreisen und -gruppen sowie auf jährlichen Kongressen austauschen. SAP nimmt diese privat organisierten Vereine derart ernst, dass ihnen zeitweise sogar eine zu große Nähe zum Management des Konzerns vorgeworfen wurde.

Sogar Apple, ein Unternehmen, dem es seit jeher nicht an Selbst- und Sendungsbewusstsein mangelt, scheint erkannt zu haben, dass es von Apple-Gurus, Nerds, Freaks und Hackern etwas lernen kann. Weltweit gibt es eine kleine, aber sehr rege Szene aus Bloggern und Podcastern, die sich ausschließlich den Produkten aus Cupertino widmet. Hier werden keineswegs allein deren Stärken über den grünen Klee gelobt, sondern auch deren Schwächen gnadenlos aufgedeckt und angeprangert. In den

USA trifft sich die Szene regelmäßig zu Live-Events. Jahrelang interessierte sich Apple nicht großartig für diese Subkultur. Doch nach einem Bericht der Wochenzeitung „Die Zeit" aus dem Jahr 2019 lassen sich auf solchen Events nun immer öfter sogar Top-Manager von Apple blicken, darunter Craig Federighi, der Leiter der Software-Abteilung, oder Greg Joswiak, zuständig für das Produktmarketing. Die Manager versichern neuerdings, dass man bei Apple den Bloggern und Podcastern aufmerksam zuhöre und den Dialog anstrebe. Und wer weiß, vielleicht führt dieser Dialog ja eines Tages zu einer „Time Machine", die dem Kunden auch nach dem Diebstahl seines Laptops ohne „nerdy detour" zu seinen Daten verhilft.

8

Arbeitswelt und Evolution

Darwins Lächeln oder Das Ende des Glaubens an den von der Natur unabhängigen Menschen

Die Natur ist ein System aus unzähligen Spezialisierungen. Der Mensch bildet hier keine Ausnahme. Vielmehr ist er als Teil der Natur, wie alles Lebendige, den Gesetzen der Evolution unterworfen. Auf der Erde gelingt es einer Gesamtheit spezialisierter Lebensformen seit Urzeiten, ein biologisches Gleichgewicht aufrechtzuerhalten. Das könnte uns Menschen durchaus optimistisch stimmen: Es existiert ein evolutionäres Grundprogramm, das es auch der Menschheit ermöglichen wird, den nächsten Schritt zu gehen – hin zu einer Gemeinschaft vernetzter Spezialisten.

Wenn es noch eines weiteren Beweises bedürfte, dass Wissenschaft nicht auf Wissen basiert, sondern auf Nichtwissen, dann böte die Artenvielfalt unserer Erde dazu sehr schönes Anschauungsmaterial. Fragen Sie einmal einen Biologen, wie viele unterschiedliche Lebensformen es auf unserem Planeten gibt. Seine Antwort kann seriöserweise nur lauten: „Das weiß kein Mensch." Selbst die Schätzungen gehen sehr weit auseinander und reichen von drei Millionen bis hin zu über 100 Millionen

© Der/die Autor(en), exklusiv lizenziert an Springer Fachmedien Wiesbaden GmbH, ein Teil von Springer Nature 2022
C. Zulehner, *MESH – Die Evolution der Zusammenarbeit*,
https://doi.org/10.1007/978-3-658-37818-9_8

Arten. Dabei sind beispielsweise Bakterien noch nicht einmal berücksichtigt, obwohl es sich bei ihnen zweifelsfrei um eine Lebensform handelt. Einig scheinen sich die Wissenschaftler allein darüber zu sein, dass wahrscheinlich bis zu 80 Prozent aller existierenden Lebensformen noch nicht erforscht sind. Jährlich werden rund 15.000 Arten neu beschrieben. In diesem Tempo fortgesetzt, würde es mehr als 65 Jahre dauern, um eine weitere Million der bislang unbekannten Arten zu katalogisieren.

Fest steht indes eines: Die Wirbeltiere fallen bei der Artenvielfalt überhaupt nicht ins Gewicht. Die größte Gruppe bezüglich der Artenzahlen bilden die Insekten. Danach folgen die Pilze, die Algen und eventuell die Fadenwürmer und Spinnentiere. Die Gesamtartenzahl der Säugetiere schätzt man auf lediglich etwa 4000, die der Vögel auf 8500 bis 9500. Pro Jahr werden etwa drei Vogelarten neu beschrieben. Lächerlich wenig angesichts der insgesamt 15.000 neuen Katalogeinträge. Und obwohl sogar in den Neunzigerjahren noch zwei Säugetierarten neu entdeckt wurden – eine Walart und eine Rinderart – sind bei jener Klasse der Wirbeltiere, zu der genetisch auch der Homo sapiens sapiens gerechnet werden kann, keine Überraschungen mehr zu erwarten.

All diese wissenschaftlichen Fakten über die Artenvielfalt stehen im Gegensatz zu unserem Alltagsverstand. Denken wir doch bei „Artenvielfalt" der Fauna meist als Erstes an Tiere, die wir aus den Zoos kennen – einschließlich der Aquarien – und allenfalls noch an die Insekten, die uns während der Sommermonate umschwirren. Eine der verbreitetsten und vielfältigsten Spezies kennt dagegen kaum jemand: die Manteltiere. Von diesen auf dem Grund sämtlicher Weltmeere anzutreffenden Lebewesen gibt es schätzungsweise mehr als 2100 Arten. Eine der drei größten Klassen der Manteltiere, die der Seescheiden, existiert wiederum in rund 3000 unterschiedlichen Erscheinungsformen. Doch gerade die Seescheide ist so etwas wie der Promi unter den unzähligen Tierarten, über die wir in der Schule nie etwas gelernt haben. Vor einiger Zeit schaffte es die Seescheide sogar auf die Seiten der Boulevardpresse – als „das Tier, das sein eigenes Gehirn auffrisst"! Was sich im ersten Moment lesen mag wie eine lupenreine Parodie auf den Journalismus von „Bild", „Blick" und „Heute" ist in Wirklichkeit eine wissenschaftlich annähernd korrekte, höchstens leicht dramatisierende Beschreibung dessen, was so eine Seescheide nun einmal tut.

Die Seescheiden (Ascidiae) zählen zu den festsitzenden, sogenannten sessilen Tieren. Das heißt, wenn sie einmal ihren Lieblingsplatz am Meeresgrund gefunden haben, rühren sie sich zeitlebens nicht mehr vom Fleck. Doch wie findet ein Tier Nahrung, das sich nie bewegt? Seescheiden gehören zu den „Filtrierern", auch „Nahrungsstrudler" genannt. Sie lassen durch Muskelkontraktion ständig Wasser durch ihre Körper strömen, wo dann ein hochentwickelter Darm kleinste nahrhafte Partikel herausfiltert. Im Jahr 2009 wurde südlich von Tasmanien eine Seescheide entdeckt, die auf diese Weise sogar kleinste Fische aus dem Meerwasser siebt und verdaut. Für beides – das lebenslange Kleben an derselben Stelle und die Ernährung nach der Filtermethode – braucht die Seescheide kein Gehirn. Ebenso wenig wie eine Venusfliegenfalle oder andere fleischfressende Pflanzen eines benötigen. Sehr wohl braucht sie aber Hirn, um ihren Platz auf dem Meeresgrund zu finden und sich dort festzusetzen. Dazu sind Orientierungs- und Koordinationsfähigkeiten nötig, wie sie Lebewesen ohne Gehirn nicht besitzen. Abgesehen davon, dass eine Seescheide es auch erkennen sollte, wo die besten Plätze bereits von Artgenossen besetzt sind.

Die Evolution hat daher folgenden skurrilen Mechanismus hervorgebracht: Im Larvenstadium schwimmt die junge Seescheide nahe am Meeresgrund umher und entwickelt zwecks Suche nach ihrem Ruhesitz ein – wenn auch nur sehr rudimentäres – Gehirn. Sobald das Jungtier seinen Platz am Meeresgrund gefunden und sich dort niedergelassen hat, wird das Gehirn nicht mehr gebraucht und vom Körper absorbiert. Beim erwachsenen Tier ist es dann komplett verschwunden. Zurück bleibt nur ein Ganglion, also ein kleines Nervenknäuel. Das ist in gewisser Weise schade, weil das Tier ohne ein Gehirn seinen Erfolg, sich am Ort seiner Wahl niedergelassen zu haben, gar nicht „genießen" kann. Doch was nicht mehr gebraucht wird, schleppt die Evolution auch nicht mit.

8.1 In der Natur gibt es keine Generalisten, sondern ausschließlich Spezialisten

Die „Krone der Schöpfung" sei der Mensch, so lautet ein geflügeltes Wort, das mittlerweile allerdings weit häufiger ironisch als in vollem Ernst verwendet wird. Viele vermuten den Ursprung dieses Ausspruchs in der Bibel, wo sich jedoch keine entsprechende Stelle findet. Die wahrscheinlichste Ur-Quelle ist die „scala naturae", die „Stufenleiter der Natur", eine Systematik, die der antike griechische Philosoph Aristoteles erstmals entwickelte. Der Aristotelismus beeinflusste maßgeblich die mittelalterliche christliche Theologie und ist in der Lehre der katholischen Kirche immer noch wirksam. Bis heute konnte die Wissenschaft jedoch niemanden ausmachen, der den Menschen zum König der Natur gekrönt haben könnte. Charles Darwin, der Begründer der Evolutionstheorie, sah zwar einen Unterschied zwischen Mensch und Tier, jedoch einen graduellen und keinen absoluten. Zu Beginn des 21. Jahrhunderts haben wir Menschen allen Grund, ins Glied zurückzutreten und uns bewusst zu machen, wie sehr wir Teil der Natur sind, eingebunden in ökologische Systeme. Und wie gering unsere Überlebenschance als Spezies sein wird, wenn wir so tun, als stünden wir außerhalb oder über der Natur.

Das Ökosystem unserer Erde besteht aus Millionen angepasster Spezialisten für ihre jeweiligen Nischen. Dabei starten bei Fischen, Manteltieren und Säugetieren, aber auch beim Menschen, sämtliche Individuen verblüffend gleich: Nach der Befruchtung isoliert sich eine Zelle und beginnt, sich zu teilen. Die einzelnen Zellen teilen sich danach immer und immer wieder und so wird der Zellhaufen zunehmend größer. Im nächsten Schritt beginnen Zellen, sich zu spezialisieren. Je nachdem, welches Lebewesen bei diesem Prozess am Ende herauskommen soll, werden vielleicht einige Zellen zu Hautzellen, andere zu Muskelzellen und wieder andere zu Gehirnzellen. Im frühesten Stadium unserer individuellen Entwicklung sehen wir Menschen nicht anders aus als Schweine, Hühner oder Delfine im selben Entwicklungsstadium. Sämtliche Embryonen der Chordata erinnern zunächst stark an Kaulquappen; man erkennt bereits Mundöffnung und Darm, wobei die Atmungsorgane selbst beim menschlichen Embryo noch stark an Kiemen erinnern.

Erst sobald viele Milliarden, wenn nicht Billionen Zellen hinzugekommen sind und sich immer weiter spezialisiert haben, wird mit dem bloßen Auge erkennbar: Aha, dies wird später einmal ein Mensch sein – und aus diesem anderen Zellhaufen dürfte ein Schwein entstehen. Der eine Zellverbund studiert dann vielleicht eines Tages in Harvard, während den anderen nach einer erbarmungswürdigen Existenz in der Massentierhaltung längst der Tod im Schlachthaus ereilt haben wird. Spezialisierung ist ein Grundprinzip der Natur und der Mensch bildet da keine Ausnahme. Und warum sollte er das auch? Jedes Lebewesen leistet in seiner Nische seinen Beitrag zum großen Ganzen. Nur die Gesamtheit der „Spezialisten" sorgt für das biologische Gleichgewicht in einem Ökosystem, das über Millionen von Jahren gewachsen ist. Dabei verfügt jedes Lebewesen ausschließlich über die Eigenschaften und Fähigkeiten, die es benötigt, um als „Spezialist" eine sinnvolle Nische zu besetzen. Es gibt in der Evolution – zumindest auf lange Sicht – keine „Nice-to-haves", keinen überflüssigen Schnickschnack. Für die meisten Menschen ist dies schwer einzusehen.

Weshalb schaffte es die Seescheide auf die Seiten der Boulevardpresse? Seite an Seite mit Sensationsmeldungen über Erdbeben, Flugzeugabstürze, Terroranschläge oder die neusten Scheidungspläne der Hollywoodstars? Wo es dieses Manteltier doch schon seit Jahrmillionen gibt und es so gesehen wahrlich nichts Neues ist? Die Antwort auf diese Frage dürfte relativ leicht zu geben sein: Für uns Menschen ist die Vorstellung ein Schock, dass ein Gehirn überflüssig sein könnte. Doch sobald die Seescheide sesshaft ist, benötigt sie es wirklich nicht mehr. Die Gehirnmasse ist dann als Nahrung sinnvoller eingesetzt und wird von dem Tier deshalb auch prompt absorbiert. Für uns Menschen ist das eine Sensation mit leichtem Gruselfaktor, weil es uns an Horrorfilme erinnert. Aber auch, weil es den Kern unseres Selbstverständnisses rührt. Wir definieren uns ja letztlich über unser Gehirn und machen an dessen Leistungsfähigkeit unser Gefühl der Überlegenheit gegenüber anderen Spezies fest. Es scheint auf diesem Planeten keine größere Gabe der Natur zu geben, als über ein hoch entwickeltes Gehirn zu verfügen. Wie kann ein Lebewesen solch ein Wunderwerk nicht mehr haben wollen und es lieber verspeisen, statt sich daran zu erfreuen?

Dabei ist unser menschliches Gehirn seit Beginn der Sesshaftigkeit – ich erwähnte dies bereits – beträchtlich geschrumpft. Auch wenn wir noch keineswegs die Absicht haben, auf unser Gehirn zu verzichten: Die langfristige Zukunft unserer Gehirne ist keineswegs so sicher, wie wir vielleicht glauben. Viele Fähigkeiten der Wildbeuter haben wir längst verloren. Anders als unsere frühen Vorfahren können wir ein Raubtier mit Tarnfell auf hunderte Meter weder am Geruch wahrnehmen noch mit dem bloßen Auge erkennen. Falls es in 10.000 Jahren noch Menschen geben sollte, ist keineswegs ausgemacht, wie viel von unserer heutigen Gehirnleistung diese Menschen noch besitzen werden. Dies hängt einzig davon ab, wie viel sie sinnvollerweise brauchen werden. Der Evolutions-Grundsatz „Use it or lose it" lässt sich nämlich bereits an Individuen sehr gut beobachten.

„The Knowledge" – das Wissen – nennen Londoner Taxifahrer die Eintrittskarte zu ihrem Gewerbe. Nirgendwo sonst auf der Welt ist es auch nur annähernd so schwierig, an eine Fahrerlizenz zu kommen, wie in der britischen Hauptstadt. 25.000 Straßennamen sowie weitere 20.000 Adressen von öffentlichen Einrichtungen, großen Unternehmen, Hotels, Bahnhöfen, Theatern, Museen und Sehenswürdigkeiten muss ein Aspirant im Kopf haben, bevor er eine der hochbauenden schwarzen Limousinen steuern darf. Doch damit nicht genug. Er muss auch zwischen zwei beliebigen Straßenecken den jeweils kürzesten Weg kennen. Die Prüfer sind erbarmungslos mit ihren Fragen; die meisten Bewerber fallen im ersten Anlauf durch. „Das Wissen" der Londoner Taxifahrer rief im Jahr 2011 Neurowissenschaftler auf den Plan. Die Forscher um Eleanor Maguire vom University College London fanden heraus, dass Londoner Taxifahrer im Hirnareal Hippocampus – vereinfacht gesagt der Schaltstelle zwischen Kurzzeit- und Langzeitgedächtnis – über wesentlich mehr Gehirnzellen verfügten als die den Bevölkerungsdurchschnitt repräsentierende Vergleichsgruppe.

Die Wissenschaftler begnügten sich jedoch nicht mit dieser Erkenntnis und führten noch ein weiteres, höchst aufschlussreiches Experiment durch: Sie ließen Londoner Taxifahrer in anderen europäischen Metropolen sich orientieren. Hierbei schnitten die Taxifahrer nun plötzlich wesentlich schlechter ab als die Vergleichsgruppe! Ihre Gehirne waren so sehr spezialisiert auf die Orientierung in London, dass es ihnen schwerfiel, sich in fremden Städten zurechtzufinden. Unser Gehirn reagiert eben immer auf das, was wir tun. Und nicht allein unser Gehirn, sondern überhaupt unsere Gene und damit unser gesamter Körper.

8.2 Die Straußenmenschen oder Spezialisierung als evolutionäres Prinzip

Im Jahr 1951 beschloss der junge Charles Sutton aus Banstead, einem Kaff im südlichen Speckgürtel Londons, nach Afrika auszuwandern. Er schlug seinen Atlas auf, nahm eine Stecknadel, schloss die Augen und pinnte die Nadel an eine zufällige Stelle. Diese entpuppte sich als der Süden Zimbabwes, damals Rhodesien und britische Kolonie. Sutton bewarb sich bei der British South Africa Police, der kolonialen Ordnungsmacht in Rhodesien, wurde genommen, ausgebildet und leistete schließlich Dienst auf verschiedenen Posten im ländlichen, kaum besiedelten Raum. Als Sutton in den Dörfern patrouillierte, wo die Polizei Straftaten verfolgte, die von kleinen Diebstählen bis hin zu Mord reichten, hörte er von den Einheimischen das erste Mal vom Volk der Vadoma, die auch „Straußenmenschen" genannt wurden. Dieser Stamm, so erzählte man ihm, lebe isoliert von der Außenwelt am Chirowahügel, mitten in der Wildnis. „Straußenmenschen" wurden die Vadoma genannt, weil ihre Füße aussahen wie die eines Vogel Strauß: Zwei übergroße Zehen bildeten eine Art riesige Zange.

Sutton war fasziniert. Er engagierte einen Einheimischen, der sich in der Gegend gut auskannte, und ließ sich von ihm zum Chirowahügel führen. Das letzte Stück ging der Führer dann erst einmal allein voraus. Es war schließlich damit zu rechnen, dass die Menschen hier noch nie einen Weißen gesehen hatten. Nach einiger Zeit kam der Führer zurück und berichtete, er habe vor einer Grashütte einen älteren Mann gesehen, der aus Früchten ein Bier braute und in tönerne Gefäße abfüllte. Dann gingen sie gemeinsam zur der Grashütte. Der Alte war ziemlich erschrocken, als er Sutton erblickte, denn tatsächlich war noch nie ein Weißer in dieser Gegend gewesen. Doch dann bot er Sutton etwas von dem Fruchtbier an und sie tranken gemeinsam. Als der Alte Vertrauen gefasst hatte und die Stimmung sich löste, schlug er ein paarmal die Trommel. Wie aus dem Nichts kamen von allen Seiten Männer, Frauen und Kinder hinzu. Am nächsten Morgen kamen dann noch mehr Vadoma, um den Weißen zu sehen. Sutton sah, dass sie alle V-förmige Füße mit zwei sehr großen Zehen hatten. Was zunächst aussah wie eine Behinderung, half den Angehörigen dieses Stamms offenbar, auf Bäume zu klettern. Dort sammelten sie Früchte – nicht nur, aber auch für die Produktion von Bier – und hielten sich vor Eindringlingen versteckt.

Erst Jahrzehnte später wurden die Vadoma wissenschaftlich untersucht. Es stellte sich heraus, dass ihre „Straußenfüße" die Folge einer Genmutation waren, die innerhalb des Stamms vererbt wurde. Da dieser Stamm offensichtlich sehr lange keinen Kontakt zur Außenwelt gehabt hatte und es zu keinen genetischen Vermischungen mit den Angehörigen anderer Stämme gekommen war, wiesen alle – oder fast alle – Vadoma dieses Merkmal auf. Auch wenn sich dies letztlich schwer beweisen lässt, so ist es doch für Evolutionsforscher sehr wahrscheinlich, dass die Natur auf das Verhalten dieses Stamms reagiert hat. Die Vadoma klettern möglicherweise schon seit Jahrtausenden auf Bäume und suchen dort ihre Nahrung, statt Tiere zu jagen oder in der Erde nach Wurzeln zu graben. Die Evolution stattete diese Menschen schließlich mit Füßen aus, die es ihnen aufgrund der beiden zangenförmigen Zehen leichter machten, auf Bäume zu klettern. Die Vadoma sind also spezialisierte Baumkletterer.

Nach Auffassung etlicher Neurobiologen und Evolutionsforscher schleppen wir auf der genetischen Ebene immer noch einiges an Dispositionen aus der Zeit mit, als Menschen spezialisierte Jäger und Sammler waren, körperlich und geistig optimiert auf das Überleben in der Savanne. Da ist der mittlerweile schon berühmte, weil so oft zitierte Säbelzahntiger, vor dem wir immer noch Angst haben. Angeblich lässt uns diese Angst so begierig die Meldungen der Medien über Katastrophen, Verbrechen und Kriege aufsaugen. Wir sind darauf programmiert, wachsam zu sein, weshalb wir Gefahrenmeldungen mehr Aufmerksamkeit widmen als guten Nachrichten. Andererseits lieben wir es zu reisen. Auch das ist nach Meinung einiger Wissenschaftler ein evolutionäres Erbe. Für Wildbeuter war es zwingend notwendig, immer weiterzuziehen und neue Räume zu entdecken. Denn nachhaltig haben sich Menschen bisher eigentlich noch nie verhalten. Im Gegenteil: Bereits die Jäger und Sammler fackelten ganze Landstriche ab und rotteten einzelne Tierarten vollständig aus. Damals fanden sie bloß immer wieder eine neue, unberührte Landschaft, in der sie von vorn anfangen konnten. Sowohl unsere einprogrammierte Angst als auch der ebenso archaische Expansionsdrang nährt heute ganze Industriezweige, namentlich den Journalismus und die Tourismusbranche. Doch wie kann es sein, dass sich die Gehirne Londoner Taxifahrer innerhalb weniger Jahre verändern, während wir unsere Urangst vor Raubtieren immer noch mitschleppen?

Zunächst sollten wir nicht übersehen, dass allen diesen Phänomenen ein einheitliches Grundprinzip zugrunde liegt, nämlich das der Reaktivität oder auch Plastizität. Es besagt, dass sämtliche Lebewesen ständig auf ihre Umwelt reagieren und sich dieser anpassen. Dies geschieht jedoch auf verschiedenen Ebenen und in unterschiedlichen Geschwindigkeiten. Das Gehirn ist in der Lage, sich mit geradezu rasendem Tempo neuen Gegebenheiten anzupassen. Man spricht hier von „Neuroplastizität". Dieses Phänomen betrifft jedoch zunächst ausschließlich das Individuum, den Phänotyp. Sie hat keine unmittelbare Auswirkung auf die Art, den Genotyp. Das heißt, die Kinder der Londoner Taxifahrer werden keinen für die Orientierung in der Großstadt optimierten Hippocampus aufweisen.

Erst wenn sie alle wiederum Taxifahrer würden und deren Kinder und Enkel und Urenkel auch – eine rein hypothetische Annahme, da der Taxilenker bekanntlich zu den durch Digitalisierung und Automatisierung ernsthaft bedrohten Berufen zählt –, erst dann also würden die Veränderungen im Gehirn eines Taxifahrers irgendwann auch vererbt. So wie die „Straußenfüße" der Vadoma vererbt werden. Oder so, wie sich unser gesamter Magen-Darm-Trakt und unser Gebiss seit zehntausenden Jahren auf den Verzehr gekochter Speisen umgestellt haben, die den Menschen vor der Beherrschung des Feuers nicht zur Verfügung standen. Unsere Gene reagieren langfristig also nicht nur auf die Umwelt im Sinne eines vorgefundenen Lebensraums, sondern auch und gerade auf unser Verhalten. Aus wenigen Individuen, die begonnen haben, sich zu spezialisieren, wird somit irgendwann eine genetisch spezialisierte Art.

8.3 Von Menschen und Göttern: Warum wollen wir überhaupt Allrounder sein?

Ein vierjähriges Kind macht mit seinen Eltern einen Spaziergang. Irgendwo am Wegesrand liegen einige dicke, rostende Stahlrohre. Begeistert rennt das Kind dorthin und setzt sich rittlings auf eines der Rohre. „Damit fliege ich jetzt zum Mond!", ruft es seinen Eltern zu. Diese beobachten die Szene amüsiert. In der Fantasie des Kindes ist das Rohr jetzt eine Mondrakete. Nach zehn Minuten bitten die Eltern das Kind liebevoll, aber bestimmt, den Spaziergang mit ihnen nun doch bitte fortzusetzen. Genug Rakete gespielt! Ein paar hundert Meter weiter entdeckt das Kind eine alte und schon etwas verfallene Villa auf einem von Unkraut überwucherten Grundstück. Das Kind zeigt mit dem Finger auf das Haus und ruft verzückt: „Das ist mein Schloss! Darin wohne ich, der Kaiser von Europa!" Wieder sind die Eltern leicht amüsiert. Was sie nicht ahnen: Das Kind ist in diesem Augenblick tatsächlich überzeugt, dass ihm die Rolle des Kaisers zusteht. Genauso wie es keinen Zweifel daran hegt, mit einem Stahlrohr zum Mond fliegen zu können.

Psychologen sprechen hier von Allmachtsfantasien. Für ein vierjähriges Kind gelten sie entwicklungspsychologisch als normal. Das Kind verleiht ihnen spontan Ausdruck. Sie entstehen als Reaktion darauf, dass das Kind sich als schwach und machtlos erlebt. In diesem Alter spüren Kinder erstmals, dass sie nicht nur von ihren Eltern und anderen Erwachsenen, sondern überhaupt von der Umwelt abhängig sind. Sie können nicht alles haben, nicht alles sein und nicht jede Idee in die Tat umsetzen. Als Trotzreaktion darauf entwickeln sie Allmachtsfantasien, in denen sie plötzlich doch alles sein, haben und ihrem Willen unterwerfen können. Dies ist jedoch nur eine Phase der kindlichen Entwicklung. Das Kind lernt bald, wie viele Vorteile es hat, Teil eines größeren Ganzen zu sein. Allerdings: So ganz verschwinden die Allmachtsfantasien aus den Köpfen der meisten Menschen nie.

Auf recht harmlose Weise finden sie Ausdruck in populärkulturellen Figuren wie Superman oder Wonder Woman. Besonders narzisstische Persönlichkeiten sind dafür anfällig, sich mit solchen Übermenschen zu identifizieren. In geringem Maß kennt jedoch fast jeder Mensch das Aufblitzen von Allmachtswünschen. „Ihre grundlegende Quelle", so die Psychologin Julia Schneider-Ermer, „ist wohl die Kompensation der menschlichen Einsicht in die Hinfälligkeit, Abhängigkeit und Ohnmacht unserer Existenz." Problematisch wird es, sobald Erwachsene nicht bloß im kindlichen Spiel, sondern tatsächlich und mit aller Macht nach der Weltherrschaft streben. So wie jener gescheiterte Künstler aus Braunau am Inn, der sich zum Führer des deutschen Volkes aufschwang, Millionen in den Tod schickte und dabei nichts Besseres zu tun hatte, als seine megalomane Welthauptstadt Germania zu planen. Ihre Architektur scheint dem Hirn eines Vierjährigen entsprungen. Auch die Kommunikation eines Donald Trump enthielt oft Größenfantasien, etwa wenn der US-Präsident per Twitter insinuierte, einen Handelskrieg mit China würden die USA locker gewinnen, da müsse sich niemand Sorgen machen.

Die wahrscheinlich kulturell wirkungsmächtigste Größenfantasie der Menschheit ist indes wohl die Projektion eines allmächtigen Gottes. In ihrem „Gotteswahn" (so der Titel eines lesenswerten Buchs von Richard Dawkins) schrieben monotheistische Religionen der von ihnen postulierten höchsten Instanz nicht nur Allmacht, sondern folgerichtig auch Allwissen zu. Der monotheistische Gott ist der Allrounder schlechthin. Und offensichtlich fühlen sich viele Menschen weniger schwach und machtlos, wenn sie glauben, dass es zumindest einen gibt, der über alles Bescheid weiß – auch über die Zukunft – und alles im Griff hat. Die Kunst ist dann nur noch, diesen Alleswisser und Alleskönner auf seine Seite zu ziehen! Die alten Griechen waren da bodenständiger. Ihre Götter sind den Menschen zwar überlegen, aber keineswegs frei von menschlichen Schwächen und Lastern. Es herrschen Eifersucht und Missgunst im Olymp, es werden Intrigen gesponnen, es wird gemordet und es wird Rache geübt, aber es wird sich auch wieder versöhnt und einander Gutes getan. Vor allem aber gibt es Spezialisierung: Zeus ist für die Blitze zuständig, Poseidon betreibt den Seenot-Rettungsdienst, Artemis ist auf die Jagd spezialisiert, während Hestia den heimischen Herd vorzieht und Ares als ewiger Kriegsherr von Schlachtfeld zu Schlachtfeld zieht.

Vielleicht haben die alten Griechen ihr Image als gebildetes und weises Volk ja nicht ganz zu Unrecht. In ihrer Fantasie vom Olymp bleiben sie jedenfalls näher an der Natur des Menschen als die späteren Theologen in ihren Projektionen. Allmacht und Allwissenheit gibt es nicht, das sind kindliche und bei Erwachsenen narzisstische Fantasien. Auch das Streben, ein Allrounder zu sein und möglichst alles selbst zu können und zu sein, hat etwas Naives und Narzisstisches. Reife zeigt sich darin, dass wir bereit sind, uns auf andere zu verlassen. Wir alle werden zu den Spezialisten, zu denen unsere Umwelt uns macht. Letztlich ist selbst die Entwicklung unseres Gehirns die Folge von Reaktionen auf Lebensumstände. Wir Menschen habe heute eigentlich drei Gehirne: das Reptiliengehirn, das es uns erlaubt zu überleben, das Säugetiergehirn, das es uns ermöglicht, uns mit anderen zu verbinden und Emotionen zu erleben, sowie den Neokortex, der uns zu abstraktem Denken, Planen und Entscheiden befähigt. Alle diese Hirnareale sind zu einem bestimmten Zeitpunkt der Evolution als Reaktion auf äußere Bedingungen entstanden.

In der Evolution baut alles aufeinander auf. Was jedoch nicht bedeutet, dass alles, was einmal war, auch für immer erhalten bleibt. Im Gegenteil, es gilt die sogenannte Dollosche Regel, wonach die Evolution einmal verlorene komplexe Strukturen nie ein zweites Mal in derselben Form rekonstruiert. Ausgestorbene Tierarten kommen nicht wieder. Auch Fähigkeiten, die wir Menschen einmal verloren haben, kehren nicht mehr zurück. Die entscheidende Frage lautet: Können wir unsere kindlichen Allmachtsfantasien loslassen? Können wir hinnehmen, dass jedes Lebewesen in der Natur stets die Chance hat, einen bestimmten Platz einzunehmen, sich zu spezialisieren und eine Nische zu besetzen – aber nie alles zu sein, alles zu können und jeden Traum Wirklichkeit werden zu lassen? Wenn wir das hinnehmen und annehmen können, dann fällt es uns leichter, unser Schicksal in die Hände eines Netzwerks aus Spezialisten zu legen, dessen Teil wir selbst sind. Dann können wir uns möglicherweise auch von lieb gewonnenen kognitiven Tätigkeiten trennen, die eines nicht allzu fernen Tages von Künstlicher Intelligenz schneller und besser erledigt werden. Dann entwickeln wir stattdessen vielleicht andere Fähigkeiten, von denen wir jetzt noch nichts ahnen. Und dann entstehen möglicherweise oder ziemlich sicher auch neue Gesellschaftsformen.

8.4   Sind wir bereit, uns auf ein Netzwerk aus Menschen zu verlassen?

Im Sommer 2020 startete in Deutschland ein einzigartiges Experiment. 120 Männer und Frauen erhalten dabei drei Jahre lang monatlich 1200 Euro. Einzige Bedingung: Die Empfänger sollen in regelmäßigen Abständen einen Online-Fragebogen ausfüllen. Anhand der Ergebnisse erforschen Wissenschaftler des Deutschen Instituts für Wirtschaftsforschung (DIW), wie sich der Geldsegen auf das Leben der Probanden auswirkt. Dabei ziehen sie eine Vergleichsgruppe heran, die kein zusätzliches Geld erhält. Es ist die bisher größte Studie zum bedingungslosen Grundeinkommen. Die Initiatoren vom Verein „Mein Grundeinkommen" suchten dafür online eine Million Bewerber. Diese Zahl von Bewerbungen ging innerhalb von lediglich drei Tagen ein! Eine überwältigende Resonanz, die belegt, wie viele Menschen das Thema Grundeinkommen bewegt.

Die Initiatoren sind davon überzeugt, dass ein Grundeinkommen viele Probleme des heutigen Wirtschafts- und Arbeitslebens lösen würde. Wenn der Druck des Geldverdienens ganz oder zumindest teilweise wegfiele, so vermuten sie, könnten Menschen freier, kreativer und insgesamt glücklicher leben. Besonderes Augenmerk richtet die Studie darauf, ob die Begünstigten des Geldsegens sich altruistischer verhalten, also beispielsweise mehr Geld spenden oder sich stärker ehrenamtlich engagieren. Interessant ist ebenso, ob einige weniger arbeiten oder gar ganz aufhören zu arbeiten, ob sie Rücklagen bilden oder alles sofort ausgeben. Von Idealismus zeugt die Herkunft des über drei Jahre ausgeschütteten Geldes, insgesamt immerhin rund 5,2 Millionen Euro: Es stammt ausschließlich von privaten Spendern, denen das Thema Grundeinkommen am Herzen liegt.

Kritiker halten das bedingungslose Grundeinkommen für naiv und eine typische Idee politischer Träumer, die den Bezug zu den Realitäten des Lebens verloren haben. Dabei entzündet sich die Kritik zumeist an drei recht unterschiedlichen Fragestellungen: Erstens, wo soll das Geld für ein Grundeinkommen herkommen, das heißt, wie und von wem soll es erwirtschaftet werden? Würden alle 45 Millionen Erwerbstätigen in Deutschland pro Monat 1200 Euro erhalten, so sprechen wir von 648 Milliarden Euro im Jahr und damit von mehr als dem Zweifachen der gesamten Einnahmen im Bundeshaushalts 2020. Zweitens, wer verteilt das Geld an wen und in welcher Höhe? Hier spielt zum Beispiel eine Rolle, ob ausschließlich Bürger des betreffenden Staats empfangsberechtigt sein sollen oder auch sämtliche Neuzuwanderer. Schließlich lautet die dritte kritische Frage: Wie wirkt sich das Grundeinkommen auf das Verhalten der Menschen aus? Lässt es sie träge, faul und dekadent werden? Oder werden sie – wie sich die Initiatoren der deutschen Studie erhoffen – die neu gewonnene Freiheit nutzen, um sich solidarischer zu verhalten? Werden sie vielleicht sogar ihre Talente mutiger einsetzen und konsequenter entfalten, als sie das aufgrund des herrschenden ökonomischen Drucks bisher taten?

Während die beiden ersten Kritikpunkte eher technische Fragen darstellen, rührt der Dritte an unserem Selbstbild als Menschen. Hier tun sich rasch weltanschauliche Gräben auf. Ist der Mensch das seinen Eigennutz optimierende Wesen, das an Widerständen wächst? Das mit eisernem Willen zu Höchstleistungen imstande ist, die durch Konkurrenz und Wettbewerb erst hervorgekitzelt werden? Oder ist er das soziale, kooperative Wesen, das seine Talente bereitwillig in den Dienst der Gemeinschaft stellt, sobald es keine Angst mehr haben muss, unter die Räder zu kommen? Oder ist der Mensch von beidem etwas? Die Bereitschaft, sich auf ein Netzwerk von Spezialisten einzulassen und gewissermaßen sein Schicksal daran zu knüpfen, wird nicht zuletzt auch davon abhängen, wie Menschen sich in dieser Hinsicht selbst sehen. Gibt es wissenschaftliche Hinweise zu dieser Frage?

Charles Darwin, der Begründer der Evolutionstheorie, sah den – graduellen – Unterschied zwischen Mensch und Tier interessanterweise vor allem in der Ethik. Der moralische Sinn sei, so Darwin „die edelste aller Eigenschaften des Menschen, die ihn dazu führt, ohne einen Augenblick zu zögern, sein Leben für das eines Mitgeschöpfes zu opfern." Für Darwin ist der moralische Impetus des Menschen nicht vom Himmel gefallen, sondern – wie alles auf der Welt – ein Produkt der Evolution. „Darwin geht davon aus", schreibt die emeritierte Universitätsprofessorin, Bioethikerin und Darwin-Expertin Eve-Marie Engels, „dass Stämme, deren Mitglieder über soziale Tugenden verfügten und sich gegenseitig halfen, einen Vorteil gegenüber anderen Stämmen hatten, deren Mitglieder sich bekämpften." Der US-amerikanische Ökonom und Publizist Jeremy Rifkin geht noch einen Schritt weiter und will in seinem Buch „Die Empathische Zivilisation" belegen, dass Darwin Kooperation für ein wichtigeres Prinzip der Natur hielt als Selektion. Die Annahme eines Urzustandes jedenfalls, in dem jeder gegen jeden kämpft, geht keineswegs auf die Evolutionsforschung zurück, sondern auf den englischen Mathematiker, Philosophen und Staatstheoretiker Thomas Hobbes (1588–1679). Mit einem berühmt gewordenen Ausspruch postulierte er: „Homo homini lupus – Der Mensch ist dem Menschen ein Wolf."

Zu einem ganz anderen Resultat kommt eine Untersuchung des an der Yale University lehrenden Biosoziologen und Evolutionsforschers Nicholas Christakis. Unter Soziologen galt seine Studie lange als ein „verbotenes Experiment": eine Antwort auf die Frage zu suchen, was wohl passieren würde, wenn Menschen ohne Erziehung aufwüchsen? Solch eine Untersuchung durchzuführen, verbietet die wissenschaftliche Ethik. Christakis fand jedoch Wege, dieses Experiment ohne Schaden für Menschen zu simulieren, indem er in vielen Jahren Forschung tausenden indirekten Hinweisen nachging. So analysierte er unter anderem die Schicksale Schiffbrüchiger, die plötzlich auf sich gestellt waren – ohne Staat, ohne Polizei, ohne verbindliche Regeln. Das Ergebnis ist faszinierend: Laut Christakis existieren acht sogenannte „Social Suits" – evolutionär entstandene, universelle Grunddispositionen des Menschen. Sie sind unabhängig von Ethnie, Religion, Kultur oder Erziehung. Die acht „Social Suits" lauten: „Identität", „Liebe", „Freundschaft", „soziales Netzwerk", „Kooperation", „Lehren" (im Sinne von: „anderen etwas zeigen"), „Bevorzugung der eigenen Gruppe" und „milde Hierarchien".

Anders als Thomas Hobbes kommt Nicholas Christakis zu dem Schluss: „Es gibt eine universelle Menschlichkeit!" Auf diese sollten wir bauen. Die Natur dient uns nicht nur als Vorbild für immer mehr Spezialisierung. Sondern die Evolution hat uns auch längst mit allem ausgestattet, das wir brauchen, um uns auf andere zu verlassen statt ausschließlich auf uns selbst. Allein für den Mut, den es braucht, neue Wege zu gehen, ist nach wie vor jeder Einzelne verantwortlich.

9

Externalisierung des Bewusstseins

Spielfeld der Gehirne: MESH ist mehr als die bloße Kooperation von Individuen

Unser Bewusstsein hat sich evolutionär in mehreren Stufen entwickelt. Ein wesentlicher Schritt war dabei die Externalisierung des Bewusstseins mithilfe von Speichermedien, von der Steintafel bis zum Mikrochip. Arbeitsteilung und Zusammenarbeit ermöglichten Industrie- und schließlich Wissensgesellschaft. Doch nun stehen wir möglicherweise vor einer neuen Stufe in der Evolution des Bewusstseins. Wenn menschliche Gehirne sich zu einem MESH zusammenschließen, entsteht ein Ganzes, das mehr ist als die Summe seiner Teile.

„Und wieder späh' ich nach des Flammenzeichens Schein, dem Strahl des Feuers, das von Troja Kunde bringt und Siegesnachricht", spricht ein Wächter auf dem Dach des Königspalasts von Mykene. Seit Jahren hält er Nacht für Nacht Ausschau nach einem Feuersignal, das die Eroberung Trojas durch die Griechen melden soll. Am Ende seines Monologs erscheint das Signal dann tatsächlich. So beginnt das Drama „Agamemnon", in dem der Dichter Aischylos (525–456 v. Chr.) das Schicksal des gleichnamigen Königs von Mykene und Anführers der Griechen im Trojanischen Krieg verarbeitet. Wie es sich für eine zünftige griechische Tragödie gehört, stirbt Agamemnon im Verlauf der Handlung eines gewaltsamen Todes.

Während Agamemnon eine mythische Figur ist, halten Historiker die Sache mit dem Signalfeuer durchaus für authentisch. Die alten Griechen könnten bereits rund 500 Jahre vor unserer Zeitrechnung über ein System nächtlicher Leuchtfeuer verfügt haben, das es ihnen ermöglichte, Nachrichten über eine Entfernung von hunderten Kilometern zu übermitteln. Dabei muss es auch frühe Formen der „Relaisstation" gegeben haben, vielleicht sogar bereits Türme, auf denen Menschen die Leuchtsignale aus der einen Richtung empfingen und dann mit Feuereifer in die andere weitergaben. Reichlich unpraktisch war freilich, dass stets ein Wächter die ganze Nacht nach einem Feuerschein spähen musste. Ein kurzes Nickerchen genügte und die Nachricht war verloren. Wenigstens dürfte das Wetter in Griechenland meistens mitgespielt haben.

Ein Land wie Frankreich ist da schon anfälliger für Nebel, Dunst und Regen – Faktoren also, die es optischen Signalen schwer machen, aus der Ferne erkannt zu werden. Dennoch gab es hier im 18. Jahrhundert ein Turmsystem für die Nachrichtenübermittlung mit mehr als 500 Stationen. Zur Übertragung dienten nun nicht mehr nächtliche Feuersignale, sondern Symbole, die mittels eines großen Holzgerüsts mit verstellbaren Balken dargestellt wurden und kilometerweit sichtbar waren. Für diese von Claude Chappe erfundene Vorrichtung prägte das französische Militär den Begriff *télégraphe*. Die Elektrifizierung läutete dann im 19. Jahrhundert das Ende des Zeitalters der optischen Telegrafie ein, kaum dass es richtig begonnen hatte. Eine ganze Generation von Physikern, Erfindern und Technikern erbrachte hierfür Pionierleistungen. Ein Durchbruch kam mit dem 1837 von Samuel Morse erfundenen Schreibtelegrafen. Im Jahr 1850 begann man mit der Verlegung von Seekabeln für die elektrische Telegrafie und bereits 20 Jahre später waren große Teile der Erde verkabelt. Als Ferdinand Braun im Jahr 1909 den Nobelpreis für Physik erhielt, weil er die Funktelegrafie maßgeblich miteinwickelt hatte, war jedoch ein neues Kommunikationsmittel längst auf seinem Siegeszug: das Telefon.

Mit dem Telegrafen von Samuel Morse als technischer Basis packte die Menschheit der Ehrgeiz, nicht bloß Signaltöne, sondern die gesprochene Sprache zu übertragen. Im Labor schafften das einige. Erst 1876 gelang Alexander Bell in Boston die praktische Anwendung. Bereits fünf Jahre später gab es auch in Europa die ersten öffentlichen Telefonnetze. Bis 1930 wurden allein in Deutschland rund 3,2 Millionen Telefonanschlüsse gelegt. Doch auch das war bekanntlich noch nicht das Ende der Entwicklung: Ab 1958 läuteten die ersten Autotelefone das Zeitalter des mobilen Telefonierens ein. Als in den 1990er-Jahren praktisch jeder Haushalt der westlichen Welt über einen Telefonanschluss verfügte, begann der flächendeckende Ausbau der Mobilfunknetze. Im Jahr 2000 besaßen dann rund 30 Prozent der Haushalte im deutschsprachigen Raum bereits ein Mobiltelefon.

Da präsentierte Steve Jobs im Jahr 2007 mit dem iPhone ein Gerät, das Mobiltelefon, PC, Kamera, Musikplayer und noch ein paar andere Funktionen miteinander kombinierte und obendrauf mit einem mobilen Internetanschluss versah: Die eierlegende Wollmilchsau namens Smartphone hatte das Licht der Welt erblickt. Gut zehn Jahre später nutzten bereits rund drei Milliarden Menschen das neuartige Superding. Im Jahr 2020 gingen 92 Prozent der weltweiten Internetnutzer über mobile Geräte online. Das Smartphone kann immer mehr und ist aus dem Alltag vieler Menschen heute kaum noch wegzudenken.

Warum erzähle ich diese Geschichte? Wir sehen daran eine geradezu typische evolutionäre Entwicklung. Diese Entwicklung lässt sich – ein wenig vereinfachend – in einzelne Stufen einteilen: Leuchtfeuer, mechanischer Telegraf, elektrischer Telegraf, Telefon, Mobiltelefon, Smartphone. Keine Entwicklungsstufe löst dabei die vorherige schlagartig ab. So wurde um 1900 noch sehr viel telegrafiert, obwohl das Telefon längst verbreitet war. Und selbst heute, im Zeitalter des Smartphones, sind für den Schiffsverkehr noch Leuchttürme in Betrieb. Gleichzeitig lassen sich einzelne Evolutionsstufen auch überspringen. So wurde in großen Teilen Zentralafrikas kein Festnetz mehr aufgebaut, sondern man setzte gleich auf Mobilfunknetze. 2021 nutzten schätzungsweise 900 Millionen Menschen des Kontinents ein Smartphone.

Auffällig ist, wie lange in dem evolutionären Prozess wenig bis nichts geschieht und wie schnell die Entwicklungsstufen dann plötzlich auf-

einanderfolgen. Nach Jahrtausenden der Kommunikation über Leuchtfeuer dauerte es vom Telegrafen bis zum Telefon nur noch rund hundert
Jahre. Der Siegeszug des Mobilfunks war dann eine Sache von Jahrzehnten, der des Smartphones sogar nur weniger Jahre. Und obwohl wir
so gerne von „dem" Erfinder oder „der" Erfinderin einer Technologie
sprechen, haben meist sehr viele Männer und Frauen durch Versuch und
Irrtum den nächsten Schritt vorbereitet. Sie waren bisher fast nie unmittelbar vernetzt, lernten aber trotzdem voneinander, indem sie die
Ideen anderer studierten und dann selbst weiterentwickelten. Doch das
vielleicht Erstaunlichste an der Entwicklung vom Leuchtfeuer zum
Smartphone ist so grundlegend, dass man es nur allzu leicht übersieht:
Menschen ahmen ihre eigenen evolutionären Entwicklungsstufen in
ihrer kulturellen Umgebung nach! Erst haben wir Menschen über Jahrtausende gelernt, uns über ausgeklügelte Symbole und sprachliche Codes
zu verständigen. Dann irgendwann bauen wir Apparate, die unsere Symbole und Codes abbilden, übertragen und speichern.

9.1   Was Frösche von Mammutjägern unterscheidet: Rückblick auf die Evolution des Bewusstseins

In Platons berühmtem Gleichnis sitzen gefesselte Menschen mit dem Rücken zum Eingang einer Höhle. Hinter ihnen brennt ein Feuer und vor
diesem Feuer werden Gegenstände vorbeigetragen. Da die Menschen sich
nicht umdrehen können, sehen sie diese Gegenstände bloß als Schatten
an der Wand der Höhle. Sie halten diese jedoch für echt. Das Smartphone
ist in gewisser Weise wie ein solcher Schatten an einer Höhlenwand. Es ist
ein kulturelles und materielles Abbild unserer aktuellen menschlichen
Bewusstseinsstufe. Der evolutionäre Stammbaum des Smartphones lässt
sich bis zum Leuchtfeuer zurückverfolgen. Wir sind fasziniert von diesem
Produkt unserer menschlichen Kultur – so wie von vielen anderen Produkten auch –, drehen uns aber selten bis nie nach dem Vorbild um,
dessen Abbild das kulturelle Produkt ist. Nicht weil wir mit Seilen gefesselt wären, so wie die Menschen in Platons Gleichnis, und es nicht
könnten. Sondern weil wir von den Produkten unserer Kultur zu sehr

„gefesselt", sprich fasziniert sind, und darüber vergessen, auch einmal einen Blick zurück auf unsere eigene menschliche Evolution zu werfen.

In seinem Buch „Triumph des Bewusstseins: Die Evolution des menschlichen Geistes" nennt der Evolutionsforscher Merlin Donald die Evolutionsgeschichte des Menschen „nur halb im Scherz" den „Großen Ausbruch der Hominiden aus dem Nervensystem". Erläuternd fährt Donald fort: „Wir unterscheiden uns von den Menschenaffen vor allem durch den Faktor der Kultur oder, genauer gesagt, der symbolischen Kultur. Er ist größtenteils außerhalb des individuellen Gehirns anzusiedeln. Eine Kultur verteilt die kognitive Aktivität auf viele Gehirne und prägt das Innenleben derer, die ihr angehören." (Donald 2008 S. 160) Befindet sich unsere Kultur zum jetzigen Zeitpunkt, da Milliarden Menschen Smartphones in Händen halten, die über das Internet alle miteinander vernetzt sind, in ihrer höchsten Blüte? Haben wir die kulturelle Externalisierung unseres vom menschlichen Gehirn erzeugten Bewusstseins annähernd ausgereizt? Ich bin der Auffassung, dass wir uns ganz im Gegenteil an der Schwelle zu einer weiteren evolutionären Stufe befinden könnten. Um deren Voraussetzung und Tragweite zu verstehen, hilft eine kurze Rückblende auf die bisherigen drei Stufen der Evolution des menschlichen Geistes, wie Donald sie beschreibt.

Vor rund dreieinhalb Milliarden Jahren begann auf der Erde ein evolutionärer Prozess, der über genetische Mutationen immer komplexere Lebewesen hervorbrachte. Letztlich führten diese Mutationen über viele Umwege zum Menschen, dessen Gehirn ein Bewusstsein erzeugt und der in der Lage ist, seine Bewusstseinsinhalte nach außen in kulturelle Praktiken und Produkte zu übertragen. Doch womit fing diese Bewusstwerdung überhaupt an? Und besitzen nicht viele Tiere – darunter unsere direkten evolutionären Vorfahren, die Primaten – ebenfalls ein Bewusstsein? Ja, das haben viele Tiere tatsächlich, jedoch nicht auf derselben Stufe wie der heutige Mensch.

Die **erste Stufe** unserer Bewusstseinsentwicklung teilen wir noch mit sehr vielen Tieren. Es ist die reine Perzeption, die selektive Wahrnehmung von Objekten und einfachen Ereignissen. Ein Frosch erkennt ein Objekt in der Luft als Fliege, lässt seine Zunge herausschnellen und fängt das Objekt. Der eigentliche Vorgang des Erkennens der Fliege dauert nur Millisekunden. Der Frosch kann das einfache Objekt als geeignete Nahrung wahrnehmen und so lange seine Aufmerksamkeit darauf richten, bis es gefangen und einverleibt ist. Das klingt nach nicht besonders viel und ist doch evolutionär bereits ein Riesenschritt. Aus einem uferlosen Rauschen von Umweltreizen selektiert ein Lebewesen genau das abgegrenzte Objekt, das ihm als Nahrung dient und somit sein Überleben sichert. Donald sieht in einer solchen Kurzzeitperzeption jedoch noch kein Bewusstsein im engeren und eigentlichen Sinn.

Dieses setzt erst auf der **zweiten Stufe** ein. Die Wahrnehmung dehnt sich zeitlich so weit aus, dass ein Kurzzeitbewusstsein entsteht: Ein Lebewesen kann seine Aufmerksamkeit auf komplexere Ereignisse richten, wenn nötig verzögert statt unmittelbar darauf reagieren und sich außerdem Ereignisse der Vergangenheit merken. Ein Luchs „weiß" aus Erfahrung, an welchen Stellen in seinem Jagdgebiet es zu häufigen Wildwechseln kommt. Er sucht diese Orte gezielt auf, legt sich dort auf die Lauer und beobachtet dann beispielsweise einen Hasen so lange, bis der geeignete Moment für einen Überraschungsangriff gekommen ist. Bei Fähigkeiten des Gehirns, wie sie ein solches Raubtier besitzt, spricht Donald erstmals von tatsächlichem Bewusstsein. Es fällt hierbei jedoch auf, dass es sich um keinen fundamentalen, sondern einen graduellen Unterschied zu Stufe eins handelt. Im Hinblick auf den zeitlichen Rahmen sowie die Frage, was vom Gehirn wahrgenommen werden und worauf es seine Aufmerksamkeit richten kann, sehen wir hier überall eine Ausdehnung oder Steigerung. Dies hat evolutionär auch in der anatomischen Struktur des Gehirns eines Lebewesens seinen Niederschlag gefunden. Der Luchs hat ein größeres und komplexeres Gehirn als der Frosch.

Im Hinblick auf die vier eben genannten Parameter

- zeitlicher Rahmen
- Wahrnehmung
- Aufmerksamkeit und
- Anatomie des Gehirns

bedeutet die **dritte Stufe** der Evolution des Bewusstseins eine nochmalige Steigerung. Auf dieser Stufe des nunmehr erweiterten Bewusstseins kann das Gehirn für Minuten oder gar Stunden seine volle Aufmerksamkeit auf etwas richten. Selbst sehr komplexe Inhalte können über Jahre im

Gedächtnis gespeichert bleiben. Ein Gehirn ist in der Lage, sich an lange zusammenhängende Episoden zu erinnern.

Durch Selbstbeobachtung entsteht schließlich ein Selbstbild. Das Lebewesen kann größere Handlungszusammenhänge willentlich inszenieren und dabei mit anderen Lebewesen kooperieren. Wenn ein Stammesverband von Beutejägern sich auf die strukturierte Jagd nach einem Mammut macht und die Stammesangehörigen dabei untereinander kooperieren, dann stellt dies die dritte Entwicklungsstufe des Bewusstseins dar. Und wenn wir annehmen, dass die Jäger dann abends am Feuer sitzen und sich die schönsten Szenen der Jagd noch einmal erzählen, dann sind wir hier unbestreitbar auf einem Niveau der Bewusstheit und der Reflexion angekommen, wie es – soweit wir wissen – bislang dem Menschen vorbehalten ist.

An anderer Stelle in diesem Buch habe ich bereits erwähnt, dass es sich bei den Wildbeutern nach Auffassung von Wissenschaftlern wie dem Anthropologen Marvin Harris um die intelligentesten Menschen handelte, die jemals auf der Erde lebten. Selbst wenn diese These etwas zugespitzt sein mag, so steht doch eines wissenschaftlich außer Frage: Seit wahrscheinlich rund 100.000 Jahren hat sich die genetische Ausstattung des Menschen nicht mehr bedeutend verändert. Wir befinden uns nach wie vor auf einer Bewusstseinsstufe, wie sie auch die Jäger und Sammler bereits erreicht hatten. Dementsprechend hat sich auch die anatomische Struktur unserer Gehirne nicht mehr verändert. Kein Superhirn hat das Smartphone hervorgebracht. Es waren 10.000 Jahre kulturelle Praxis! Die Externalisierung unseres Bewusstseins und Wissens hat uns erst die Agrargesellschaft, dann die Industriegesellschaft und schließlich die Wissensgesellschaft beschert. Das Gehirn des Individuums ist bei alledem immer noch für das Überleben in der Savanne optimiert. Hierzu noch einmal Merlin Donald in seinem bereits zitierten Buch (Donald 2008): „Der Schlüssel zum Verständnis der menschlichen Kognition liegt nicht so sehr im Aufbau des einzelnen Gehirns, sondern in der Synergie vieler Gehirne. Der Mensch ist daran angepasst, innerhalb einer Kultur zu leben. … Die Menschheit stützt sich seit ihren Anfängen auf ‚verteilte' Systeme des Denkens und Erinnerns …" Dieser Gedanke bringt uns geradewegs zurück zu der Frage, ob der Status quo das letzte Wort der Evolution in Sachen Bewusstsein sein könnte. Dies darf mit einigem Recht bezweifelt werden.

9.2 Warum der Zusammenschluss von Gehirnen eine andere Qualität besitzt als ein Computernetzwerk

Wie könnte eine weitere, vierte Stufe der Bewusstseinsentwicklung aussehen? Erinnern wir uns zunächst daran, dass Geschehnisse in evolutionären Prozessen typischerweise aufeinander aufbauen und eine spätere Entwicklungsstufe alle früheren sowohl überschreitet als auch miteinschließt. Der Luchs verfügt auch über das Bewusstsein des Frosches und der Mensch schließlich über das Bewusstsein aller Entwicklungsstufen, die in seinem Stammbaum weiter unten angesiedelt sind. Analoges gilt auch für die kulturellen Produkte der Menschheit. Ein Smartphone mit den entsprechenden Apps leistet alles, was ein Telefon und ein Leuchtsignal auch kann, und noch vieles darüber hinaus. Bereits auf der dritten Stufe der Evolution des Bewusstseins geht es auch Donald um die „Synergie vieler Gehirne" innerhalb einer Kultur. Was passiert nun aber, wenn die Menschheit einen nächsten großen Schritt weitergeht?

Angenommen, wir schließen unsere Gehirne in einem „Meaningful Interspace" so zusammen, dass echte Ko-Kreation stattfindet, eine intelligente, kreative und gemeinschaftliche Problemlösung oder Wissensverknüpfung, wie sie ein einzelnes Gehirn gar nicht hervorbringen könnte. Und deshalb nicht leisten könnte, weil es mit der Komplexität des Vorgangs heillos überfordert wäre. Angenommen, dies geschähe regelmäßig und mit bahnbrechenden Resultaten, so wie es bei der Aufbereitung der „Panama Papers" durch ein journalistisches Kollektiv in ersten Ansätzen bereits geschehen ist. Stünden wir dann noch lange auf der dritten Stufe der Evolution des Bewusstseins? Oder ist es nicht sehr viel wahrscheinlicher, dass aus dieser komplexen und dynamischen Gemeinsamkeit heraus ein neuer Grad des Bewusstseins entstünde, der eine weitere evolutionäre Stufe sein könnte?

Ziehen wir, um diese Frage zu beantworten, noch einmal die vier Parameter heran, anhand derer die ersten drei Stufen der Evolution des Bewusstseins voneinander abgegrenzt werden können:

Erstens der zeitliche Rahmen der Wahrnehmung und Aufmerksamkeit Sobald sich menschliche Gehirne zu einem MESH zusammenschließen, um innerhalb eines „Meaningful Interspace" eine hoch komplexe Aufgabe zu bewältigen, kann der zeitliche Rahmen zumindest theoretisch unendlich groß sein. Denn immer, wenn sich Gehirne nach einer bestimmten Zeit aus dem MESH ausklinken, können neue Gehirne hinzukommen und die ausgeschiedenen Gehirne ersetzen. Es gibt keine natürliche zeitliche Beschränkung für die Aufmerksamkeitsspanne eines großen Netzwerks aus Gehirnen. Selbst wenn sich die in Berlin beteiligten Gehirne gerade im Schlaf befinden, sind die in San Francisco vielleicht noch aktiv und die in Tokio bereits wieder aktiv. Es ist eine kollektive Entscheidung der zusammengeschlossenen Gehirne, einen MESH zu beenden, aber es gibt hier keinen äußeren oder inneren Zwang.

Zweitens und Drittens das Wahrgenommene und die Art der Aufmerksamkeit Theoretisch kann sich ein ausreichend großer Zusammenschluss von Gehirnen mit allem Möglichen befassen, von noch recht einfach abgrenzbaren Objekten bis hin zu hoch abstrakten Fragestellungen. Ein Medical Board richtet seine Aufmerksamkeit auf ein Foto eines einzelnen Melanoms, während sich zur selben Zeit ein globales Netzwerk von Ökonomen mit möglichen Szenarien einer Weltwirtschaft von morgen beschäftigt. Ist irgendetwas denkbar, das sich der Aufmerksamkeit eines jeden theoretisch möglichen Netzwerks von Gehirnen entziehen könnte? Nein, denn alles, was wir als erfahrbare Wirklichkeit erleben, entsteht überhaupt erst innerhalb des menschlichen Bewusstseins, also innerhalb von Gehirnen. Es mag Dinge geben, die von Menschen – noch – nicht wahrgenommen werden können. Doch darüber lassen sich dann eben auch keine Aussagen treffen. Grundsätzlich kann alles, was dem menschlichen Bewusstsein zugänglich ist, von einem geeigneten MESH auch wahrgenommen werden. Die Grenze der ko-kreativen Wahrnehmung ist letztlich die Grenze des menschlichen ko-kreativen Bewusstseins. Damit ist der MESH auch in dieser Beziehung als theoretisch unendlich zu qualifizieren.

Viertens bleibt schließlich die spannende Frage nach der Anatomie Wenn wir Gehirne zusammenschließen, wird sich das dann langfristig auf die Anatomie jedes einzelnen Gehirns auswirken? Oder ist es denkbar, dass ein MESH bereits ein einziges großes Gehirn bildet, in dem die Gehirne von Individuen die Funktion von Hirnarealen übernehmen? Und was ist, wenn wir zukünftig Künstliche Intelligenz und menschliche Gehirne immer besser zusammenschalten? Auf diese Fragen gibt es heute noch keine eindeutigen Antworten. Betrachten wir den MESH einmal theoretisch als ein großes Gehirn aus vielen kleinen Gehirnen, so gibt es jedoch wiederum keine natürliche Grenze, wie viele Gehirne sich zum MESH verbinden lassen. Zurzeit leben etwa 7,7 Milliarden Menschen auf der Erde, sodass die Maximalgröße eines MESH bei 7,7 Milliarden Gehirnen läge. Theoretisch gibt es aber keine fixe Wachstumsgrenze für die Menschheit. Wer weiß, ob wir unseren Lebensraum nicht eines Tages tatsächlich auf andere Planeten ausdehnen und von dort dann später auf weitere Planeten? An dieser Stelle geht es nicht darum, wie wahrscheinlich oder realistisch ein solches Szenario ist. Sondern es geht um das Potenzial. Dieses ist im Hinblick auf alle relevanten Parameter des Bewusstseins *unendlich*. Und dies rechtfertigt in meinen Augen, von einer beginnenden vierten Stufe der Evolution des Bewusstseins zu sprechen.

Auch auf Stufe vier der Evolution des menschlichen Bewusstseins dürfte die Tendenz zur Externalisierung des Bewusstseins und des Wissens unvermindert anhalten. Ein heutiges Smartphone mit einem 6 GB großen Arbeitsspeicher und 1 TB Speicherplatz könnte nur der zarte Anfang dessen sein, was ein zukünftiger MESH in Kombination mit Künstlicher Intelligenz leisten könnte. Aber wandert auch das erweiterte Bewusstsein des Individuums schließlich nach außen? Und bilden wir damit ein gemeinsames Bewusstsein, das eine substanziell andere Qualität hat als unser jeweiliges individuelles Bewusstsein? Donald bestreitet, „dass es so etwas wie einen mentalen Apparat des Kollektivs gäbe". Ich halte es jedoch für durchaus wahrscheinlich, dass genau solch ein kollektives Bewusstsein jetzt erstmals in der Geschichte der Evolution entstehen kann. Es wäre schlicht und einfach der nächste Schritt einer fortschreitenden Externalisierung, die vor rund 10.000 Jahren ihren Anfang nahm. Das Zusammenschließen von Gehirnen wird somit wahrscheinlich viel größere Konsequenzen haben als das bloße Zusammenschalten von Computern zu einem Rechnernetzwerk. Deshalb ist zwar der Vergleich des MESH mit einem Computernetzwerk verlockend, aber nicht wirklich treffend. Mit einem kollektiven Bewusstsein, das durch Zusammenarbeit entsteht, können wir als Menschen tatsächlich über uns hinauswachsen. Denn das Ganze ist stets mehr als die Summe seiner Teile.

9.3   Sind wir bereit, uns von der Evolution überraschen zu lassen?

„Hallo", schreibt ein Nutzer namens „mtrace" auf „Motor-Talk", dem großen Forum zu Autos und Motorrädern. „Habe gestern meinen Wagen abgeholt. Erster Eindruck: wunderschönes Fahrzeug, top verarbeitet, technisch auf dem neuesten Stand! Habe eine kurze Frage: Da ich nicht viel Musik höre, habe ich das normale Soundsystem bestellt. Bei der Auslieferung stellte ich fest, dass kein CD-Player dabei ist. Es sind einige USB-Anschlüsse, SD-Karten-Anschlüsse, und ein Interface zur Ansteuerung meines Smartphones enthalten, aber ein einfacher CD-Player fehlt … Ist es wirklich so, dass bei so einem hochmodernen Auto kein CD-Player mehr an Bord ist?" Die Antwort der Community fällt eindeutig aus: Ja, das ist wirklich so! (https://www.motor-talk.de/forum/ neuer-audi-a7-audi-soundsystem-kein-cd-player-t6384084. html?page=1) All die schönen Hörbücher auf CD? Im neuen Auto nicht mehr abspielbar. Die seit 1988 liebevoll aufgebaute CD-Sammlung mit den schönsten Opernaufnahmen? Demnächst praktisch unbrauchbar. Genau wie die Schallplattensammlung des Großvaters und die väterliche Kollektion von Musikkassetten. An Tonbänder und die wunderschönen Abspielgeräte der Firma SABA erinnert ohnehin kaum noch jemand. Wer ein dauerhaftes Speichermedium sucht, der sollte vielleicht auf Höhlenmalereien setzen. Immerhin sind einige davon bereits 40.000 Jahre alt und weiterhin mit dem bloßen Auge auslesbar, ohne Zuhilfenahme einer Schnittstelle.

Die Geschichte der Speichermedien reicht von den Höhlenmalereien über Steintafeln, Papyrus, Pergament und Papier bis hin zu Mikrofilmen, Magnetbändern, CDs, SD-Karten und USB-Sticks und schließlich zu vernetzten Festplatten irgendwo auf der Welt, die gemeinsam eine Cloud bilden. Diese lange Geschichte spiegelt gleichzeitig die Geschichte der Externalisierung von Information und Wissen. Wie in so ziemlich jedem evolutionären Prozess geht es irgendwann immer schneller. Die CD war gestern erst Stand der Technik und ist heute schon veraltet. Doch werden wir in 15 Jahren mit einem Computer von heute noch an unsere Daten in der Cloud kommen? Darauf wetten würde ich lieber nicht. Wo es immer schneller geht und sich die Entwicklungen irgendwann überstürzen, gibt es aus Sicht der Evolutionstheorie vereinfacht gesagt nur zwei Möglichkeiten: Entweder alles versinkt im Chaos – oder es gelingt der Sprung auf einen nächsten Level. Ich bin verhalten optimistisch, dass eine weitere Externalisierung von Information und Wissen der Menschheit große Chancen bescheren könnte.

Am 23. Oktober 2019 erschien in der naturwissenschaftlichen Fachzeitschrift „Nature" ein Artikel, in dem Forscher des Technologiekonzerns Google erstmals die Überlegenheit eines Quantencomputers gegenüber einem herkömmlichen Rechner – die sogenannte Quantum Supremacy – zu belegen versuchten. Googles Quantenprozessor „Sycamore" sollte für eine hoch komplexe Berechnung, für die der modernste IBM-Supercomputer „Summit" angeblich etwa 10.000 Jahre bräuchte, nur etwa 200 Sekunden benötigt haben. IBM bestritt diese Zahlen zwar, räumte aber ein, dass der „Summit" zweieinhalb Tage für die genannte Berechnung brauche, also immerhin die mehr als tausendfache Zeitspanne. Quantencomputer stecken bislang noch in den Kinderschuhen, sind aber die große Hoffnung der Tech-Industrie, da sie schier unbegrenzte Rechenleistungen und Speicherkapazitäten verheißen. Bei Quantencomputern tritt eine neue Recheneinheit an die Stelle des gewohnten Bits, die Qubit genannt wird. Qubits gehorchen nicht mehr den Gesetzen der Newtonschen Physik, sondern denen der Quantenmechanik, die selbst für Physiker immer noch ein Buch mit sieben Siegeln sind. Theoretisch lässt sich wohl im Quantenfeld eines Wassertropfens das gesamte Wissen der Menschheit speichern. Von der praktischen Umsetzung sind wir indes noch sehr weit entfernt. Doch es besteht kein Zweifel, dass die

Informationstechnologie sich auf den Weg der Nutzung nahezu unendlicher Potenziale gemacht hat. Im Jahr 2020 hat das deutsche Bundesforschungsministerium ein eigenes Förderprogramm „Quantentechnologien – von den Grundlagen zum Markt" aufgelegt. Die Erwartungen sind groß und die Geldbörsen bereits weit geöffnet.

Wird es die Quantentechnologie eines Tages ermöglichen, sämtliche Bewusstseinsinhalte aller Gehirne auf der Erde extern zu speichern und miteinander zu verknüpfen? Das wäre dann sozusagen die vollständige Externalisierung des Bewusstseins. Interessanterweise glauben östliche spirituelle Traditionen schon seit ein paar tausend Jahren daran, dass kein Bewusstseinsinhalt jemals verlorengeht. In der mythischen „Akasha-Chronik", dem „Buch der Leben", sollen sämtliche Ereignisse, die es bisher auf der Erde gab, weiterhin einsehbar sein. Die Quantentechnologie könnte diesem Mythos durchaus eines Tages neues Leben einhauchen. Was wäre, wenn sich der komplette Bewusstseinsinhalt eines Gehirns in ein Quantenfeld übertragen ließe, in dem es über den Tod des Gehirnbesitzers hinaus gespeichert bliebe und weiter nutzbar wäre? Noch klingt das nach Science-Fiction. Doch Quantentheoretiker und Philosophen denken längst in diese Richtung. Sicherlich sind manche unbedarften Aussagen zur Quantenmechanik mit Vorsicht zu genießen. Es ist geradezu Mode geworden, ohne besonderen Sachverstand irgendetwas mit dem Präfix „Quanten" zu versehen – bis hin zur „Quantenheilung", wobei es sich um lupenreine Esoterik handelt – und dem Gegenstand somit die Anmutung des Ultramodernen mit einem Hauch des Numinosen zu verleihen. Scharlatanerie hat es schon immer gegeben. Quantenquark, wie es Holm Gero Hümmler in seiner Publikation nennt, sollte uns aber nicht davon abhalten, neugierig zu bleiben und größere evolutionäre Entwicklungen grundsätzlich für möglich zu halten.

Die fortschreitende Externalisierung des Bewusstseins hat uns bereits jetzt Möglichkeiten eröffnet, von denen vor hundert Jahren niemand auch nur geträumt hat. Wir nutzen die Möglichkeiten des Smartphones vollkommen selbstverständlich und zumeist, ohne darüber zu reflektieren, wie sehr sich unsere kulturelle Praxis dadurch bereits jetzt verändert. Es ist unwahrscheinlich, dass die Entwicklung der Informationstechnologie plötzlich zum Stillstand kommen wird. Ebenso unwahrscheinlich ist es, dass wir den Endzustand der Evolution des Bewusstseins erreicht haben.

Ich maße mir in diesem Buch nicht an, die Evolution vorauszusagen. Der Gedanke des MESH versteht sich als Denkanstoß dafür, in welche Richtung es gehen könnte. Er öffnet eine Tür und lädt dazu ein, sich mit anderen Menschen zusammenzutun und gemeinsam vorzudenken.

Ganz in diesem Sinne möchte ich noch einen weiteren Gedanken ins Spiel bringen. Auf einer hypothetischen vierten Stufe des Bewusstseins könnten wir vom „Selbstbild" der Stufe drei zum „Wir-Bild" oder sogar zu multiplen „Wir-Bildern" gelangen. Das zeigte sich bei der Auswertung und Veröffentlichung der „Panama Papers" bereits in deutlichen Umrissen, wie ich meine. Einerseits waren an dem Projekt einzelne Mitarbeitende beteiligt, die jeweils für sich allein bestimmt ein Selbstbild als Journalistin oder Journalist besaßen, bei einem bestimmten Medienanbieter unter Vertrag standen und das Ziel hatten, mit ihrer Arbeit den Lebensunterhalt für sich und ihre Familien zu sichern. Andererseits entstanden innerhalb des Recherchekollektivs auch Wir-Bilder, so wie sie der Journalist Bastian Obermayer von der „Süddeutschen Zeitung" später in Interviews beschrieben hat. In seinen Wir-Reflexionen und Wir-Bildern wurde sich der MESH seines Potenzials bewusst. Nur als Kollektiv konnte die große Aufgabe gelöst werden. Unter Medienexperten gilt es bis heute als kleines Wunder, dass diesem Recherchekollektiv bis zum Schluss die Geheimhaltung gelungen ist und kein einzelnes Mitglied aus eigenem Ehrgeiz oder im Sinne der Interessen seines Auftraggebers mit einer Veröffentlichung vorgeprescht ist. Alles lief stets getreu der getroffenen Absprachen. Das könnte nicht zuletzt an starken Wir-Bildern gelegen haben, die dieses Kollektiv bereits ausgebildet hatte. Viele Beteiligte hätten ein monetäres und sicherlich auch narzisstisches Motiv gehabt, die Sensationsmeldung der entschlüsselten Dokumente als Erste zu verbreiten. Niemand ließ sich jedoch davon leiten.

Noch tun sich die meisten Menschen schwer, Kollektive von außen überhaupt angemessen wahrzunehmen. Im Nachhinein wurde auch der Erfolg der „Panama Papers" in vielen Köpfen Unbeteiligter Bastian Obermayer und der „Süddeutschen Zeitung" zugeschrieben. Obermayer war jedoch lediglich die ursprüngliche Anlaufstelle des Informanten und übernahm dann die Funktion eines Koordinators für das Projekt. Zu keinem Zeitpunkt reklamierte er später den Erfolg für sich. Dass Menschen immer eine Galionsfigur suchen, bezeichnen Psychologen als „Personalisierung". Es handelt sich dabei um eine Form der kognitiven Vereinfachung. Was viele Menschen gemeinsam entscheiden und erschaffen, ist unseren Gehirnen meist zu komplex. Lieber lesen wir: „Nelson Mandela schuf das neue Südafrika." Oder: „Emanuel Macron stellte in Brüssel seine Vision für Europa 2050 vor." In Wirklichkeit sind politische Prozesse das Ergebnis der Zusammenarbeit hunderter, tausender oder manchmal zigtausender Menschen über einen langen Zeitraum hinweg.

Noch wollen wir auch auf jedem Buchcover möglichst den Namen des Autors oder der Autorin lesen. Sogenannte Herausgeberwerke mit vielen Autoren verkaufen sich schlecht, sagen Verlagsprofis. Der eine Autor mit dem einprägsamen Namen und dem markanten Gesicht muss her – selbstbewusst, eloquent und talkshowkompatibel. Dabei lassen sich selbst Romanautoren wie Ken Follet heute von Teams zuarbeiten. Auch ich als Autor dieses Buchs bilde da keine Ausnahme. Nicht wenige meiner Gedanken in diesem Buch haben durch die intensive Diskussion in einem Team noch einmal deutlich an Klarheit und Trennschärfe gewonnen. Im Impressum eines früheren Buchs habe ich meine Teammitglieder einmal als „Denkbeschleuniger" bezeichnet. Doch das Gehirn ist nun einmal ein faules Organ und liebt die Vereinfachung. Menschen sind Komplexitätsverweigerer. Das könnte jedoch dazu führen, dass das Aufkommen eines neuen, kollektiven Bewusstseins von vielen übersehen wird. Selbst wenn die Anzeichen dafür längst eindeutig sind. Machen wir also besser die Augen auf. Haben wir den Mut, neu zu denken. Seien wir bereit, uns von der Evolution überraschen zu lassen. Wir alle sind Teil der Evolution des Bewusstseins und haben es gemeinsam in der Hand, wie es mit uns weitergeht.

10

Aufstieg des Intangiblen

Willkommen in der Weltgemeinschaft: Gesellschaft jenseits der Identifikation mit partikularen Erzählungen

Geld, Staatsgrenzen, Atommodelle – die Menschheit hantiert mit Dingen, die sie nicht sehen und anfassen kann, an die sie aber trotzdem glaubt. Schon vor vierhundert Jahren war der narrative Charakter von Wirtschaft so stark ausgeprägt, dass erste Spekulationsblasen entstanden. Je intangibler die Dinge werden, desto drastischer – und damit tangibler – werden heute potenziell die globalen Konsequenzen. Noch identifizieren sich die meisten Menschen mit Narrativen, die sich aus partikularen Interessen speisen. Das muss und wird

sich in naher Zukunft ändern. Es entsteht das Bewusstsein einer Welt-
gemeinschaft.

„Alle wollen Aktien, Monsieur! Noch mehr Aktien!', entsetzte sich
Angelini. ‚Alle Menschen wollen reich werden', stellte John Law lapi-
dar fest."

Dieser Wortwechsel ist ein Zitat aus dem historischen Roman „Das
große Spiel". Darin erzählt der Schweizer Schriftsteller Claude Cueni die
Lebensgeschichte des Glücksspielers, königlichen Bankiers und Speku-
lanten John Law, über den Karl Marx einmal sagte, er sei „eine Mischung
aus Schwindler und Prophet" gewesen. Die Aktien, über die Laws italie-
nischer Sekretär so aufgeregt spricht, sind die der französischen Mississi-
pi-Kompagnie. Deren Einflussgebiet erstreckte sich damals über rund ein
Drittel des von Europäern kolonisierten nordamerikanischen Kontinents. Im Jahr 1717 hatte der gebürtige Schotte John Law, der ein Jahr
später Direktor der Pariser „Banque Royale" werden sollte, die Mississi-
pi-Handelskompagnie als staatlich privilegierte Aktiengesellschaft gegründet. Das Parlament und der Oberste Gerichtshof waren dagegen gewesen. Doch Laws Freund und Mentor, Frankreichs König Philippe II. von
Orléans, hatte sich am Ende durchgesetzt.

Wenn nun auf einmal „alle" die Aktien der Mississippi-Kompagnie
kaufen wollten, wie es im Roman heißt, so ist das durchaus wörtlich zu
verstehen. Zum ersten Mal in der Geschichte beteiligten sich nicht allein
reiche Adelige, sondern Menschen aus allen Schichten an einer Finanz-
spekulation. An 160 Kiosken auf öffentlichen Plätzen in Paris wurden
Aktien verkauft. Soldaten mussten für Ordnung sorgen und verhindern,
dass der Handel selbst in der Nacht noch weiterging. Durch die anfäng-
liche Wertsteigerung der Mississippi-Aktie waren Mägde zwischenzeitlich auf dem Papier reicher als ihre Herrinnen. Das kam einem sozialen
Erdbeben gleich, selbst wenn die Neureichen – anders als der alte Adel –
über keine tangiblen Wertgegenstände verfügten. Doch genau darin bestand gerade das Revolutionäre! Plötzlich waren aller Augen auf Wert-
papiere und das – raffinierterweise ebenfalls von John Laws „Banque
Royale" emittierte – Papiergeld gerichtet. Im Jahr 1720 wurde in Paris
der folgenreiche Begriff „Millionär" geprägt.

Man mag eine ironische Pointe dieser Geschichte darin erblicken, dass
der königliche Bankier und Finanzier John Law – Sohn eines Gold-

schmieds und Geldverleihers aus Edinburgh – sein erstes eigenes Geld als professioneller Glücksspieler verdiente. Er war das, was wir heute ein Mathegenie nennen würden, und konnte Gewinnwahrscheinlichkeiten blitzschnell im Kopf kalkulieren. Während seiner Wanderjahre studierte John Law eingehend das Finanzsystem in Holland, dem Heimatland des neuzeitlichen Kapitalismus. Die Liebe führte ihn nach Paris, wo er – wiederum durch Glücksspiel – steinreich wurde und schließlich die Bekanntschaft des Königs machte. Einer wie John Law kam Philippe II. gerade recht, waren die Staatsfinanzen doch durch den Spanischen Erbfolgekrieg zerrüttet. Der König machte den Spieler John Law schließlich zum obersten Verantwortlichen für die öffentlichen Finanzen und damit de facto zum zweiten Mann im Staat. Als staatlich privilegierter Bankier erfand John Law zwar nicht das Papiergeld, wie manchmal zu lesen ist, denn das gab es bereits im alten China. Er war aber der Erste, der sich in einem modernen Sinn Gedanken über die Stabilität des Papiergelds machte und ein ausgeklügeltes System zu dessen Deckung einführte. Dabei kamen erstmals auch zukünftige Erträge – also rein spekulative Größen – als Sicherheiten zum Einsatz.

Den Franzosen nützte es am Ende nichts. Bereits 1720 platzte die später sogenannte „Mississippi-Blase". Es hatte sich herumgesprochen, dass das sumpfige Hinterland des Mississippi-Deltas doch kein märchenhaftes Eldorado voller Gold, Silber und Diamanten war. Anfangs versprochene Renditen erwiesen sich als Illusion. Die einsetzende Kapitalflucht der Oberschicht riss John Laws ausgeklügeltes Geldsystem in den Abgrund. Law setzte sich nach Venedig ab, übereignete vorher jedoch sein Vermögen der Mississippi-Kompagnie als Schadenersatz. Für den Rest seines Lebens beschäftigte er sich als Gemäldehändler mit tangiblen Gütern. War John Law ein „Schwindler", wie Marx meinte? Wenn ja, dann sitzen heute in den Notenbanken und den Glastürmen der Finanzmetropolen ebenfalls lauter Schwindler. Immerhin spendete Law große Teile seines Vermögens für wohltätige Zwecke und übernahm am Schluss die volle persönliche Verantwortung für seine Finanzakrobatik. Von heutigen Bankiers wird man das nicht durchgehend behaupten können. War er ein „Prophet", wie Marx ebenfalls konstatierte? Das ganz sicher. Ein Prophet des modernen Finanzkapitalismus und der Virtualisierung des Wirtschaftsgeschehens.

10.1 Die Lust, sich an etwas zu bereichern, das es eigentlich nicht gibt

„Enrichissez-vous – bereichern Sie sich!" Dieses berühmt-berüchtigte Zitat wird François Guizot zugeschrieben, einem Minister des französischen Königs Louis-Philippe, jenes „Bürgerkönigs", der 1830 auf den Thron kam, also gut 100 Jahre nach dem Platzen der „Mississippi-Blase". Das „Enrichissez-vous" als Aufforderung an die Bourgeoisie, sich nach Kräften persönlich zu bereichern, wurde so etwas wie der Schlachtruf des europäischen Kapitalismus im 19. Jahrhundert. Man könnte die Aufforderung präzisierend ergänzen: „Bereichern Sie sich an intangiblen Vermögenswerten!" Denn sich zu bereichern hieß in dieser Phase der Geschichte nicht mehr, raubend und brandschatzend durch die Lande zu ziehen, um Bauern das Vieh und Bürgern den Pelz zu entreißen. Es ging auch keineswegs darum, durch seine Arbeit oder eigene Werke reich zu werden – als Metzger, Goldschmied oder Komponist. Auch dachte Guizot wohl nicht in erster Linie an die Kolonisierung und Ausbeutung ferner Länder.

Das Ergebnis der Selbstbereicherung des Bürgertums bestand nun vielmehr in Unternehmensanteilen, Grundbesitzurkunden, Staatsanleihen und nicht zuletzt in Buchgeld auf der Bank. Die Aktionäre der boomenden Schwerindustrie erlebten märchenhafte Wertsteigerungen ihrer Anteile. Wem das noch nicht genügte, der konnte sein Geld durch Spekulation an den Börsen nochmals kräftig vermehren. Die Architektur der Börsen in Europas Metropolen erinnerte zu der Zeit vielleicht nicht von ungefähr an antike Tempel oder barocke Sakralbauten. Geld gab es schon seit Jahrtausenden, doch nie zuvor wurde dem Streben nach immer mehr Geld derart exzessiv gehuldigt. Ein neuer sozialer Typus entstand, der des „Privatiers". Er arbeitete nicht mehr, sondern ließ sein Geld für sich „arbeiten". Die Reichen konnten ihre intangiblen Vermögenswerte jederzeit in nahezu beliebige tangible Gegenstände umtauschen. In der zweiten Hälfte des 19. Jahrhunderts ließ sich die Großbourgeoisie überall in Europa palastartige Villen errichten, beschäftigte darin Dutzende Bedienstete und leistete sich somit einen Lebensstil, der bisher dem Hochadel vorbehalten gewesen war.

All die damals neuen Formen der Bereicherung und des Reichtums sind uns heute so selbstverständlich, dass wir ihre Voraussetzungen kaum noch hinterfragen. Die Virtualisierung des Wirtschaftsgeschehens war eine unmittelbare Folge der Evolution des Bewusstseins und seiner Externalisierung, wie ich sie im vorherigen Kapitel skizziert habe. Am Ende eines langen evolutionären Prozesses war das Gehirn nicht allein in der Lage, längere Episoden des tatsächlich Erlebten zu speichern, innerlich zu reflektieren und sich mit anderen Gehirnen darüber auszutauschen. Sondern es konnte auch neue, rein geistige Realitäten erfinden! Der jüngste, bis heute andauernde Abschnitt menschlicher Kultur ist geprägt vom Siegeszug einer ausgedachten Wirklichkeitsebene, die sich gegenüber der körperlich erfahrbaren Realität – ein Tier jagen und erlegen, Feuer machen und sich daran wärmen, sich verletzen und Schmerz empfinden – mehr und mehr in den Vordergrund drängte. Spätestens seit dem 18. Jahrhundert bestimmt das Intangible und Virtuelle zunehmend unseren Alltag.

Kinder und Jugendliche, die heute eine Schule besuchen, lernen Geld, Staatsgrenzen oder Atommodelle mit derselben Selbstverständlichkeit kennen wie Mineralien, Wetterphänomene oder den menschlichen Verdauungsapparat. Meines Wissens findet sich in keinem Lehrplan der Hinweis, dass es sich dabei um höchst unterschiedliche Realitätsebenen handelt. Ein Malachit lässt sich anfassen, Regen auf der Haut lässt sich spüren und nach einem ausgedehnten Mahl wissen wir, was wir im Bauch haben. Eine Staatsgrenze dagegen hat noch nie jemand gesehen. Sie ist auf Satellitenbildern so lange unsichtbar, bis Google Maps sie einblendet – was bezeichnenderweise standardmäßig geschieht. Auch Atome hat noch niemand gesehen, es handelt sich um eine reine Modellvorstellung. Dennoch haben unsere intangiblen Atommodelle in Hiroshima und Nagasaki, Tschernobyl und Fukushima äußerst tangible und durchaus verheerende Folgen gezeitigt. Geld ist streng genommen ebenfalls nicht real. Oder genauer gesagt: Es existiert ausschließlich innerhalb unserer Gehirne. Die auf physischem Papier von geringem Materialwert gedruckten Nennwerte oder die Zahlenkolonnen auf den Computerbildschirmen der Banker sind per se nichts Materielles. Selbst heute kann ein ganzes Währungssystem durch einen einzigen Satz geschützt werden, wie die Geschichte belegt. „Within our mandate, the ECB is ready to do whatever it takes to preserve the euro. And believe me, it will be enough." Das konstatierte Mario Draghi am 26. Juli 2012 in seiner Funktion als Präsident der Europäischen Zentralbank auf der Global Investment Conference in London und beendete damit die Euro-Schuldenkrise. Die Gemeinschaftswährung stand auf der Kippe und der damalige deutsche Finanzminister Schäuble sprach offen vom „Grexit", dem Austritt der Griechen aus der Währungsunion.

Das Geldsystem ist ein rein fiktives System, aber eines, das verblüffend gut funktioniert. Seine Basis ist Vertrauen. Solange die Mehrheit der Menschen auf Geld, Staatsgrenzen oder Atommodelle vertraut, prägen und strukturieren diese fiktiven Realitäten unsere kulturelle Praxis.

Es ist eine erstaunliche Konsequenz der Evolution des Bewusstseins, dass Menschen umso mehr Macht über ihre Umwelt gewonnen haben, je stärker sie sich von ihrer körperlichen Realität gelöst und virtuelle Konstrukte ihrer Gehirne zur Basis ihrer Kultur gemacht haben. Man könnte etwas zugespitzt sagen: Je intangibler die Dinge werden, desto drastischer sind potenziell die globalen Konsequenzen – und das auf einer ganz und gar tangiblen Ebene. Ohne Nationalstaaten, Finanzkapital und ausgedachte Organisationsformen – wie Militär, Staatsverwaltung oder Aktiengesellschaft – hätte es nie eine Atombombe gegeben. Aber auch keine moderne industrielle Massenproduktion mit dem Vorteil nie gekannten globalen Wohlstands und dem Nachteil eines Ausstoßes an Kohlendioxid, der zum massiven Problem geworden ist. Die Vorliebe der Moderne für das Intangible beginnt uns auf sehr tangiblen Ebenen einzuholen. Wir werden die Evolution des menschlichen Geistes jedoch nicht zurückschrauben können. Aus unserer Welt der fiktiven Realitäten gibt es keinen Notausgang. Die einzige Chance besteht jetzt darin, über unsere ausgedachte Welt neu nachzudenken. Soll Geld weiterhin der Bereicherung des Individuums dienen? Brauchen wir Staatsgrenzen noch und wenn ja, wozu? Bilden Aktiengesellschaften und ähnliche Konstrukte immer noch einen geeigneten kulturellen Rahmen, in dem Menschen in Zukunft ihre Zusammenarbeit organisieren?

10.2   Das Prinzip Fanshop: Freiwillige Identifikation mit partikularen Interessen

Noch einmal Paris. Ich hatte eine Mission zu erfüllen. Das heißt, eigentlich war es ein rein privater Aufenthalt. Gemeinsam mit meiner Frau genoss ich ein verlängertes Wochenende in der französischen Hauptstadt. Doch unser älterer Sohn, damals wie heute fußballbegeistert und mittlerweile Trainer in der Bundesliga, hatte uns genauestens instruiert, welches Souvenir er von seinen Eltern erwartete. Zu der Zeit spielte Zlatan Ibrahimović beim französischen Hauptstadtclub Saint-Germain und dessen originales Trikot sollte es sein. So begaben wir uns zu dem Fanshop in bester Lage auf den Champs-Élysées, unweit des Rond-Point. Der Fanshop hieß, wie es sich für die sprachpuristischen Franzosen gehört, natürlich nicht so, sondern „Boutique Officielle du Paris Saint-Germain". Seine Fassade war in den Vereinsfarben Blau und Rot gehalten und das Vereinslogo prangte erhaben über der Eingangstür. Im Inneren erwartete uns eine blau-rote Welt. Letztlich sind alle Fanshops im Fußball gleich, egal ob bei Paris Saint-Germain, Bayern München oder Inter Mailand. Neben den originalen Trikots und einer großen Kollektion von Sportartikeln in den Vereinsfarben gibt es dort allen erdenklichen Krempel zu kaufen, von der Kaffeetasse über den Flaschenöffner bis hin zum Kühlschrankmagneten. Es handelt sich zumeist um Billigware aus Fernost, die aber durch Vereinsfarben und Logo in den Augen der Fans dermaßen geadelt wird, dass sie einen geradezu unverschämt überhöhten Preis für die Produkte zu zahlen bereit sind.

Mangels Anhängerschaft immun gegen derartige Offerten, begaben wir uns zügig in die Abteilung mit den Trikots. Da es im Fußball durchaus unterschiedliche Trikots gibt (Heimtrikots, Auswärtstrikots, Trikots für die Champions League), hatten wir genaueste schriftliche Anweisungen unseres Sohnes bezüglich des gewünschten Modells. Hinzu kam die eindringliche Ermahnung, nur bloß nicht die „Beflockung" – so heißt es im Fachjargon – des Trikots mit dem Namen Ibrahimović sowie seiner Rückennummer (die 10, wenn ich mich recht erinnere) zu vergessen. Die Trikots kommen nämlich vom exklusiven Ausstatter (in diesem Fall Nike) sozusagen am Rücken blanko und werden erst im Fanshop nach Wunsch des Kunden beschriftet. Theoretisch hätte ich auch „68 Cohn-Bendit" auf den Polyesterstoff drucken lassen können, aber da verstehen Fußballfans – zu denen ich mich ausnahmslos in meiner Rolle als Vater zähle – möglicherweise nicht allzu viel Spaß. Stets enthalten und weder für Geld noch gute Worte abbestellbar war die Werbung des Hauptsponsors auf der Brustseite der Trikots. Somit würde auch unser Sohn demnächst die Botschaft „Fly Emirates" verbreiten dürfen, ob er wollte oder nicht. An der Kasse wunderten wir uns noch ein wenig über den Preis des Kleidungsstücks – letztlich ja kaum mehr als ein schnödes T-Shirt aus Kunstfaser, zudem mit Werbung versehen – und hofften, unserem Sohn damit nun wirklich eine Freude zu machen.

Der Fanshop ist ein kultursoziologisch ungemein aufschlussreicher Ort. Er ist eine Art Walhall der menschlichen Identifikation über Zeichen und Symbole. Ein „Verein" ist letztlich etwas genauso Ausgedachtes und Intangibles wie ein Nationalstaat oder eine Aktiengesellschaft. Die moderne Gesellschaftsordnung basiert in einem kaum zu unterschätzendem Ausmaß darauf, dass Menschen sich mit solchen fiktiven Realitäten identifizieren. Dabei ist und bleibt der Mensch jedoch ein sinnliches und haptisches Wesen. Deshalb funktioniert diese Identifikation dann am besten, wenn sie möglichst geschickt mit sinnlich wahrnehmbaren, idealerweise sogar anfassbaren Gegenständen bestärkt wird. Der Nationalstaat verwendet dazu seit jeher Fahnen, Wappen, Uniformen, Trachten, Münzen, Siegel und dergleichen. Fußballvereine nutzen ebenfalls Fahnen, die im Stadion geschwenkt werden, eine Anleihe aus dem Militär. Darüber hinaus gibt es Logos, Trikots (Uniformen), Schals und die gesamte Palette des sogenannten Merchandise – von der Basecap bis zum Flaschenöffner. Alles das offeriert ein moderner Fanshop. Durch seine sinnlich wahrnehmbaren Zeichen und Symbole wird der Fußballverein als Marktteilnehmer in einer Marktwirtschaft schließlich zur Marke. Die Marken „Paris Saint-Germain", „Bayern München" oder „Inter Mailand" – definiert als Summe ihrer abgrenzbaren Zeichen und Symbole – sind vom Rechtssystem (einer weiteren ausgedachten Realität) umfassend geschützt. Ihre intangiblen Welten unbefugt nachzuahmen und zu verbreiten, ist strafbar und zieht – zumindest in schweren Fällen – eine ganz und gar tangible Verhaftung durch die Polizei nach sich.

Es gibt indes noch eine weitere kulturelle Praxis, die im Fanshop geradezu auf die Spitze getrieben wird: Indem sich Menschen mit Marken und anderen fiktiven Realitäten identifizieren, unterwerfen sie sich freiwillig Interessen, die nicht unbedingt identisch mit ihren eigenen sind und selten ein größeres gesellschaftliches Ganzes im Blick haben. Wer profitiert denn von den überzogenen Gewinnmargen der Produkte im Fanshop? Die Fans selbst, ihr Zusammenhalt, ihre sogenannte Fankultur? Oder die Plutokraten, denen ein Verein wie Paris Saint-Germain „gehört", und ihre Geschäfts- und Werbepartner? Darunter Sportartikelriesen wie Nike, die als exklusive Ausrüster mit dem Verein millionenschwere Verträge über eine Laufzeit von vielen Jahren abschließen. Fußballfreunde mögen mich jetzt schelten, aber der Fan im Fanshop kommt mir zuweilen vor wie ein Drogenabhängiger, der für die Befriedigung seines Zugehörigkeitsbedürfnisses über Zeichen und Symbole bereit ist, nahezu jeden Mondpreis zu zahlen.

Der Fanshop ist ein vergleichsweise harmloses Beispiel für die freiwillige Identifikation mit dem Partikularen. So prägnant dieser Fall ist, so wenig singulär ist er gleichzeitig auch. In nahezu allen Märkten und quer durch sämtliche Marktsegmente findet heute Identifikation mit Marken statt. Eine eigene Disziplin des Marketings – das „Branding", benannt nach den Brandzeichen, mit denen Cowboys einst in den USA ihre Rinder markierten – beschäftigt sich mit dem Erschaffen von Marken und der sogenannten Markenführung. Ziel ist es zunächst, dass der Konsument eine Marke erkennt und wiedererkennt. Aufgrund des kommunizierten Markenwerts soll er dann bereit sein, einen höheren Preis für das Markenprodukt zu zahlen als für ein gleichwertiges „No-Name-Produkt" oder auch das Produkt einer Marke mit niedrigerem Markenprestige. Taschentücher der Marke „Tempo" kosten mehr als die der Eigenmarke eines Drogeriediscounters. Ein Audi A3 ist höherwertiger „positioniert" als ein Volkswagen Golf und dieser soll wiederum wertiger sein als ein Seat Leon – obwohl alle drei Fahrzeuge technisch weitgehend identisch sind und sich nur in Äußerlichkeiten unterscheiden. Als „Badge Engineering" bezeichnet man es in der Automobil- und der Elektronikbranche, wenn ein vermeintlich neues Produkt lediglich durch Austausch des Markenlogos (engl. „badge") kreiert wird. Technisch und optisch identische Waschmaschinen werden nach diesem Prinzip sowohl als Siemens- als auch Bosch-Geräte verkauft. „Koopkurrenz" so nennen sie die Betriebswirte, die Dualität von Kooperation und Konkurrenz. Und schon bekommt ein neues virtuelles Phänomen einen schönen neuen Namen. Es lebe die Intangibilität.

Alle diese Phänomene, die auf fiktiven Realitäten basieren, sind uns bestens vertraut. Sie machen sich ein evolutionär gewachsenes Bedürfnis des Menschen nach Orientierung und Identifikation mit einer Gruppe zunutze. Als Folge der Evolution des menschlichen Geistes identifizieren wir uns heute nicht mehr allein mit Gruppen von Menschen, also einer Familie, einer Sippe oder einem Stamm, sondern auch mit abstrakten, rein fiktiven Konzepten, wie etwa Marken, Nationen, Religionen oder politischen Ideologien. Selbstbezeugungen wie „Ich bin ein Liberaler" oder „Ich bin Bayern-Fan" sind der Beleg dafür. Die Identifikation mit einer Nation ist in gewisser Weise ein Grenzfall, da sie sich zwar im Kern auf die Zugehörigkeit zu einer genetischen Abstammungsgemeinschaft zurückführen lässt, diese in der heutigen Praxis jedoch längst von fiktiven Kriterien überlagert ist. Franzose ist, wer innerhalb des gedachten geografischen Umrisses „Frankreich" geboren wurde oder einen französischen Pass besitzt.

Alle beispielhaft genannten Identifikationen strukturieren und organisieren das Leben in einer modernen Gesellschaft und Marktwirtschaft. Sie sind dafür in gewisser Weise sogar unerlässlich, selbst wenn man ihre Exzesse – etwa in Gestalt des Fanshops – belächeln mag. Wir sollten uns dennoch darüber Gedanken machen, ob diese starke alltägliche Identifikation mit dem Partikularen für die Zukunft der menschlichen Zusammenarbeit und die Überwindung sich abzeichnender globaler Krisen möglicherweise hinderlich ist. Zwar hat uns die Identifikation mit dem Partikularen in vielfacher Hinsicht Wohlstand und Sicherheit beschert. Stets hatte diese Identifikation aber auch eine Schattenseite. Nach Beispielen müssen wir nicht lange suchen: Mit Hinweis auf Mythen ihrer nationalen Einheit lehnen Staaten es ab, flüchtende Menschen aufzunehmen, selbst wenn diese in großer Not sind. Unter Berufung auf religiöse Mythen und Dogmen wird Frauen in vielen Regionen der Erde eine gleichberechtigte Teilhabe am sozialen Leben verweigert. Die Identifikation mit einem bestimmten tradierten Familienmodell dient als Rechtfertigung für Gewalt gegen gleichgeschlechtlich Liebende. Regierungen von Schwellenländern wischen ökologische Bedenken gegenüber dem Bau von Staudämmen oder Atomkraftwerken vom Tisch, da sie ihre Bevölkerung auf den Mythos des „Anschlusses an den Westen" eingeschworen haben. Globale Konzerne fordern Loyalität von ihren Mitarbeitenden und begeben sich in einen Verdrängungs- und Vernichtungswettbewerb mit anderen Unternehmen, statt auf Kooperation und Synergie zu setzen.

Der streitbare Schweizer Historiker und Friedensforscher Daniele Ganser rechnet in Büchern wie „Imperium USA" oder „Europa im Erdölrausch" mit einer Gegenwart ab, die von konkurrierenden Gruppeninteressen dominiert wird. „98 Prozent der Menschen wollen den Anderen nicht töten. Aber dann gibt es eine ganz kleine Gruppe, die uns immer wieder gegeneinander aufhetzt und dazu eine Gruppe aus der Menschheitsfamilie ausschließt", (Ganser 2022) schreibt Daniele Ganser in einem Zeitschriftenbeitrag. „Wir müssen uns am Begriff ‚Menschheitsfamilie' orientieren, weil er das Gegengift ist gegen trennende Konzepte wie Nationalismus, Rassismus, Sexismus und Imperialismus", ist der Friedensforscher überzeugt. In einem YouTube-Video präzisiert er: „Man soll nicht einfach blind seine Identität auf eine Firma, eine Religion oder auf eine politische Partei bauen. Die echte Identität soll man an seinen Werten festmachen, nur dort hat man Stabilität." Gansers Thesen stoßen öffentlich auf viel Widerspruch. Doch mit seiner Forderung nach einem Paradigmenwechsel vom Gruppeninteresse zum Menschheitsinteresse bringt er auf den Punkt, an welchem Scheideweg die menschliche Evolution jetzt steht.

Wie aber kommen wir zum Bewusstsein einer „Menschheitsfamilie" oder, wie ich lieber formulieren möchte, einer Weltgemeinschaft? Wie schaffen wir es, die Identifikation mit dem Partikularen zumindest so weit hinter uns zu lassen, dass wir unsere weltweite Verflechtung und gegenseitige Abhängigkeit in dem Ausmaß erkennen, wie sie im 21. Jahrhundert existiert? Wir brauchen einander – dieser Satz gilt nicht allein für die Spezialisten und Spezialistinnen in der Wissensgesellschaft. Sondern auch für die Weltgemeinschaft insgesamt. Die Zukunft der Zusammenarbeit betrifft weit mehr als das künftige Schicksal der Marktwirtschaft oder die Wertschöpfung partikularer Organisationen und Netzwerke. Es geht um die Menschheit als Ganze.

10.3   Vom weltzentrischen Bewusstsein zu einer globalen Agenda

In ihrem überaus einflussreichen Buch „Die andere Stimme" (1982) unterschied die US-amerikanische Psychologin, Ethikerin und Feministin Carol Gilligan auf der Basis empirischer Studien drei grundlegende Stufen des ethischen Bewusstseins beim Menschen: Auf der ersten Stufe dreht sich unsere Moral um uns selbst, unser Überleben und unseren persönlichen Vorteil. Gilligan nannte diese Stufe „egozentrisch". Auf der zweiten Stufe schließt menschliche Ethik ein „Wir" mit ein und umfasst die Angehörigen einer – wie auch immer definierten – Gruppe, der ein Individuum sich zugehörig fühlt. Dies ist nach Carol Gilligan die „ethnozentrische" Stufe der moralischen Entwicklung. Auf der dritten Stufe weitet sich das Bewusstsein des Menschen dann noch einmal, nämlich von „Wir" zu „Wir alle". Nun sind alle Menschen – oder sogar sämtliche fühlenden Lebewesen – auf der Erde in das ethische Denken des Menschen miteingeschlossen. Diese dritte Entwicklungsstufe nannte Carol Gilligan „weltzentrisch". Jede Entwicklungsstufe schließt eine frühere mit ein. Das heißt, ein Mensch mit einem „weltzentrischen" Bewusstsein vernachlässigt nicht notwendig die Interessen seiner Gruppe oder seine persönlichen Interessen. Sein Bewusstsein hat sich erweitert, nicht verengt. Bewusstsein definiert der US-amerikanische Neurowissenschaftler Christof Koch als „das, was sich nach etwas anfühlt". So gesehen könnten immer mehr Menschen heute auf einer evolutionären Entwicklungsstufe ihrer Gehirne angekommen sein, die es ihnen erlaubt, sich einer Weltgemeinschaft zugehörig zu fühlen. Wer diese Stufe des Bewusstseins nicht oder noch nicht vollständig erreicht hat, der kann eine solche Zugehörigkeit möglicherweise auch noch nicht fühlen. Man hüte sich insofern davor, Menschen oder Gruppen moralisch abzuwerten, die kein „weltzentrisches" Bewusstsein entwickelt haben.

Spannend erscheint mir, was Menschen mit einem „weltzentrischen" Bewusstsein jetzt tun können, um die Entwicklung der „Menschheitsfamilie" in eine positive Richtung zu lenken. Was passiert, wenn sich Menschen auf dieser nach Carol Gilligan dritten ethischen Entwicklungsstufe zu einer ko-kreativen Gemeinschaft zusammenschließen? Geschieht dies vielleicht sogar bereits auf der einen oder anderen Ebene? Wenn es heute schon Menschen gibt, die in dem klaren Bewusstsein einer Weltgemeinschaft leben und ihren Blick auf das große Ganze richten, dann ist es sehr wahrscheinlich, dass diese auch bereits begonnen haben, sich zu vernetzen und vielleicht sogar an Lösungen für Menschheitsprobleme zu arbeiten.

Tatsächlich hatten bereits die Journalisten, die an der Entschlüsselung der „Panama Papers" arbeiteten, nicht länger die Interessen einzelner Nationen, Unternehmen oder regionaler Machtbündnisse im Kopf. Als die beteiligten US-amerikanischen Journalisten für ihren Beitrag zur Veröffentlichung der „Panama Papers" den Pulitzer-Preis gewannen – die höchste Auszeichnung im amerikanischen Journalismus –, sagte der Vorsitzende des Preisgremiums, Mike Pride: „Indirekt gehört die Ehrung allen weltweit beteiligten Medien." Lediglich die Statuten des Pulitzer-Preises erlaubten es nicht, die Auszeichnung auch an Ausländer zu vergeben. In der Begründung der Jury hieß es, die Recherche von Medien rund um den Globus über die Kanzlei Mossack Fonseca habe zu Ermittlungen auf der ganzen Welt und zu einer weltweiten Debatte über Steueroasen und Geldwäsche geführt. Wo Menschen – wie in diesem Fall – beginnen, weltumspannende Debatten über globale Missstände zu führen, ist dies ganz offensichtlich die Folge eines „weltzentrischen" ethischen Bewusstseins.

Noch augenfälliger wird diese neue Bewusstseinsstufe dort, wo Menschen sich ausdrücklich über die Zukunft der Menschheit Gedanken machen und sich hierzu vernetzen, Debatten anstoßen, Lösungsvorschläge diskutieren oder sogar bereits konkrete Maßnahmen ergreifen. Man mag hier beispielsweise an die „Fridays for Future"-Bewegung denken. Wenn die Jugendlichen, die sich innerhalb dieser Bewegung für eine Lösung der Klimakrise starkmachen, von „Zukunft" sprechen, dann meinen sie nicht allein ihre persönliche Zukunft oder die Zukunft ihrer jeweiligen Nationen und Volkswirtschaften. Sondern sie meinen explizit die Zukunft der Menschheit. Sie besitzen ein Bewusstsein als „Nachwuchs" der Menschheitsfamilie – und nicht bloß als junge Generation von Deutschen, Österreichern, Europäern oder Bewohnern der entwickelten Industriestaaten.

Am 29. November 2019 kam es in einer ostdeutschen Braunkohleregion zu einer symbolträchtigen Konfrontation von „Fridays for Future"-Aktivisten und Kohlearbeitern, die um den Erhalt ihrer Arbeitsplätze bangten. Die Jugendlichen machten bei diesem Anlass deutlich, dass ihnen die Zukunft der Erde wichtiger sei als die Jobsicherung für wenige Arbeitnehmer. Die deutsche Tageszeitung „Die Welt" warf den Klimaaktivisten daraufhin ein „fanatisches" Auftreten vor. „Mitmenschlichkeit und Mitgefühl" hätten „in ihrem Denken keinen Platz", kommentierte das Blatt, Eisbären seien ihnen wichtiger als Kohlearbeiter. Doch ist dieser Vorwurf plausibel? Oder kehren sich auf einer „weltzentrischen" ethischen Entwicklungsstufe nicht lediglich die Prioritäten um? Bisher galt: Hauptsache, mir und meiner Gruppe geht es gut, selbst wenn der Rest der Welt darunter leidet. Die „Fridays for Future"-Aktivisten sagen: Hauptsache, die Menschheit hat eine Zukunft, selbst wenn einzelne Gruppen temporär Nachteile haben oder im Hinblick auf ihre partikularen Interessen zurückstecken müssen. In dem konkreten Fall betrifft es eine kleine Gruppe von Arbeitnehmern in einer Branche ohne Zukunft, die durch den deutschen Sozialstaat mehr als komfortabel abgesichert ist.

Im Jahr 1992 trafen sich Vertreter und Vertreterinnen aus 178 Staaten auf der „Konferenz für Umwelt und Entwicklung" der Vereinten Nationen in Rio de Janeiro. Damals wurde ein Aktionsprogramm für „nachhaltige Entwicklung" beschlossen, die sogenannte Agenda 21. Dieses Maßnahmenpaket war bemerkenswert sowohl im Hinblick auf seinen Anwendungsbereich als auch seine Themenfelder. Trotz nach wie vor sehr großer Unterschiede in der ökonomischen, politischen und sozialen Entwicklung einzelner Nationen hatte die Agenda 21 die Entwicklung der Weltgemeinschaft im Blick, und das ausdrücklich mit Rücksicht auf die natürliche Umwelt. Gleichzeitig wurden einzelne Politikfelder – wie etwa Armutsbekämpfung oder Umweltschutz – nicht etwa isoliert betrachtet, sodass man auch das eine gegen das andere hätte ausspielen können. Sondern es wurde unter dem Oberbegriff „nachhaltige Entwicklung" ein holistischer Zusammenhang zwischen ökonomischer, ökologischer, sozialer, medizinischer und technischer Entwicklung hergestellt. Obwohl sich die Beschlüsse von Rio vorrangig an internationale Organisationen und nationale Regierungen wandten, wurden die Menschen in sämtlichen Mitgliedsstaaten der Vereinten Nationen gleichzeitig aufgefordert, sich auch an der Basis zu vernetzen und eigene Ideen und Konzepte für nachhaltige Entwicklung zu erarbeiten. Nach dem Motto „Global denken – lokal handeln" – eine Aufforderung die unter anderem dem Futuristen Frank Feather zugeschrieben wird – fanden sich in den Folgejahren überall auf der Welt Gruppen, mit dem Ziel, eine jeweils „Lokale Agenda 21" zu definieren.

Zwei Jahrzehnte später fiel die Bilanz durchwachsen aus. Deshalb trafen sich die Vertreter der Vereinten Nationen im Jahr 2012 in Brasilien zur sogenannten Rio-plus-20-Konferenz. Ihr Ziel war es, die Agenda 21 noch einmal deutlich zu konkretisieren und mit einer zeitlichen Vorgabe zu versehen. Herausgekommen sind „17 Ziele für nachhaltige Entwicklung", auch „Agenda 2030" genannt. Bis zum Jahr 2030 sollen als Ergebnis dieses Aktionsprogramms unter anderem Armut und Hunger beseitigt sein. Alle Menschen sollen Zugang zu einer zeitgemäßen Gesundheitsfürsorge und einer qualitativ hochwertigen Bildung haben. Ebenso zu sauberem Wasser sowie bezahlbarer und sauberer Energie. Es soll Gendergerechtigkeit herrschen und keine Diskriminierung von Minderheiten mehr geben. Menschen sollen in einer innovativen Wirtschaft neue Arbeit finden, gleichzeitig soll der Klima-, Meeres- und Naturschutz gewährleistet sein.

An dieser Stelle ist weniger die Frage, wie idealistisch oder realistisch es erscheint, alle diese und noch weitere Ziele bis 2030 erreicht zu haben. Wobei es eine gängige – wenngleich von mir nicht propagierte – Technik aus der Managementlehre ist, bewusst überambitionierte Ziele zu setzen, die eigentlich nicht zu schaffen sind, um am Ende das bestmögliche Ergebnis zu erzielen. Viel wichtiger ist an dieser Stelle, dass Vertreter der gesamten Menschheit überhaupt gemeinsam diese Ziele anstreben! Das setzt eine Stufe in der Evolution des menschlichen Geistes voraus, wie sie während der letzten zwei, drei Jahrhunderte erst langsam gewachsen ist. Nummer 17 der „17 Ziele für nachhaltige Entwicklung" heißt vielleicht nicht von ungefähr „Globale Partnerschaft". Sie lässt sich als Aufforderung lesen, globale Ko-Kreation zu entwickeln. Einen MESH, der die Zukunft der gesamten Menschheit in den Blick nimmt.

11

Mensch und Künstliche Intelligenz

Wie das Wechselspiel zwischen Gehirnen und Informationstechnologie die Arbeitswelt verändern könnte

Mit der Fähigkeit des „Deep Learning" hat Künstliche Intelligenz (KI) eine Schwelle überschritten, die sie bestimmte Aufgaben effizienter und besser erledigen lässt als jedes menschliche Gehirn. Diese Entwicklung wird sich absehbar fortsetzen. Gleichzeitig gibt es immer noch eine ganze Reihe menschlicher Fähigkeiten, die sich mit KI und Robotik nicht abbilden lassen. In naher Zukunft werden große Chancen entstehen, wenn wir den MESH aus menschlichen Gehirnen um die KI erweitern. Die Sorge vor Fehlentwicklungen ist hierbei durchaus berechtigt. Doch wir haben allen Grund zu einem kritisch-aufgeklärten Optimismus.

© Der/die Autor(en), exklusiv lizenziert an Springer Fachmedien Wiesbaden GmbH, ein Teil von Springer Nature 2022
C. Zulehner, *MESH – Die Evolution der Zusammenarbeit*,
https://doi.org/10.1007/978-3-658-37818-9_11

Dem Schachweltmeister mangelte es nicht an Selbstbewusstsein: „Niemals wird ein Schachprogramm mich besiegen", orakelte Garri Kimowitsch Kasparow in den 1980er-Jahren. Kasparow war nicht irgendein Weltmeister. Zwischen 1985 und 2000 dominierte er die Schachturniere dieser Welt nach Belieben. Als er im Jahr 2005 seine Karriere offiziell beendete, war er immer noch die Nummer eins der Weltrangliste. Doch der Sowjetbürger Kasparow hatte einen mächtigen Gegner. Wie bei einem anständigen Thriller aus der Zeit des Kalten Kriegs saß dieser in den USA: Der taiwanisch-amerikanische Informatiker Feng-Hsiung Hsu, Softwareentwickler beim Technologie-Konzern IBM, hatte sich in den Kopf gesetzt, Kasparow zu schlagen. Mit einem Schachcomputer. Das klang in den Achtzigern ungefähr so, als hätte im 19. Jahrhundert jemand angekündigt, mit einer Dampfmaschine zum Mond zu fliegen. Doch Hsu war extrem ehrgeizig und sein Arbeitgeber stellte ihm schier unbegrenzte Ressourcen zur Verfügung. Im Jahr 1989 traten Hsu und sein Team erstmals gegen Kasparow an. Ihr Schachcomputer war ein Mainframe-Rechner in der Größe eines Kühlschranks. Hsu hatte ihn „Deep Thought" getauft, nach dem Supercomputer in dem Roman „Per Anhalter durch die Galaxis" von Douglas Adams. Kasparow entschied beide Partien gegen Deep Thought souverän für sich.

Doch Feng-Hsiung Hsu gab nicht auf. Im Jahr 1996, der Kalte Krieg war zwischenzeitlich vorbei, forderte er Garri Kasparow erneut zum Duell. Die Informationstechnologie hatte sich während weniger Jahre rasant weiterentwickelt. Speicher- und Rechenkapazitäten hatten sich vervielfacht. Das World Wide Web befand sich bereits auf dem Siegeszug. Hsu nannte seinen neuesten Schachcomputer „Deep Blue", in Anspielung an den Spitznamen seines Arbeitgebers IBM, „Big Blue". Dessen Gehäuse war jedoch nicht blau, sondern mattschwarz, und es besaß immer noch die Ausmaße eines Haushaltsgroßgeräts. Vor dem Duell in Philadelphia, das live im Internet übertragen wurde, erklärte Kasparow, er trete an, um „die Ehre der Menschheit zu verteidigen". Kasparow konnte das Turnier zwar für sich entscheiden, zog dabei aber in einer von sechs Partien den Kürzeren. Es war das erste Mal, dass ein Schachweltmeister unter Turnierbedingungen gegen eine Maschine verlor. Beim Rückkampf im Folgejahr in New York verlor Kasparow dann das gesamte Turnier 2,5:3,5 gegen einen nochmals optimierten Deep Blue. Psychisch angeschlagen flog Kasparow nach Hause und spielte von da an nie wieder öffentlich gegen einen Computer.

Kasparow war damals nicht der beste Verlierer. Dem Turnier folgte ein jahrelanger Streit: Der Weltmeister warf dem Team von IBM mangelndes Fairplay vor. Sein Hauptargument lautete, bei Deep Blue habe es sich nicht wirklich um eine lernende Software gehandelt, wie IBM zum Zeitpunkt des Matches vollmundig behauptet hatte. Vielmehr hätten die IBM-Leute den Schachcomputer während des Turniers immer wieder neu programmiert. Dabei seien ihre eigenen Beobachtungen des Kasparow'schen Spielstils mit eingeflossen. Kasparow habe sich deshalb auf seinen „Gegner" nicht richtig einstellen können. Später nahm der Weltmeister seine Vorwürfe zurück. Tatsache ist jedoch, dass der Schachcomputer zum Zeitpunkt des Duells noch nicht ausgereift war. Die Mängel von Deep Blue waren vermutlich sogar der Grund, warum Kasparow überhaupt noch eine Chance gegen den Computer gehabt hatte. Hsu und sein Team hatten zwischen den Partien ständig Verbesserungen vorgenommen und sogar noch Fehler im Quellcode beseitigt.

IBM räumte deshalb später ein, dass Deep Blue tatsächlich noch kein lernendes System im Sinne der Künstlichen Intelligenz war. Noch waren es Menschen, die das Schachprogramm kontinuierlich optimierten. Noch gab es auch klare Defizite gegenüber menschlicher Schach-Intelligenz. Deep Blue hatte zum Beispiel Probleme mit sogenannten Horizonteffekten: Die Software tat sich schwer damit, langfristige Pläne des Gegners zu erkennen und deren Konsequenzen vorauszuberechnen. Heute, rund 25 Jahre später, beherrscht Künstliche Intelligenz das Schachspiel in allen seinen Facetten perfekt. Ein Match eines Schachweltmeisters gegen einen Computer wäre sinnlos. Der Mensch hätte nicht mehr die geringste Chance zu gewinnen.

11.1 Vom mechanischen Türken zum Computerchip im Gehirn

Auf buchstäblich spielerische Art und Weise überflügelte mit dem Schachcomputer zum ersten Mal in der Geschichte der Evolution ein Artefakt die Intelligenz des menschlichen Gehirns. Dass Maschinen unsere motorischen Fähigkeiten übertreffen, waren wir da schon lange gewohnt. Zunächst bediente sich der Mensch bestimmter Tiere – Pferde, Ochsen oder Esel –, um sich schneller fortbewegen oder mehr Kraft einsetzen zu können, als es die eigene genetische Ausstattung erlaubte. Wind- und Wasserkraft sowie seit der Industriellen Revolution zuerst Dampf, später dann elektrischer Strom und die Energie aus Verbrennungsmotoren ermöglichten es schließlich, eine Welt zu erschaffen, deren Möglichkeiten weit über das hinausgingen, was die Muskeln von Mensch und Tier je hätten erreichen können. Seit der zweiten Hälfte des 20. Jahrhunderts fliegen wir Jumbojet und fahren Hochgeschwindigkeitszug, lassen Autokarosserien von Robotern zusammensetzen, bohren Tunnel durch Gebirgsmassive und gelangen mit dem Lift mit 72 km/h auf die höchste Etage des 828 Meter hohen Burj Khalifa.

So sehr uns Technologie auch bei unseren motorischen Fähigkeiten überholte, so sicher waren wir uns gleichzeitig, dass viele unserer kognitiven Fähigkeiten unerreicht bleiben würden. Die legendären Taschenrechner von Texas Instruments – Bauklötze, an die sich manche vielleicht noch aus ihrer Schulzeit erinnern – rechneten zwar schon in den 1970er-Jahren schneller als ein Mathematikprofessor. Aber schneller hieß in diesem Fall nicht besser. Mathematik verstehen und anwenden konnte weiterhin nur der Mensch. Bereits am 10. Juni 1965 landete ein voll besetztes Passagierflugzeug erstmals vollkommen autonom. Doch erledigte die Software diese Aufgabe kein bisschen besser als ein erfahrener Flugkapitän. Noch heute erfolgen die allermeisten Landungen in der zivilen Luftfahrt manuell. Nur bei extrem schlechten Wetterverhältnissen übernimmt der Autopilot – vorausgesetzt, Maschine und Zielflughafen sind technisch entsprechend hochgerüstet. Ingenieure nutzen seit den 1980er-Jahren Computer bei der Konstruktion von Flugzeugen, Schiffen, Automobilen oder Hochhäusern. Doch das „Computer Aided Design" (CAD) war und ist – wie der Name schon sagt – lediglich ein Hilfsmittel des denkenden Menschen. Die eigentliche kognitive und kreative Leistung erbringt weiterhin das menschliche Gehirn. Und das nicht etwa aufgrund angeborener, genetisch bestimmter Fähigkeiten. Sondern als Folge jahrelangen Lernens und Trainierens in einem kulturellen Rahmen, wodurch das Gehirn sich aufgrund seiner Plastizität verändert. Erst mit Kasparows Niederlage gegen Deep Blue war die Tür zu einer neuen Ära aufgestoßen. Die Frage lautet seitdem: Wo überall wird Künstliche Intelligenz das menschliche Gehirn noch überflügeln?

Das Duell „IBM vs. Kasparow" kam indes keineswegs aus dem kulturellen Nichts. Die Frage, ob sich menschlicher Geist künstlich erzeugen ließe und es möglich wäre, Artefakte zu erschaffen, die den Menschen intellektuell überflügeln könnten, faszinierte vor allem die westliche Kultur schon seit Längerem. So schilderte die englische Schriftstellerin Mary Shelley in ihrem 1818 erschienenen Roman „Frankenstein" die Erschaffung eines künstlichen Menschen, und das mit nicht durchweg erfreulichen Folgen für seinen Schöpfer. Der Unhold des Viktor Frankenstein besitzt zwar außerordentliche Kräfte, neigt aber wie sein menschliches Vorbild zu Hass und Gewalt, sobald seine Bedürfnisse nicht befriedigt sind.

Ebenfalls ein reines Fantasieprodukt war der „Schachtürke", ein angeblicher Schachroboter, der 1769 von dem österreichisch-ungarischen Hofbeamten Wolfgang von Kempelen erfunden und gebaut wurde. Bei dieser Apparatur saß eine in türkische Tracht gekleidete, lebensgroße Puppe eines Menschen an einem Schachbrett, führte ihre Spielzüge begleitet von Geräuschen eines Uhrwerks aus und gewann regelmäßig selbst gegen versierte Schachspieler. Generationen von Europäern rätselten über das Geheimnis des Schachtürken, bis es schließlich gelüftet wurde: Ein Schachgroßmeister zog gut versteckt im Inneren des „Automaten" die Fäden. Mit einem ironischen Augenzwinkern nennt der Internetkonzern Amazon heute einen seiner digitalen Services „Mechanical Turk". Es handelt sich dabei um eine Website, über die sich Arbeiten scheinbar automatisch, in Wirklichkeit jedoch über menschliche Crowdworker erledigen lassen, die ähnlich wie beim Schachtürken innerhalb der „Maschine Amazon" unsichtbar bleiben.

Bestimmte Aufgaben, so schreibt Amazon in seiner Produktbeschreibung des Mechanical Turk, ließen sich nach wie vor effektiver von Menschen erledigen als von Computern, darunter zum Beispiel Moderation in sozialen Netzen oder Recherche zu fachlichen Themen. Doch wie lange wird die Überlegenheit des Menschen noch währen? Der Erste, der sich diese Frage stellte, war der englische Logiker, Mathematiker und Computerpionier Alan Turing (1912–1954). Turing entwickelte in den 1950er-Jahren nicht nur eines der ersten Schachprogramme, sondern auch den später sogenannten „Turing-Test", mit dessen Hilfe man zukünftig das Vorhandensein echter Künstlicher Intelligenz erkennen sollte. Bei dem Test kommuniziert ein Proband über Tastatur und Bildschirm parallel sowohl mit einem Menschen als auch mit einem Computer. In dem Moment, da der Proband nicht mehr unterscheiden kann, welcher der beiden Interaktionspartner der Mensch ist und welcher die Maschine, hat der Computer den Turing-Test bestanden. Er darf als „echte" Künstliche Intelligenz angesehen werden. Alan Turing glaubte, dass es im Jahr 2000 das erste Mal soweit sein würde. Bis heute hat jedoch noch kein Computer den Turing-Test bestanden.

Ray Kurzweil, angestellter Vordenker bei Google und lautstarker Prophet des sogenannten Transhumanismus, glaubt, dass er es selbst noch erleben wird, wie Computerintelligenz menschliche Intelligenz einholt und überholt. Kurzweil ist Jahrgang 1948 und insofern recht fortschrittsoptimistisch. Transhumanismus im Sinne von Kurzweil bedeutet, dass der Mensch Computertechnologie nicht bloß nutzen, sondern danach streben soll, seine eigenen durch Gene und Lernfähigkeit determinierten Grenzen mittels Hardware und Künstlicher Intelligenz zu verschieben. Kurzweils Visionen von Computerchips in menschlichen Köpfen sowie der Möglichkeit, Inhalte auf unsere Gehirne aufzuspielen wie Software auf eine Computerfestplatte, lässt die einen von hoch profitablen neuen Geschäftsmodellen träumen und die anderen zutiefst erschrecken. Doch was steht – jenseits ihrer moralischen Bewertung – einer solchen Entwicklung überhaupt im Weg? Warum konnte die Tech-Industrie zwar Kasparow beim Schach schlagen, Alan Turings kühne Vision für das Jahr 2000 aber nicht Wirklichkeit werden lassen? Und: Brauchen wir in einer neuen Arbeitswelt überhaupt gleich den neuen, transhumanen Menschen? Oder liegt vielmehr in der Verknüpfung des Menschen mit Künstlicher Intelligenz bereits so viel Potenzial, dass wir solch einer Utopie zumindest nicht zwanghaft nachjagen müssen?

11.2   Verliebt in Anna, die nette Kundenberaterin von Ikea

Fragt man Neurowissenschaftler, so ist das hypothetische Denken die letzte Bastion des menschlichen Gehirns. Was-wäre-wenn-Überlegungen kann kein anderes Tier anstellen. Computer sind, wenn überhaupt, dann nur innerhalb sehr enger Grenzen zu hypothetischen Berechnungen in der Lage. Natürlich berechnet der Schachcomputer zahllose mögliche nächste Spielzüge seines Gegners im Voraus. Genau wie das Wettermodell eines Wetterdienstes anhand einer riesigen Fülle von Echtzeit-Messwerten ständig mögliche Entwicklungen des Wettergeschehens vorausberechnet. Doch sowohl das Schachspiel als auch das Wetter sind letztlich nur kleine Ausschnitte der Wirklichkeit, komplex zwar, jedoch auf Regeln bzw. Naturgesetzen basierend, die sich eindeutig mathematisch beschreiben lassen. Die Regeln des Schachspiels sind sogar vergleichsweise simpel und sämtliche möglichen Verläufe von Schachpartien im wahrsten Sinn des Wortes berechenbar. Das Wettergeschehen stellt da schon eine andere Dimension an Komplexität dar, weshalb es auch bis heute kein Computerprogramm gibt, das das Wetter des nächsten Tages mit hundertprozentiger Treffsicherheit voraussagen kann. Jeder, der im Vertrauen auf die Wettervorhersage schon einmal ohne Regenschirm das Haus verlassen hat und dann nass geworden ist, wird das bestätigen.

Menschliche Intelligenz hat, wie ich in einem der vorherigen Kapitel skizziert habe, mit Kreativität, Problemlösungskompetenz sowie Fähigkeiten zur Verknüpfung von Wissen zu tun. In diesen Bereichen liegt die große Stärke unserer Gehirne. Wir können uns in unseren Köpfen ganz neue Welten ausdenken und anschließend nach Wegen suchen, sie Wirklichkeit werden zu lassen. Ein Säugling besitzt diese Fähigkeit jedoch noch nicht. Der Schlüssel zu gesteigerter menschlicher Intelligenz ist das Lernen. Deshalb steht Lernen auch überall im Fokus, wo es darum geht, Künstliche Intelligenz zu entwickeln. Sobald sich ein Computer darauf trainieren lässt, ähnlich zu lernen wie ein Mensch, müsste er sich mit der Zeit den kognitiven Leistungen des Menschen annähern. Soweit zumindest die Theorie. In der Praxis hat das sogenannte Deep Learning tatsächlich dazu geführt, dass Computer Aufgaben erledigen können, die früher dem menschlichen Gehirn vorbehalten waren.

Ein eindrucksvolles Beispiel ist der sogenannte Chatbot, der auf Websites nicht selten die Form eines menschenähnlichen Avatars annimmt. In seinem humoristischen Roman „Mein Leben mit Anna von Ikea" erzählt Thomas Kowa die Geschichte des Bankangestellten und Singles Matthias Käfer. Er verliebt sich in Anna, die seit 2004 als virtuelle Kundenberaterin auf der Website des schwedischen Möbelkonzerns fungierte. Chatbot-Avatare wie Anna sind in der Lage, Fragen des Kunden automatisch zu beantworten, für die früher ein Mensch im Callcenter angerufen werden musste. Beispiel: „Wann öffnet morgen früh das Restaurant bei Ikea in Dortmund?" Einige Kunden ließen es sich allerdings nicht nehmen, Anna auch unsinnige Fragen zu stellen, etwa: „Wie geht es dir?" oder „Hast du einen Freund?" Das gilt nicht nur für Anna, sondern für alle menschenähnlichen Chatbots. Die meisten Entwickler sorgen für diese Fälle augenzwinkernd vor und programmieren mehr oder weniger schlagfertige Antworten auf solche Fragen. Ikea wurde es mit Anna jedoch möglicherweise irgendwann zu bunt. Auf der 2020 überarbeiteten Website für Deutschland und Österreich findet sich der Avatar nicht mehr. Dafür sprechen heute immer mehr Menschen zu Hause mit Amazons Alexa, einer auf Künstlicher Intelligenz basierenden virtuellen Assistentin, die an den smarten Lautsprecher Echo gekoppelt ist. Über Sprachbefehle, die frei formuliert werden dürfen, kann Alexa den Wecker stellen, das Licht in der Küche einschalten, Musik abspielen, eine Einkaufsliste erstellen und ans Smartphone senden, Termine verwalten und alle möglichen Fragen beantworten, die sich online recherchieren lassen, etwa: „Wie wird das Wetter morgen in Graz?" Auch Bitten wie „Alexa, erzähle einen Witz!", kommt die Assistentin gerne nach.

Um „echte" Künstliche Intelligenz handelt es sich erst in dem Moment, in dem die Software selbstständig lernt. In vielen Autos zum Beispiel gibt es zwar eine Sprachsteuerung. Diese kann jedoch ausschließlich eindeutig definierte Befehle anhand ihrer Sprachmuster erkennen und ausführen, etwa: „Michael Meier anrufen." Den Satz „Ich möchte gerne mit Michael Meier sprechen" würde das System nicht verstehen. Anders bei einem virtuellen Assistenten wie Alexa. Hier käme nun möglicherweise die Rückfrage: „Möchtest du Michael anrufen, mit ihm skypen oder einen Termin mit ihm vereinbaren?" Intelligenz bedeutet eben, Muster zu erkennen und Verknüpfungen zu erstellen. Genau das geschieht hier. Künstliche Intelligenz lernt das letztlich so, wie Kinder von ihren Eltern lernen. Auf die Frage der kleinen Tochter: „Mama, was ist ein Hund?" würde keine Mutter antworten: „Canis lupus familiaris." Sie würde auch nicht anfangen, aus Wikipedia vorzulesen. Vielmehr wird sie der Kleinen so lange Bilder von Hunden zeigen, bis diese das dahinterliegende Muster erkennt. Vielleicht geschieht das auf dem nächsten Spaziergang: „Schau mal, da ist ein Hund!" Tochter: „Hund!" Mutter: „Da ist noch einer ..."

Ganz ähnlich wird Künstliche Intelligenz trainiert, nämlich durch Zeigen von Mustern. Im Ergebnis irrt sich KI heute noch viel häufiger als der Mensch, erkennt also zum Beispiel eine weiße Katze, obwohl es sich um zwei weiße Schneebälle handelt. Andererseits lässt sich die enorme Rechenkapazität heutiger Computertechnologie nutzen, um Künstliche Intelligenz mit mehr Mustern zu füttern, als ein menschliches Gehirn memorieren könnte. KI erkennt inzwischen Melanome zuverlässiger als die besten Dermatologen. Der Computer vergleicht das Bild eines Hautflecks dazu in Sekundenschnelle mit Millionen anderer Bilder und erkennt die Übereinstimmungen oder Unterschiede. Im nächsten Schritt könnten Computerprogramme überall dort die besseren Fachexperten werden, wo es darum geht, extrem viel Wissen zu besitzen und so zu verknüpfen, dass es auf einen konkreten Anwendungsfall passt. Der Hausarzt gibt einer Software dann zum Beispiel sämtliche Gesundheitsparameter eines Patienten ein. Die Software durchsucht daraufhin die anonymisierten Datensätze Millionen anderer Patienten und ermittelt, welche Therapien bei Patienten mit gleichen oder sehr ähnlichen Parametern erfolgreich waren und welche nicht. Noch ist es nicht so weit, wie die bislang ernüchternden Erfahrungen mit dem IBM Programm Watson zeigen.

Wird der Arzt damit verzichtbar, wie einige schlussfolgern? Nur, wenn man Medizin auf reine Empirie und Mustererkennung reduziert. Künstliche Intelligenz kann zwar heute schon darauf programmiert werden, einen Patienten zu fragen: „Wie geht es Ihnen?" Aber KI wird die Antwort des Patienten auf diese Frage sehr wahrscheinlich nicht *verstehen*.

11.3   Sind wir überhaupt bereit für den Homunculus digitalis?

„Weinen im Kino macht glücklich", hieß es vor einiger Zeit in einem Artikel der „Süddeutschen Zeitung" (Winnemuth 2013). Das sei keine Binsenweisheit, sondern von Forschern bestätigt. Wer in der Dunkelheit des Kinos, öffentlich und doch unbeobachtet, seinen Tränen freien Lauf lasse, der baue Stresshormone ab. Beim Zwiebelschneiden passiere dies im Übrigen nicht; es müssen schon echte Emotionen im Spiel sein. Doch was ist im Kino schon echt? Wir wissen doch die ganze Zeit, dass wir einen Film sehen, Zeugen eines optischen Tricks sind, einer reinen Projektion. Auch die vom Schicksal gebeutelte Frau, als die uns Uma Thurman auf der Leinwand erscheint, existiert nicht wirklich. Alles ausgedacht, raffiniert inszeniert, gespielt von professionellen Schauspielern. Vollkommen richtig – und doch funktioniert es! Unsere Gefühle im Kinosaal sind echt und unsere Tränen sind es auch.

Der Neurowissenschaftler Giacomo Rizzolatti und seine Mitarbeiter führten solche Phänomene im Jahr 1992 erstmals auf spezialisierte Nervenzellen im Gehirn zurück, die sie „Spiegelneuronen" nannten. Aufgrund ihrer Spiegelneuronen reagieren Primaten auf Ereignisse, die sie bei anderen Lebewesen wahrnehmen – auch durch reine Beobachtung – genau so, als widerführen ihnen diese Ereignisse am eigenen Leib. Spiegelneuronen bilden somit die Grundlage der menschlichen Empathie. Wir gehen in Resonanz mit Ereignissen, die andere betreffen, selbst wenn wir nur im Radio davon hören, ein Buch darüber lesen oder einen Film sehen. Dabei unterscheidet unser Gehirn nicht, ob die Ereignisse „real" sind. Genau diese evolutionär entstandene Fähigkeit zur Empathie fehlt Künstlicher Intelligenz bis heute. Eine medizinische KI-Anwendung kann abspulen, einen Patienten stets zu fragen, wie es ihm geht. Sie kann auch auf die Antwort des Patienten logisch reagieren. Doch der Patient wird sofort merken, dass ihm hier kein echtes Mitgefühl entgegengebracht wird. Nur ein Mensch kann glaubhaft versichern: „Ich fühle, was du fühlst." Allein durch diese echte Anteilnahme fühlt der Patient sich emotional bestärkt.

Neben Empathie sind es auch Humor und unkonventionelles Denken, mit denen Künstliche Intelligenz derzeit nicht dienen kann. Amazons Alexa kann auf Wunsch einen der ihr einprogrammierten Witze zum Besten geben. Oder eine Onlinesuche starten und einen Witz im Web anhand bestimmter Muster als solchen erkennen. Den Befehl „Mach das Licht aus, damit ich mein Elend nicht mehr sehen muss" wird ein persönlicher Assistent wie Alexa jedoch sehr wahrscheinlich stur umsetzen, indem er das Licht löscht. Oder er wird „Elend" wortwörtlich verstehen und nachfragen, ob ein Arzt gerufen werden soll. Der Computer wird bei dem Satz nicht schmunzeln. Er wird auch nicht unterscheiden können, wie viel Ironie dieser Satz tatsächlich erhält. Ein Mensch hingegen wird vielleicht antworten: „Dein Elend, jaja. So gut wie du möchte ich es auch mal haben." Insbesondere, wenn es sich bei dem Menschen um den Ehepartner handelt. Ein Computer kann bislang so nuanciert nicht reagieren. Ebenso wenig den Befehl umsetzten: „Entwirf ein Haus, das zu mir passt!" Doch wie viel erwarten wir eigentlich von Künstlicher Intelligenz? Wollen wir überhaupt, dass der „Blechtrottel" dem Menschen zum Verwechseln ähnlich ist und am Ende sogar zum besten Freund wird, zur Bezugsperson, zum Partnerersatz?

Japanische Wissenschaftler bauten einen mit künstlicher Intelligenz ausgestatteten Roboter, der äußerlich einem echten Menschen zum Verwechseln ähnlich war, sozusagen Nippons 2.0-Version des Unholds aus dem Labor von Viktor Frankenstein. Die Reaktionen der Testpersonen auf diesen Roboter waren durchweg ablehnend und reichten von Skepsis bis zu Erschrecken. Offensichtlich ist es uns Menschen bis dato wichtig, dass Künstliche Intelligenz und Robotik als solche erkennbar bleiben. Und das obwohl noch keine Künstliche Intelligenz existiert, die den Turing-Test bestehen würde. Allein der Anschein der Menschenähnlichkeit ist uns nicht geheuer. Das bestätigen auch Untersuchungen aus dem Marketing. Avatare wie Anna von Ikea kommen beim Konsumenten am besten an, wenn sie wie Comicfiguren aussehen, das heißt, auf den ersten Blick als künstlich erkennbar sind.

Auch das Spiel mit Bitmoji auf WhatsApp – Avataren der eigenen Person, die man in einer App auf der Basis eines Selfies gestalten kann – hat wohl nur so lange Charme, wie der Avatar der realen Person nicht zu ähnlich sieht. Dagegen könnten allerdings die 600.000 Follower sprechen, die Miquela Sousa, auch bekannt als Lil Miquaela machuca, Musikerin und It-Girl, im Jahr 2018 innerhalb kürzester Zeit auf Instagram fand. Die 19-jährige, stets in Markenkleidung gewandete Influencerin war nicht echt, aber täuschend echt. Die Erschaffer dieses Avatars blieben lange anonym. Heute ist bekannt, dass es sich um eine Kreation des Technologieunternehmens Brud handelt. Was gefiel den Followern an Miquela Sousa? Einige äußerten, sie halte der Instagram-Welt, in der Menschen sich hyperperfekt präsentieren und mit Filtern und Effekten bis zur Makellosigkeit stylen, den Spiegel vor. Muss der perfekte Instagram-Influencer so perfekt sein, dass er kein Mensch mehr sein kann? Vier Jahre später ist Miquela immer noch 19 Jahre alt, hat über drei Millionen Follower, gibt als Wohnort „LA" an und ist laut Selbstbeschreibung auf Instagram „Robot". Es bleibt abzuwarten, ob es sich bei Phänomenen wie Miquela Sousa um Ausnahmen handelt oder ob die ganz junge Generation auch lebensechte Avatare schrittweise als Teil der kulturellen Praxis akzeptiert. Davon ganz unabhängig ist die Frage, wie viel Künstliche Intelligenz jetzt und in Zukunft zu den Chancen und Möglichkeiten einer neuen Arbeitswelt beitragen wird. Ich bin der festen Überzeugung, dass wir an Künstlicher Intelligenz nicht vorbeikommen. KI wird zum unverzichtbaren Teil des MESH, vorausgesetzt wir Menschen setzen sie intelligent ein.

11.4   Wie Künstliche Intelligenz den MESH der Gehirne erweitert

Fast 60.000 Ärztinnen und Ärzte besuchen alljährlich den Kongress der Radiological Society of North America (RSNA) in Chicago. Obwohl auf dem Papier lediglich das Jahrestreffen eines US-amerikanischen Verbands, handelt es sich de facto um die weltweit größte Veranstaltung im Bereich Radiologie, und sie ist auch ein Muss für europäische Fachärzte der ersten Garnitur. Vor einigen Jahren ging von diesem Kongress ein Erdbeben aus. Plötzlich schienen sich die Experten einig zu sein, dass der Fachbereich Radiologie keine Zukunft mehr habe. Künstliche Intelligenz werde die bildgebende Diagnostik in der Medizin bereits in wenigen Jahren schneller und besser beherrschen als jeder Arzt. Für einige Jahre sank daraufhin auch im deutschsprachigen Raum die Zahl der Medizinstudierenden, die sich im Lauf ihrer Ausbildung auf Radiologie spezialisierten. Doch mittlerweile hat sich der Wind gedreht. Es rechnet kaum noch jemand damit, dass in den nächsten Jahren keine Radiologen mehr gebraucht werden. Vielmehr geht man davon aus, dass Künstliche Intelligenz die Mediziner entlasten wird. Egal, ob beim computergestützten Röntgen (CR), der Computertomografie (CT), dem nuklearmedizinischen Szintigramm, der Mammografie oder der Ultraschallaufnahme: Künstliche Intelligenz wird eine Vorselektion vornehmen und alles aussortieren, was nicht auffällig ist. In einem Medical Board beraten die Mediziner dann über die tatsächlich pathologischen Fälle. KI und die Ko-Kreation menschlicher Gehirne greifen somit ineinander und ergänzen sich.

Eine ähnliche Entwicklung ist in der Chirurgie zu beobachten. Die vollständig von Künstlicher Intelligenz durchgeführte Roboter-OP ist noch nicht in Sicht. Roboter wie das „Da Vinci"-Operationssystem für minimalinvasive Operationen leisten in der operativen Therapie allerdings bereits sehr gute unterstützende Dienste. OP-Roboter können zum Beispiel ein Instrument um 360 Grad drehen, was die menschliche Hand nicht kann. Sie erkennen auch automatisch Blutgefäße, die nicht verletzt werden dürfen, was dann eine sogenannte Schneidhemmung auslöst. Operateure mit ihrem Wissen und ihrer Erfahrung sind aber spätestens dann unverzichtbar, wenn es während einer OP zu unerwarteten Komplikationen kommt und funktionierende Lösungen unter hohem Zeitdruck hermüssen. Die Gratwanderung einer Herzoperation möchte noch keine Klinik der Welt allein Künstlicher Intelligenz anvertrauen. Der Medizinsektor ist hier lediglich ein Beispiel. In der Automobilentwicklung und -produktion, im Maschinen- und Anlagenbau, ja selbst im Handwerk lassen sich zurzeit ähnliche Entwicklungen beobachten. Mensch und Künstliche Intelligenz verbinden sich mehr und mehr zu einem lösungsorientierten Gemeinsamen. Die Medizin ist hier sehr weit fortgeschritten und deshalb ein gutes Beispiel, um zu verdeutlichen, wie das Zusammenspiel des Menschen mit Künstlicher Intelligenz in Zukunft praktisch aussehen könnte.

Nehmen wir einmal an, Frau Huber entdeckt morgens nach dem Duschen auf ihrem Unterarm einen Hautfleck, den sie dort vorher noch nie gesehen hat. Sie nimmt ihr Smartphone, öffnet eine Diagnose-App wie beispielsweise SkinVision, fotografiert die Hautstelle mit der App und bekommt von der Künstlichen Intelligenz geraten, zum Dermatologen zu gehen, da der Fleck zumindest verdächtig ist. Der Dermatologe bestätigt Frau Huber, dass es sich um einen Tumor handelt, entfernt ihn operativ und schickt ihn in die Pathologie. Der Pathologe macht einen Schnitt, erstellt unter dem Mikroskop ein Foto und lässt dieses wiederum von einer KI analysieren, die Zugriff auf viele Millionen Datensätze hat. Diese bestätigt, was der Pathologe längst vermutet: Es handelt sich um ein Melanom. Der Dermatologe erhält alle Ergebnisse des Pathologen digital und bespricht sie mit Frau Huber. Er rät der Patientin, sich zu einer Operation mit Entfernung der betroffenen Lymphknoten in eine Klinik zu begeben.

Frau Huber ist einverstanden und vereinbart den Termin mit der Klinik wiederum über ihr Smartphone. Vom Dermatologen sowie Frau Hubers Hausarzt erhält die Klinik sämtliche Vorbefunde digital übermittelt. Die KI der Klinik trifft daraus eine Selektion und bereitet die Informationen für die behandelnden Ärzte so auf, dass diese das Wesentliche auf einen Blick erkennen. Die OP findet statt, ein KI-gesteuerter Roboter unterstützt den Arzt dabei, verdächtige Lymphknoten zu finden. Was operativ entfernt wurde, kommt wieder zum Pathologen und wird KI-gestützt untersucht. Bald darauf sitzen fünf Ärzte in der Klinik gemeinsam vor einem Bildschirm, der von einem Mainframe-Rechner mit Daten unterstützt wird, und besprechen sämtliche über Frau Huber nun vorliegenden Befunde. Ihre KI sagt ihnen, dass über eine Million ähnliche Fälle bereits dokumentiert sind, wie viele dieser Patienten eine Bestrahlung, eine medikamentöse Therapie oder eine Chemotherapie erhielten. Weiters erfahren sie, dass drei Viertel aller Melanome in einem noch frühen Stadium entdeckt wurden und die Überlebensrate nach fünf Jahren bei Frauen 95 und bei Männern 93 Prozent betrug. Nach KI-assistiertem Studium vergleichbarer Fälle entscheidet das Ärzte-Board dann, was zu tun ist. Die weitere Therapie wird akribisch dokumentiert und die KI mit den entsprechenden Daten gefüttert, damit Herr Schmid, der wegen eines verdächtigen Hautflecks auch gerade seinen Dermatologen konsultiert, von den Daten der Frau Huber profitieren kann.

Gerade der letzte Punkt macht die Parallele zwischen der Ko-Kreation menschlicher Gehirne und dem Einsatz Künstlicher Intelligenz überaus deutlich: Geben und Nehmen, das freiwillige Teilen von Wissen, ist in beiden Fällen essenziell. Wir brauchen einander in einem Wissensnetzwerk. Wir müssen unser Wissen teilen, ja mit unserem Wissen um uns werfen! Denn auch Künstliche Intelligenz braucht Input, um Output liefern zu können. Künstliche Intelligenz entsteht nicht, wenn ich nur zusätzliches Wissen haben möchte, aber nicht bereit bin, mein Wissen mit dem System zu teilen. Deep Learning bei einer Software funktioniert nur, wenn wir das Lernen auch ermöglichen, indem wir Informationen geben und diese nicht – beispielsweise unter Hinweis auf unsere Privatsphäre – zurückhalten. Wenn jeder Patient sagen würde „Meine Hautflecken gehen niemanden etwas an, ich widerspreche hiermit der Verwendung meinen Bilddateien", wäre eine App wie SkinVision undenkbar. Bereits Deep

Blue konnte Garri Kasparow nur schlagen, weil IBM die Software immer wieder mit neuen Informationen über das Spiel des Weltmeisters fütterte.

Künstliche Intelligenz wird so zur Vertrauensfrage. Wer anderen Menschen grundsätzlich misstraut, der wird sich auch mit dem Siegeszug der KI schwertun. Aufzuhalten ist er wohl nicht. Diejenigen, die Künstliche Intelligenz heute immer noch kleinreden, erinnern mich an Enzo Ferrari, der 1950 sagte: „Aerodynamik ist etwas für Leute, die keine Motoren bauen können." Um 1980 war Aerodynamik dann das große Thema im Automobilbau. Heute ist sie eine Selbstverständlichkeit. Dass Karosserien im Windkanal optimiert werden, ist nicht mehr der Rede wert und kein Hersteller käme noch auf die Idee, mit cw-Werten Werbung zu machen. Ähnlich wird es vielleicht mit der Künstlichen Intelligenz kommen. Sie ist jetzt in aller Munde. In 40 Jahren könnte sie jedoch schon weitgehend in unseren Alltag integriert sein. Zweifellos birgt diese Entwicklung auch Gefahren. Jeder kulturelle Fortschritt hat immer auch eine dunkle Seite. Ich werde darauf im letzten Kapitel noch eingehen. Die Chancen der Künstlichen Intelligenz, zu einem leichteren, besseren und gesünderen Leben für alle beizutragen, und ihre Potenziale im Hinblick auf Ko-Kreativität und gemeinsame Produktivität sind jedoch so groß, dass ich im Hinblick auf das Zusammenspiel von Mensch und Maschine für einen kritisch-aufgeklärten Optimismus plädiere.

12

Der Mensch in Organisationen der Zukunft

Allrounder des Netzwerks: Arbeit in sich ständig verändernden Strukturen

In einer neuen Arbeitswelt werden sich Organisationen anders definieren, als wir es in der Industriegesellschaft gelernt haben. Aufgaben und Ziele werden Menschen global zum MESH vereinen, der wieder zerfällt, nachdem die Aufgabe bewältigt und das Ziel erreicht ist. Klassische Unternehmen mit ihren Marken, Organigrammen und Bilanzen könnten mehr und mehr verschwinden. Auf ihrer Wissensscholle haben Individuen tiefes, aber kein breites Wissen mehr. Sie brauchen einander, um kreativ und produktiv sein zu können. Das jedoch

C. Zulehner, *MESH – Die Evolution der Zusammenarbeit*, https://doi.org/10.1007/978-3-658-37818-9_12

in wechselnden Strukturen. Es ist ein ständiges Werden und Vergehen von Netzwerken.

Ein früher Abend im Oktober. Die Bahn surrt über die Gleise und ich sitze entspannt auf meinem Platz am Fenster. Von Krems an der Donau, wo ich Gastprofessor für Strategie und Personal-Management bin, bis zu mir nach Hause sind es etwas mehr als zwei Stunden. Zugfahrten sind so sehr Teil meines Berufs als Unternehmensberater wie das frühe Aufstehen für die Bäckerin oder der Schichtdienst für den Krankenpfleger. Ich bin daran gewöhnt und nutze die Fahrzeit gerne, um mir aktuelle Sachbücher in der Hörfassung zu Gemüte zu führen. Auf diese Weise habe ich bereits philosophische Verspätungen, evolutionstheoretischen Bahnersatz und historische Wartezeiten erlebt. Diesmal lausche ich aber keinem Hörbuch, denn ich habe in wenigen Minuten noch ein Telefonat zu führen.

Während ich auf den Anruf warte, will mir eine Diskussion des heutigen Nachmittags nicht aus dem Kopf gehen. Den ganzen Tag habe ich mit meinen Studierenden an der Uni verbracht. Zum Schluss kam ich in einem Seminar auf die fortschreitende Spezialisierung und Subspezialisierung zu sprechen, wie ich sie auch in diesem Buch beschrieben habe. „Wir müssen uns vom Allrounder verabschieden", sagte ich zu den Teilnehmenden, die gerade eifrig bemüht sind, sich nach Möglichkeit alles verfügbare Wissen über Ökonomie anzueignen. An den Gesichtern konnte ich ablesen, dass niemand über meine Aussage begeistert war. „Herr Professor", meinte schließlich ein Student, „als Spezialist bin ich doch abhängig!" Er sagte das beinahe in einem Ton, als fürchtete er, drogenabhängig zu werden oder für immer seinen Eltern auf der Tasche zu liegen. Dabei ging es hier doch nur darum, abhängig von anderen Spezialisten zu sein, die einen selbst ergänzen. Abhängig von Netzwerken, die es erlauben, das eigene Wissen maximal produktiv einzusetzen. Abhängig schließlich von Organisationen, die gemeinschaftliches Handeln erst möglich machen.

Abhängigkeit. Während ich den Sonnenschutz herunterziehe, um meine Augen gegen die bereits tiefstehende Sonne zu schützen, frage ich mich, warum sich die Studierenden so schwertun mit dem Gedanken, auf andere Menschen angewiesen zu sein. Abhängig war der Mensch doch schon immer! Wir brauchen einander und werden auf uns allein gestellt auch in Zukunft nicht allzu viel erreichen können. Den Zug, in dem ich gerade sitze, habe ich weder konstruiert noch selbst zusammengebaut. Auch ist die Hochgeschwindigkeitsstrasse, über die er rauscht, nicht das Produkt meiner eigenen Hände. Geschweige denn, dass ich das Telefonnetz installiert hätte oder betreiben würde, über das ich gleich telefonieren werde. Alle diese Bedingungen, ohne die ich meinen Beruf in seiner heutigen Form gar nicht ausüben könnte, haben andere Menschen geschaffen. Nicht eigens für mich, aber für mich mit. Diese vielen Menschen haben dafür geeignete Organisationsformen erfunden, private Unternehmen zum Beispiel, aber auch den Staat und seine Organe. Ich habe diese Form der Abhängigkeit immer als Einbindung erlebt, als Erweiterung des menschlichen Möglichkeitsraums durch Kooperation, und niemals als Einschränkung meiner persönlichen Freiheit.

Eines der Bücher, das ich erst vor Kurzem auf langen Zugfahrten gelesen habe, ist „The Green New Deal" von Jeremy Rifkin. Sollte hier nochmals ein Literaturverweis erfolgen? Rifkin, Jeremy: Der globale Green New Deal: Warum die fossil befeuerte Zivilisation um 2028 kollabiert – und ein kühner ökonomischer Plan das Leben auf der Erde retten kann, Campus, Frankfurt, 2019 Der Ökonom und einflussreiche Publizist schreibt darin von einer „Evolution der Empathie", die immer wieder größere Kollektive und erweiterte Weltbilder hervorgebracht habe. Die Jäger und Sammler kannten Empathie nur gegenüber ihren Blutsverwandten, während ihre Verehrung der Ahnen das gemeinsame Weltbild bestimmte. In den Agrargesellschaften dehnte sich Empathie dann bereits auf alle Angehörigen derselben Religion aus. Hindus, Buddhisten, Christen und Muslime empfanden sich jeweils als eine Art Familie. Mit der einsetzenden Industriellen Revolution waren die Nationalstaaten das Maß der Dinge; der Patriotismus knüpfte ein ideologisches Band zwischen den Bürgern. (Was Rifkin auslässt, ist die internationale Solidarität der Arbeiter, die über ein Jahrhundert lang einen mächtigen Gegenentwurf zum bürgerlich-nationalen Narrativ bildete und in Teilen heute noch bildet.) Die industrielle Moderne war schließlich die große Zeit der grenzüberschreitenden Berufsverbände. Der Weltkongress der Radiologen in Chicago ist ein prägnantes Beispiel dafür. Und heute? Junge Menschen aus aller Welt skypen in virtuellen Hochschulkursen, interagieren auf Instagram und Twitter oder tauchen in die fantastischen Welten von Computerspielen ein. Dabei sind sie gleichzeitig von einem ganz und gar physischen Reisefieber gepackt und betrachten den Globus zunehmend als ihren Spielplatz. Und dann plötzlich haben diese jungen Menschen Angst vor Abhängigkeit?

Ich halte dies für eine typische Angst vor dem entscheidenden letzten Schritt. Die Angst ist absolut verständlich und in gewisser Weise vielleicht sogar unvermeidlich. Immer mehr Menschen leben in einer Hybridwelt. Sie sind global vernetzt, grenzenlos mobil und arbeiten vielleicht sogar immer öfter in ersten Formen des MESH. Gleichzeitig studieren sie an mehrere hundert Jahre alten Universitäten mit all ihren Traditionen und verhärteten Strukturen. Sie bewerben sich anschließend bei 150 Jahre alten Unternehmen samt Hierarchien und Organigrammen und müssen dann auf Geschäftsreisen an den meisten Staatsgrenzen ihren Pass vorzeigen. Den entscheidenden letzten Schritt in eine neue Welt zu tun, sich Netzwerken aus vielen Menschen anzuvertrauen und alte Organisationsformen endgültig hinter sich zu lassen, wird am Ende auch eine Frage der Entschlossenheit und des Mutes sein. Dabei gilt, in Anlehnung an ein Bonmot des amerikanischen Schriftstellers Mark Twain: Man kann das Alte nicht aus dem Fenster werfen; man muss es die Treppe hinunterprügeln, Stufe für Stufe.

12.1   Am Tipping Point des Wandels: Das Neue ist längst Wirklichkeit

Nach der mittlerweile schon beinahe klassisch zu nennenden „Diffusion of Innovations"-Theorie des US-amerikanischen Soziologen und Kommunikationstheoretikers Everett Rogers (1931–2004) bedarf es keineswegs einer Mehrheit an Veränderungswilligen, damit neue Realitäten entstehen. Der Tipping Point, also der Kipppunkt für Innovationsprozesse, liegt vielmehr bei lediglich etwa 16 Prozent. Das heißt, sobald ungefähr 16 Prozent der Menschen in einem sozialen System ihre kulturelle Praxis ändern, sich anders verhalten und sich untereinander neu organisieren, kommt ein Innovationszug ins Rollen, der das Gesamtsystem in jedem Fall langfristig verändern wird. Nach Überschreiten des Tipping Points springen immer mehr Menschen auf den Zug auf. Er ist nicht mehr zu stoppen und entwickelt irgendwann eine Anziehungskraft, die selbst auf die anfänglichen Skeptiker wirkt. Zurück bleibt am Schluss nur ein kleiner Rest von wiederum 16 Prozent, der sich erst mit großer Verspätung – oder nie – mit dem Neuen anfreunden kann. Dieser Rest ist dann systemisch nicht mehr relevant. Es entsteht möglicherweise eine Nische, in der Menschen den alten Weg gemeinsam mit Gleichgesinnten noch lange aufrechterhalten können.

Wer mit offenen Augen durch die Welt geht, wird feststellen, dass sich nicht nur die Arbeitswelt, sondern überhaupt die kulturelle und speziell ökonomische Praxis für viele Menschen – gerade in den hoch entwickelten Gesellschaften – bereits stark verändert. Das gilt längst nicht nur für die jungen Digital Natives, sondern auch für die älteren Digital Immigrants, die eine ähnliche Offenheit und Neugier an den Tag legen und inzwischen in großer Zahl auf den Zug aufgesprungen sind. So wurde Facebook im Lauf der 2010er-Jahre immer mehr zu einem sozialen Netzwerk für Menschen ab Mitte 40. Selbst Instagram war der Jugend irgendwann schon zu sehr ergraut, deshalb zog sie weiter zu Snapchat oder TikTok. (In den USA spielt Twitter für Jugendliche eine größere Rolle als in Europa.) Als um 2005 Myspace das erste erfolgreiche Social Network war – inzwischen fast vergessen –, hätte sich wohl niemand träumen lassen, dass es einmal viele zielgruppenspezifische soziale Medien geben würde. In war, wer drin war – und das war damals fast ausschließlich die Jugend. Heute vernetzen sich Rentner nach dem Camping am Wörthersee mit ihren Urlaubsbekanntschaften auf Facebook. Dort tauschen sie dann nicht allein Erinnerungen aus, sondern auch Fotos, Videos, Kochrezepte, Wohnungsangebote und Nebenjob-Gesuche. Menschen aller Altersgruppen bestellen selbstverständlich Produkte über Amazon Marketplace, einer offenen Plattform für Händler, ohne über die Vertrauenswürdigkeit des jeweiligen Anbieters groß nachzudenken. Manche merken nicht einmal, dass sie gar nicht direkt bei dem Konzern aus Seattle ordern, sondern bei einem seiner Netzwerkpartner.

Über 80 Prozent aller Geschäftswagen sind heute Leasingfahrzeuge; auch privat wird immer öfter geleast, und schon heißt es in der Werbung des chinesisch-schwedischen Herstellers Volvo: „Abonnieren Sie ein Auto – ohne langfristige Bindung." Die Sharing Economy ist auf dem Vormarsch. Inzwischen können selbst Laptops geleast werden, Car Sharing ist aus den Großstädten nicht mehr wegzudenken, und für Landmaschinen und Baumaschinen gibt es Sharing-Modelle schon lange. Mit dem Smartphone leihen wir uns in Innenstädten spontan ein Fahrrad oder einen E-Scooter, das funktioniert fast an jeder Ecke. In New York fährt man Uber oder Lyft so selbstverständlich wie Taxi, beide Unternehmen zählen zu den weltgrößten „Taxiunternehmen", ohne ein einziges eigenes Fahrzeug zu besitzen. Genau wie Airbnb die weltgrößte „Hotelkette" ist, ohne selbst über irgendwelche Immobilien zu verfügen. Es sind weitgehend Privatleute, die auf Airbnb ihre Wohnungen als Gästeappartements vermieten. Manche legen sich dafür eigens Zweit- und Drittwohnungen zu.

In einem digitalen Netzwerk können alle, die bisher lediglich Kunde waren, nunmehr auch Anbieter sein. Man stellt seine eigene Musik oder seine selbstgedrehten Videos ins Netz, veröffentlicht Blogs, Vlogs oder Podcasts. Der Gedanke des Teilens und der gemeinsamen Nutzung zieht Kreise, auch abseits quasi-monopolistischer digitaler Plattformen aus dem Silicon Valley. Menschen gründen Tauschbörsen, eröffnen gemeinnützige Second-Hand-Läden oder schließen sich mit Verwandten, Nachbarn und Freunden zusammen, um Mehrgenerationenhäuser zu errichten und zusammen darin zu wohnen. Der gemeinsame Nenner überall: Vernetzung. Die Kommunikation in Netzwerken macht gleiche Interessen sichtbar und produziert neue Angebote unter den Netzwerkpartnern, die kommerziell sein können, es aber nicht müssen.

In seinem Buch „The Green New Deal" schreibt Jeremy Rifkin von nicht weniger als einem neuen sozio-ökonomischen Betriebssystem, einer „Allzweck-Technologieplattform" oder „gesamtgesellschaftlichen Infrastruktur", deren Entstehen wir gerade erleben. Laut Rifkin sind sozio-ökonomische Betriebssysteme seit Beginn der Industriellen Revolution stets von drei Faktoren abhängig: Kommunikation, Energie und Mobilität/Transport. Im 19. Jahrhundert gab es Buchdruck und Zeitungen, Kohlekraft und Eisenbahnen. Im 20. Jahrhundert kamen Telefon, Radio und Fernsehen hinzu, elektrischer Strom und billiges Benzin aus Erdöl für Verbrennungsmotoren. Dazu ein dichtes Netz an Straßen, Häfen und Flughäfen, das letztlich grenzenlose Mobilität und eine weltweite Transportlogistik ermöglichte. Inzwischen gibt es digitale, globale Echtzeit-Kommunikation, saubere Energien und das Internet der Dinge. Mobilität und Transportlogistik werden zukünftig von Elektromotoren oder Wasserstoff-Brennstoffzellen vorangetrieben werden. Es entsteht somit ein dreifaches Internet: das Kommunikations-Internet, das Energie-Internet und das Mobilitäts-Internet. Zusammengenommen könnte das unser neues sozio-ökonomisches Betriebssystem sein. Rifkin nennt diese schon seit Längerem eine Dritte Industrielle Revolution. Da ist er nicht der Einzige, auch wenn der US-Amerikaner mehr Bücher verkauft und öfter Vorträge hält als manch anderer.

Wenn wir allen Grund haben, in der globalen Vernetzung auf unterschiedlichen Ebenen, im Aufkommen einer Sharing Economy sowie im Entstehen einer neuen Infrastruktur die Anzeichen für ein komplett anderes gesellschaftliches Betriebssystem zu sehen, dann ist die Frage, welche Organisationsformen wir sozusagen als Software auf diesem Betriebssystem aufsetzen werden. Wie entstehen die Organisationsformen der Zukunft, wo entstehen sie und wer treibt diese Entwicklung maßgeblich voran? Eines zeichnet sich bereits deutlich ab: Die Mächtigen von gestern verlieren weiter an Einfluss. Nicht Nationalstaaten, globale Konsumgüterkonzerne oder transnationale Energiekonglomerate stellen die Weichen für eine neue Arbeitswelt. Es sind viele untereinander vernetzte Menschen.

12.2 Wissensarbeitende als bedingt loyale Virtuosen der Vernetzung

Neue Netzwerke entstehen, wo Menschen sich neu vernetzen. Diese Tatsache klingt im ersten Moment vielleicht banal und sorgt möglicherweise auch dafür, dass wir entscheidende Entwicklungen leicht übersehen. In der alten Industriegesellschaft waren wir es gewohnt, auf das zu starren, was Konzernlenker auf Hauptversammlungen oder in Pressekonferenzen verkündeten oder was Spitzenpolitiker und Notenbankpräsidentinnen im Hinblick auf den ökonomischen Ordnungsrahmen beschlossen. Nun merken die alten Organisationen, dass sich bei ihrem größten Kapital – den Wissensarbeitenden – etwas Entscheidendes verändert: Die Kohorte der Spezialisten ist gegenüber ihrem jeweiligen Arbeitgeber nur noch bedingt loyal. Gewiss loyal im Hinblick auf den aktuellen Job und das gegenwärtige Projekt. Aber nicht mehr grundsätzlich und für Jahre oder Jahrzehnte loyal, bis hin zum früher oft so ersehnten Rentenalter. Es gab Zeiten, da schienen Mitarbeitende mit Köpfen in der Farbe des Unternehmenslogos ihres Arbeitgebers umherzulaufen. Heute sehen Wissensarbeiter, die noch in eine klassische, hierarchische Organisation eingebunden sind, ihre

Arbeitgeber zunehmend kritisch. Sie hinterfragen häufig deren Kultur und deren Prozesse, mahnen kulturellen Wandel an, pochen dann zum Beispiel auf bessere Vereinbarkeit von Familie und Job, mehr Umweltbewusstsein oder mehr Inklusion und Gendergerechtigkeit. Entscheidend ist jedoch, dass sie sich untereinander immer stärker vernetzen.

Das geschieht zunächst einmal innerhalb der bestehenden Organisationen. In Konzernen und bei großen Mittelständlern existieren heute zunehmend informelle Netzwerke: Fachexperten, wie etwa die IT-Profis oder die Controller, tauschen sich untereinander aus. Weibliche Führungskräfte vernetzen sich, die queere Community tut es ihnen gleich. Darüber hinaus gibt es immer mehr „Buddy"-Netzwerke: Wissensarbeiter, die sich persönlich gut verstehen und einander ergänzen. Ihre Netzwerke ergreifen innerhalb der Konzernwelt jetzt öfter selbst die Initiative, Projekte aufzusetzen, die sie als sinnstiftend erleben, und werben dann beim Topmanagement um Geld und Ressourcen. Der Unternehmensberater und Konzern-Insider René Esteban beschreibt dieses Phänomen in seinem Buch „Do Epic Stuff!" Keines der neuen Netzwerke macht an den Unternehmensmauern halt. Wer die Organisation wechselt, behält heute, anders als früher, seine Kontakte und pflegt sie weiter.

Ein typischer Fall sieht so aus: Der Angehörige eines „Buddy"-Netzwerks in Konzern A wechselt zu Konzern B und lotst nach und nach alte „Buddys" ebenfalls zu Konzern B. Bis einer darunter von Konzern B zu Konzern C wechselt und das Spiel von Neuem beginnt. Immer mehr Wissensarbeitende entscheiden sich aber auch, Freelancer zu werden oder kleine Beratungsfirmen zu gründen, die dann häufig Freelancer koordinieren. Manchmal arbeiten Freelancer hauptsächlich für eine der alten Organisationen, manchmal für mehrere Auftraggeber gleichzeitig. Von dort ist es nur noch ein kleiner Schritt zu einem ko-kreativen Netzwerk, das Projektarbeit selbst organisiert und die Beteiligten koordiniert. Die Zusammenarbeit ist hier selten auf Dauer angelegt, sondern erfolgt meist aufgabenspezifisch. Was jedoch keinen MESH daran hindert, mit demselben erfolgreichen Team über einen längeren Zeitraum immer wieder neue Projekte umzusetzen.

Organisationen reagieren längst auf diese Entwicklung. Neue Arbeitsumgebungen mit typischerweise offenen und weitläufigen Architekturen jenseits klassischer Büros entstehen, in denen ein Kernteam sich mit Freelancern treffen kann. Kreative Workshops sind hier genauso möglich wie Großgruppenveranstaltungen. Gleichzeitig stellen Organisationen fest, dass immer mehr Transparenz herrscht und fast alles Wissen irgendwann nach außen getragen wird. Wissensarbeiter teilen ihr Wissen untereinander großzügig und lassen sich von Arbeitsverträgen und konzerntypischen Schweigegelübden, den sogenannten Non Disclosure Agreements (NDA), kaum noch davon abschrecken. In den sozialen Medien für den Businessbereich entstehen auch und gerade über das Teilen von Wissen neue Kontakte und Kooperationen. Auf Bewertungsplattformen für Arbeitgeber legen Mitarbeitende schließlich ihre Erfahrungen schonungslos offen, mag das Arbeitsrecht noch so sehr auf Loyalität bis nach Ende des Arbeitsvertrags pochen.

Wer als Wissensarbeitender überhaupt noch einen klassischen Arbeitsvertrag abschließt, will immer öfter nur noch 30 oder 20 statt 40 Stunden pro Woche arbeiten. Einige treibt hier der Wunsch nach mehr Zeit für die Familie oder Hobbys, andere wollen die übrige Zeit aber auch nutzen, um in weiteren Netzwerken zu arbeiten oder eigene Unternehmungen zu gründen. Bei Letzterem greifen sie selbstverständlich auch auf die Kontakte und das Wissen des „Teilzeit"-Arbeitgebers zurück. Kaum ein Wissensarbeiter empfindet so etwas mehr als illoyal. Über Möglichkeiten und Grenzen, die eigene Arbeitskraft produktiv einzusetzen, entscheidet das Netzwerk, nicht der aktuelle Arbeitsvertrag. Mitarbeitende werden so für die klassischen, hierarchischen Organisationen mit ihren Organigrammen, Arbeitsverträgen und Benimmregeln — der sogenannten Compliance – immer weniger steuerbar. Sie entwickeln sich zu Virtuosen der Vernetzung, die von den alten Organisationen immer wieder neu umworben und überzeugt werden wollen. Wenn wir 20 Stunden pro Woche arbeiten, widmen wir nur etwa 9 Prozent unserer Lebenszeit den Unternehmen, für die wir arbeiten. Dafür darf keine Organisation 100 Prozent Loyalität erwarten. Die ersten Unternehmen fragen sich, welche Auswirkungen diese Entwicklung auf ihre Marke haben könnte. Das Ideal vom Mitarbeitenden als „Markenbotschafter" scheint schon wieder veraltet, kaum dass es in aller Munde war. Die Wissensarbeiter machen zunehmend sich selbst zur Marke, um digital sichtbar zu sein und die für sie lohnendsten Projekte zu ergattern.

12.3   Unbefristete Arbeitsverträge: Vom Objekt der Begierde zur Bürde

Vor einiger Zeit beschloss ein mit uns befreundetes Paar, ein altes Haus zu restaurieren und als künftiges Domizil herrichten zu lassen. Ihr Einfamilienhaus im Stil der konsequenten Moderne – von den Nachbarn stets als Schuhschachtel belächelt – haben sie dafür verkauft. Die plötzliche Rolle als Bauherren im ländlichen Österreich, machte ihnen schlagartig deutlich, dass die zunehmende Vernetzung und der Aufbruch in eine neue Arbeitswelt schon lange keine auf Konzerne, Hightech-Branchen und urbane Lebensräume beschränkten Phänomene mehr sind. Die von ihnen ursprünglich beauftragte Baufirma hatte massive Personalprobleme, die Fluktuation war hoch, die Motivation bescheiden. An manchen Tagen konnten sie froh sein, überhaupt jemand auf der Baustelle anzutreffen. Da traten mehrere Handwerker und Bauarbeiter an sie heran, die jeweils auf dem freien Markt auf eigene Rechnung arbeiteten, ohne Baufirma im Hintergrund aber konzessioniert. Sie machten ihnen ein attraktives Angebot: Für ein attraktives Honorar pro Kopf und Stunde könnten sie leisten, was auch eine Baufirma leistet, ausgerichtet auf ihre Anforderungen und absolut zuverlässig. Sie ließen sich auf den Deal ein und kündigten den Vertrag mit der Baufirma. Ab da ging es zügig voran. Die Freelancer der Baustelle machten einen ausgezeichneten Job. Sie stimmten sich untereinander ab, ohne dass die Bauherren ständig eingreifen mussten. Dabei wirkten sie stets hoch motiviert und es war eine Freude, mit ihnen die jeweils nächsten Schritte zu besprechen. Als Bauherren kostet ihnen dieses Modell zwar etwas mehr, als Angebote von Baufirmen einzuholen und dem billigsten Anbieter den Zuschlag zu geben. Doch die Verlässlichkeit der Arbeit, die Qualität der Gewerke die Einhaltung des Zeitplans und der angenehme Umgang mit allen Beteiligten, haben sie restlos überzeugt.

Je wissensintensiver sämtliche Branchen werden, desto mehr werden sich auch Handwerker und Facharbeiter wie Wissensarbeiter verhalten. Spezialist in einem Netzwerk mit anderen Spezialisten zu sein, wird von der Ausnahme zum Regelfall. Die Kommunikation nimmt an Intensität zu, Motivation bekommt einen neuen Drive. Die Arbeitenden auf solchen Baustellen muss niemand eigens motivieren. Sie sind beflügelt von einem Auftrag, der ihnen Freude macht. Alle streben danach, ihn termingerecht abschließen zu können, um danach das nächste spannende Projekt zu beginnen. Der Mensch in Organisationen der Zukunft wird sich dementsprechend anders definieren als heute. Organisiertheit ist dann wichtiger als die Organisation. Die Identifikation mit Marken nimmt ab. Es wird zahlreiche temporäre Netzwerke geben, wobei der temporäre Charakter stets eine Möglichkeit ist und keine Bedingung. Auch Netzwerke auf längere Dauer sind nicht ausgeschlossen. Sie brauchen allerdings einen triftigeren Grund für ihre Existenz als bloßes Sicherheitsstreben oder ein sich Klammern an überkommene Vorstellungen von Arbeitsplatzbesitz. Keine Frage: Der lebenslange Arbeitsplatz war bequem, während ein MESH auch anstrengend sein kann. Wir müssen sichtbar sein, unsere Kompetenz nachweisen, geschickt kommunizieren und viel Energie in ko-kreative Netzwerke investieren.

Den Zwängen hierarchischer Organisationen werden sich dennoch immer weniger Menschen unterwerfen wollen. Der unbefristete Arbeitsvertrag wird vom Objekt der Begierde zur Bürde. Darauf reagieren viele Unternehmen bereits jetzt. Sie tüfteln an neuen Modellen, um sich zumindest Teile der Arbeitskraft junger Talente weiterhin sichern zu können. In Anlehnung an die Volvo-Werbung könnte das Motto lauten: „Abonnieren Sie einen Arbeitsplatz – ohne langfristige Bindung." Das stellt 150 Jahre alte Unternehmen, die zutiefst in der alten Industriegesellschaft verwurzelt sind, vor enorme Herausforderungen. Was wird aus ihren Organigrammen? Ihren Bilanzen? Ihren Gehaltsstrukturen? Es gilt, Organisation neu zu denken. Das ist nicht zuletzt auch eine Chance für eine fairere und gerechtere Entlohnung. Allein die Position weit oben in einer pyramidenförmigen Hierarchie ist kein hinreichender Grund mehr für ein fürstliches Salär. Sobald jeder für irgendetwas Spezialist und in einem funktionierenden MESH unverzichtbar ist, wird sich auch die Entlohnung immer mehr angleichen. Je mehr uns bewusst wird, wie sehr wir alle aufeinander angewiesen sind, desto weniger kommt uns überhaupt noch in den Sinn, einander auszubeuten.

Gewiss ist die soziale Sicherheit von Menschen in einem ko-kreativen Netzwerk eine wichtige und noch in weiten Teilen unbeantwortete Frage. Arbeitende Menschen brauchen eine Instanz, die sie auffängt, wenn ihre Leistungsfähigkeit nachlässt, sei es im Alter, als Folge von körperlichen oder psychischen Erkrankungen oder nach Unfällen. Unsere bisherige Arbeitswelt privilegiert die in Vollzeit in einer Organisation abhängig Beschäftigten sehr stark. Hier muss ein Umdenken stattfinden und es müssen neue Wege gefunden werden. Staatliches Handeln ist dabei gefragt; das kann den klassischen Nationalstaat meinen, aber auch supranationale Institutionen wie die Europäische Union oder die Vereinten Nationen. Die Idee der Gemeinwohlwirtschaft – in welcher Form auch immer – könnte dabei ein sinnvoller Baustein sein. Es gilt, kreativ zu werden. Der MESH ist kein Konkurrenzkampf aller gegen alle! Er ist ein ko-kreatives Netzwerk aus Menschen, die einander mit ihren einzigartigen Fähigkeiten ergänzen. Das bedeutet auch, die Schwachen zu schützen und ihre Chancen auf Teilhabe zu sichern. Dies wird vielleicht sogar besser gelingen als in der Vergangenheit. Dazu ein Beispiel.

Aktuell sind sowohl in Deutschland als auch in Österreich Unternehmen verpflichtet, einen bestimmten Prozentsatz an Menschen mit Behinderung zu beschäftigen. Bereits ab 20 Mitarbeitern muss in Deutschland ein „Schwerbehinderter" eingestellt werden. Die Unternehmen können dieser Verpflichtung jedoch entgehen, indem sie die sogenannte Ausgleichsabgabe (in Österreich Ausgleichstaxe genannt) bezahlen. Sie liegt in Österreich aktuell, je nach Größe des Unternehmens, zwischen 276 € und 411 € pro Monat und nicht beschäftigtem Menschen mit Behinderung. Viele Unternehmen zahlen lieber diesen Betrag, als sich zu fragen, wie sie Menschen mit Behinderung einbeziehen können. Von der Ausgleichsabgabe finanziert der Staat dann traditionell „Behindertenwerkstätten", in denen Menschen oft einfachste Tätigkeiten ausüben, die von Maschinen kostengünstiger erledigt werden könnten. Das Potenzial von Menschen mit Behinderungen liegt heute meist brach.

Welches Potenzial das sein kann, beweist beispielsweise der spanische Lehrer und Buchautor Pablo Pineda. Er ist der erste Europäer mit Trisomie 21 („Down-Syndrom"), der einen Universitätsabschluss hat. Pineda wollte sich nicht damit abfinden, aus der Arbeitswelt aussortiert zu werden und in einer Behindertenwerkstatt Grußkarten zu falten. Ähnlich geht es immer mehr Menschen mit Behinderung. Sie schließen sich zu Netzwerken zusammen, betreiben Bio-Bauernhöfe, eröffnen Restaurants oder Geschäfte. In dem Moment, da sie sich nicht mehr isolieren und ausgrenzen lassen, entdecken sie ihre gemeinsame Stärke. Es ist die Stärke des Netzwerks – die Basis für den MESH.

12.4 Die dunkle Seite des MESH: Aufruf zu politischer Wachsamkeit

Sidewalk Labs heißt eines jener hoch spezialisierten Technologieunternehmen, von denen nur ausgewiesene Branchenkenner jemals etwas gehört haben. Das Unternehmen mit Sitz in New York folgt nach eigener Aussage der Mission, „Städte neu zu denken, um Lebensqualität zu erhöhen". Sidewalk Labs ist eine hundertprozentige Tochter von Alphabet Inc., der Muttergesellschaft des Internetkonzerns Google. Google ist mittlerweile ein Unternehmen mit vielen Namen und bietet längst nicht mehr alle seine Dienstleistungen unter sichtbarer Flagge an. Die Kalifornier werden dafür ihre Gründe haben. Im Jahr 2017 war Sidewalk Labs angetreten, einen etwa fünf Hektar großen Stadtteil von Toronto in eine vernetzte „Smart City" der Zukunft zu verwandeln. Keine drei Jahre später wurde das Projekt sang- und klanglos beerdigt. Offiziell wegen Covid-19 und der dadurch unsicher gewordenen Wirtschaftslage. Doch Insider zweifeln daran. Zu groß waren von Anfang an die Widerstände. Darf eine Metropole ihre digitale Zukunft allein in die Hände von Google legen? Der Stadtteil Quayside, so glaubten viele, wäre nur der Auftakt gewesen. Später ganz Toronto, dann ganz Kanada? Hier wurde ein kleiner Kampf ausgetragen, doch es geht dabei um das große Ganze. Die Fragen lauten: Wer ermöglicht unsere Vernetzung? In welchem Umfang profitieren die Ermöglicher davon? Und wem gehören am Ende unsere Netzwerke – uns selbst oder Google, Facebook & Co.?

Ein anderes Technologieunternehmen, das nur Insidern ein Begriff war, hieß Cambridge Analytica. Es wurde 2014 ebenfalls in New York von der britischen SCL-Group gegründet und 2018 aufgelöst. Dazwischen lag einer der größten politischen Skandale in den USA der letzten Zeit. Cambridge Analytica war auf Datenanalyse spezialisiert, dabei insbesondere auf die Verhaltensanalyse von Nutzern im Internet und dem darauf aufbauenden sogenannten Mikrotargeting. Dabei wird die Bevölkerung durch statistische Analysen ihres Verhaltens im Internet in sehr kleine Zielgruppen eingeteilt, beispielsweise: „weiblich, schwarz, evangelisch, heterosexuell, verheiratet, Universitätsabschluss, gehobenes Einkommen, keine Kinder, in einer Stadt zwischen 100.000 und 500.000 Einwohnern lebend". Um derartige Mikrozielgruppen zu

definieren, muss man Unmengen an Daten über weite Bevölkerungs-
teile sammeln sowie über die Instrumente verfügen, diese so auszu-
werten, dass Rückschlüsse auf die persönlichen Lebensverhältnisse
möglich sind. Cambridge Analytica wurde vorgeworfen, den
US-Präsidentschaftswahlkampf 2016 durch gezielte Beeinflussung von
Mikrozielgruppen unfair manipuliert zu haben. Dabei habe das Unternehmen nach Aussagen von Whistleblowern auch auf illegal beschaffte
Daten zurückgegriffen. Hinter dem ominösen „Geheimrezept" des
Unternehmens („our secret sauce"), um Persönlichkeitsprofile von 220
Millionen US-Amerikanern zu erstellen, vermuteten Big-Data-Experten
später allerdings bloß einen Marketingbluff.

Vernetzung hat auch ihre dunkle Seite. Vernetzung kann missbraucht
werden. Wer dem Netzwerk vertraut, wird verletzbar. Und wer sein Wissen vorbehaltlos teilt und anderen zugänglich macht, lässt sich bestens
ausspionieren. Was Unternehmen wie Google oder Facebook über uns
wissen und dauerhaft speichern, würde als PDF in dem gängigen Format
mittlerweile pro Person Tausende Seiten füllen. Der „Green New Deal",
den Jeremy Rifkin in seinem gleichnamigen Buch beschwört, ist eine ver-
heißungsvolle Utopie. Andere Autoren gießen derzeit lieber düstere Dys-
topien in Buchform. Sie handeln von totaler Überwachung, Daten-
diktatur, Cyberterrorismus und Cyberkriegen, gern auch von außer
Kontrolle geratenen Robotern mit Künstlicher Intelligenz. Was in Fil-
men wie „The Matrix" (1999) noch düstere Science-Fiction war, erscheint
einigen mittlerweile als mögliche Zukunft. Sollte uns das alles warnen,
uns lieber nicht zu vernetzen, unser Wissen besser nicht zu teilen und uns
möglichst wenig auf andere zu verlassen?

Bisher hatte noch jeder neue Schritt in der kulturellen Evolution der
Menschheit auch eine dunkle Seite. Sobald es privates Grundeigentum
gab, wurden nachts heimlich Grenzsteine versetzt. Mit dem Aufkommen
des Bargelds kamen auch die Banküberfälle. Da wäre es ein Wunder gewesen, wenn mit dem Siegeszug der Daten nicht auch der Datenraub
erfunden worden wäre. Wir sollten uns von der dunklen Seite der Vernetzung nicht abhalten lassen, die Idee des MESH weiter zu verfolgen.
Wir sollten aber politisch wachsam sein! Die gescheiterte Smart City in
Toronto oder die Auflösung des Unternehmens Cambridge Analytica
sind eindrucksvolle Beispiele dafür, was eine kritische Öffentlichkeit be-

wirken kann. Und sie kann dies in der heute anzutreffenden Weise allein aufgrund ihrer ko-kreativen Vernetzung! Ohne Vernetzung und großzügiges Teilen von Wissen wüsste ich als Bürger auch nicht innerhalb einer Minute, wer hinter Sidewalks Lab steckt – ironischerweise durch Nutzung der Suchmaschine eben jenes Internetkonzerns Google. Wir sollten uns gleichzeitig aber auch vor Verschwörungstheorien hüten, die pauschal behaupten, Konzerne des Silicon Valley oder Tech-Unternehmen aus China strebten nach der Weltherrschaft. Wir werden noch einige Zeit in einer Hybridwelt leben. Der Kreativität und dem Fortschritt ist es dienlicher, einander zu vertrauen als zu misstrauen. Auch Konzerne können sich wandeln, sich von innen heraus transformieren. Noch brauchen wir ihre Dienste. Sie bestehen allesamt aus Menschen, und es liegt an Menschen, was ihnen ihre Zukunft bringen wird.

Menschen werden sich in Zukunft anders organisieren und ihre Arbeit anders definieren als heute. Wie genau, ist noch weitgehend offen. Es ist jedoch eine evolutionäre Richtung erkennbar. Mir war es in diesem Buch wichtiger, diese Richtung aufzuzeigen und den sich über große Zeiträume erstreckenden Zusammenhängen in der Tiefe nachzugehen, als über zukünftige Entwicklungen zu spekulieren, die sich im Detail noch gar nicht abschätzen lassen. Der Blick auf das große Ganze kann uns immerhin ermutigen, den eingeschlagenen Weg weiterzugehen, und damit wäre bereits viel gewonnen. Es ist keine Schande, etwas nicht zu wissen, und es braucht niemandem Angst zu machen, von anderen abhängig zu sein. Auf seiner jeweiligen Wissensscholle immer spezialisiertes Wissen zu erwerben, kann Spaß machen und taugt allemal als sinnvolles Ziel. Was mir an Breite fehlt, wenn ich tiefes Wissen habe, das wird später von anderen ergänzt. So entsteht Ko-Kompetenz und auf deren Basis wächst Ko-Kreativität. Beides zusammen wird nicht selten eine Quelle geteilter Freude sein. Wir dürfen uns vom Allrounder endgültig verabschieden – mit einer einzigen Ausnahme: dem Allrounder des Netzwerks.

Literatur

Dawkins Richard: Der entzauberte Regenbogen: Wissenschaft, Aberglaube und die Kraft der Phantasie, Rowohlt Verlag, Hamburg, 2008

Donald Merlin: Triumph des Bewusstseins: Die Evolution des menschlichen Geistes, Klett-Cotta, Stuttgart, 2008

Ganser, Daniele: Die NATO-Osterweiterung destabilisiert, https://www.danieleganser.ch/zitate/, Abrufdatum 27. April 2022

Harari Yuval Noah: Eine kurze Geschichte der Menschheit, Pantheon Verlag, München, 2015

Keats John: Gedichte, Deutsch von Gisela Etzel, Insel Verlag, Leipzig, 1910

Marx Karl in: Marx Engels Werke, Die deutsche Ideologie, Rosa-Luxemburg-Stiftung, 1990

Nooteboom Cees: Paradies verloren, Suhrkamp, Berlin 2006

Reichholf Josef H.: Evolution: Eine kurze Geschichte von Mensch und Natur, Anaconca Verlag, München, 2020

Watzlawick Paul: Wie wirklich ist die Wirklichkeit?: Wahn, Täuschung, Verstehen, Piper, München, 2005

Winnemuth Meike: Weinen im Kino macht glücklich in: Süddeutsche Zeitung Magazin, Heft 36/2013, München 2013

© Der/die Herausgeber bzw. der/die Autor(en), exklusiv lizenziert an Springer Fachmedien Wiesbaden GmbH, ein Teil von Springer Nature 2022
C. Zulehner, *MESH – Die Evolution der Zusammenarbeit*,
https://doi.org/10.1007/978-3-658-37818-9

Weiterführende Literatur

Gigerenzer Gerd: Bauchentscheidungen – Die Intelligenz des Unbewussten und die Macht der Intuition, Goldmann Verlag, München, 2008

Gigerenzer Gerd: Risiko – Wie man die richtigen Entscheidungen trifft, Pantheon Verlag, München, 2020

Gladwell Malcom: Tipping Point – Wie kleine Dinge Großes bewirken können, Goldmann Verlag, München, 2016

Gladwell Malcom: Blink – Die Macht des Moments, Campus Verlag, Frankfurt, 2005

Harris Marvin: Kannibalen und Könige. Die Wachstumsgrenzen der Hochkulturen, dtv Verlagsgesellschaft, München, 1995

Harris Marvin: Fauler Zauber – Wie der Mensch sich täuschen lässt, dtv Verlagsgesellschaft, München, 1997

Peter Modler: Mit Ignoranten sprechen: Wer nur argumentiert, verliert, Campus Verlag, Frankfurt, 2019

Daniel Kahnemann: Schnelles Denken – Langsames Denken, Penguin Verlag, Mnchen, 2016

Richard H. Thaler / Cass R. Sunstein: Nudge – Wie man kluge Entscheidungen anstößt / Wie man Menschen dazu anstößt das Richtige zu tun, Ullstein, Berlin, 2010

Hubert Schleichert: Wie man mit Fundamentalisten diskutiert, ohne den Verstand zu verlieren: Anleitung zum subversiven Denken, C. H. Beck, München, 2019

John Vorhaus: Handwerk Humor, Zweitausendeins, Leipzig, 2018

CPSIA information can be obtained
at www.ICGtesting.com
Printed in the USA
LVHW082158041222
734160LV00023B/115